U0746349

"十四五"职业教育国家规划教材

高等职业教育药学类与食品药品类专业第四轮教材

GSP实用教程 第**3**版

（供药学类、药品与医疗器械类专业用）

主　编　丛淑芹　丁　静

副主编　许龙灿　于晓芳　蒋成全　王　堃

编　者　（以姓氏笔画为序）

丁　静（浙江医药高等专科学校）　　　　　　于晓芳（山东药品食品职业学院）

王　芳（河北化工医药职业技术学院）　　　　王　堃（长江职业学院）

丛淑芹（山东药品食品职业学院）　　　　　　刘　琼（浙江英特集团股份有限公司）

许龙灿（楚雄医药高等专科学校）　　　　　　杨德花（山西药科职业学院）

罗　迪（天津医学高等专科学校）　　　　　　周　静（浙江医药高等专科学校）

袁丽娟（江苏省连云港中医药高等职业技术学校）蒋成全（四川中医药高等专科学校）

赖利平（湖南食品药品职业学院）

中国健康传媒集团

中国医药科技出版社 ·北京

内 容 提 要

　　本教材是"高等职业教育药学类与食品药品类专业第四轮教材"之一，系根据本教程教学大纲的基本要求和课程特点编写而成。内容上涵盖药品经营企业的开办、药品采购、药品收货与验收、药品储存与养护、药品销售及售后管理、药品运输与配送、评估检查、设施设备验证管理、现场检查等内容。教材强化思政引领，注重药德教育，将专业精神、职业精神和工匠精神融入其中，突出课程教学改革特色，注重教材整体架构，以药品经营企业工作过程为主线，以真实工作任务为载体，依据实际工作开展程序，有机衔接前后内容，加强实践技能训练，贴近学生，贴近岗位，体现职业性。本教材为书网融合教材，即纸质教材有机融合电子教材、教学配套资源（PPT、微课、视频、图片等）、题库系统、数字化教学服务（在线教学、在线作业、在线考试），使教学资源更加多样化、立体化。

　　本教材可供全国高职高专院校药学类、药品与医疗器械类专业师生教学使用，也可作为药品购销"1＋X"证书考试参考书及药品流通行业企业培训用书使用。

图书在版编目（CIP）数据

　　GSP实用教程/丛淑芹，丁静主编 . —3 版 . —北京：中国医药科技出版社，2021.8（2025.7 重印）

　　高等职业教育药学类与食品药品类专业第四轮教材

　　ISBN 978 – 7 – 5214 – 2552 – 9

　　Ⅰ.①G…　Ⅱ.①丛…　②丁…　Ⅲ.①药品 – 商业经营 – 质量管理 – 中国 – 高等职业教育 – 教材　Ⅳ.①F721.8

　　中国版本图书馆 CIP 数据核字（2021）第 143829 号

美术编辑　陈君杞

版式设计　友全图文

出版　**中国健康传媒集团** | **中国医药科技出版社**

地址　北京市海淀区文慧园北路甲 22 号

邮编　100082

电话　发行：010 – 62227427　邮购：010 – 62236938

网址　www. cmstp. com

规格　889 × 1194mm $\frac{1}{16}$

印张　15

字数　425 千字

初版　2014 年 8 月第 1 版

版次　2021 年 8 月第 3 版

印次　2025 年 7 月第 7 次印刷

印刷　北京金康利印刷有限公司

经销　全国各地新华书店

书号　ISBN 978 – 7 – 5214 – 2552 – 9

定价　**45.00 元**

版权所有　盗版必究

举报电话：010 – 62228771

本社图书如存在印装质量问题请与本社联系调换

获取新书信息、投稿、为图书纠错，请扫码联系我们。

出版说明

"全国高职高专院校药学类与食品药品类专业'十三五'规划教材"于2017年初由中国医药科技出版社出版,是针对全国高等职业教育药学类、食品药品类专业教学需求和人才培养目标要求而编写的第三轮教材,自出版以来得到了广大教师和学生的好评。为了贯彻党的十九大精神,落实国务院《国家职业教育改革实施方案》,将"落实立德树人根本任务,发展素质教育"的战略部署要求贯穿教材编写全过程,中国医药科技出版社在院校调研的基础上,广泛征求各有关院校及专家的意见,于2020年9月正式启动第四轮教材的修订编写工作。

党的二十大报告指出,要办好人民满意的教育,全面贯彻党的教育方针,落实立德树人根本任务,培养德智体美劳全面发展的社会主义建设者和接班人。教材是教学的载体,高质量教材在传播知识和技能的同时,对于践行社会主义核心价值观,深化爱国主义、集体主义、社会主义教育,着力培养担当民族复兴大任的时代新人发挥巨大作用。在教育部、国家药品监督管理局的领导和指导下,在本套教材建设指导委员会专家的指导和顶层设计下,依据教育部《职业教育专业目录(2021年)》要求,中国医药科技出版社组织全国高职高专院校及相关单位和企业具有丰富教学与实践经验的专家、教师进行了精心编撰。

本套教材共计66种,全部配套"医药大学堂"在线学习平台,主要供高职高专院校药学类、药品与医疗器械类、食品类及相关专业(即药学、中药学、中药制药、中药材生产与加工、制药设备应用技术、药品生产技术、化学制药、药品质量与安全、药品经营与管理、生物制药专业等)师生教学使用,也可供医药卫生行业从业人员继续教育和培训使用。

本套教材定位清晰,特点鲜明,主要体现在如下几个方面。

1. 落实立德树人,体现课程思政

教材内容将价值塑造、知识传授和能力培养三者融为一体,在教材专业内容中渗透我国药学事业人才必备的职业素养要求,潜移默化,让学生能够在学习知识同时养成优秀的职业素养。进一步优化"实例分析/岗位情景模拟"内容,同时保持"学习引导""知识链接""目标检测"或"思考题"模块的先进性,体现课程思政。

2. 坚持职教精神,明确教材定位

坚持现代职教改革方向,体现高职教育特点,根据《高等职业学校专业教学标准》要求,以岗位需求为目标,以就业为导向,以能力培养为核心,培养满足岗位需求、教学需求和社会需求的高素质技能型人才,做到科学规划、有序衔接、准确定位。

3. 体现行业发展,更新教材内容

紧密结合《中国药典》(2020年版)和我国《药品管理法》(2019年修订)、《疫苗管理法》(2019

年)、《药品生产监督管理办法》(2020年版)、《药品注册管理办法》(2020年版)以及现行相关法规与标准,根据行业发展要求调整结构、更新内容。构建教材内容紧密结合当前国家药品监督管理法规、标准要求,体现全国卫生类(药学)专业技术资格考试、国家执业药师职业资格考试的有关新精神、新动向和新要求,保证教育教学适应医药卫生事业发展要求。

4.体现工学结合,强化技能培养

专业核心课程吸纳具有丰富经验的医疗机构、药品监管部门、药品生产企业、经营企业人员参与编写,保证教材内容能体现行业的新技术、新方法,体现岗位用人的素质要求,与岗位紧密衔接。

5. 建设立体教材,丰富教学资源

搭建与教材配套的"医药大学堂"(包括数字教材、教学课件、图片、视频、动画及习题库等),丰富多样化、立体化教学资源,并提升教学手段,促进师生互动,满足教学管理需要,为提高教育教学水平和质量提供支撑。

6.体现教材创新,鼓励活页教材

新型活页式、工作手册式教材全流程体现产教融合、校企合作,实现理论知识与企业岗位标准、技能要求的高度融合,为培养技术技能型人才提供支撑。本套教材部分建设为活页式、工作手册式教材。

编写出版本套高质量教材,得到了全国药品职业教育教学指导委员会和全国卫生职业教育教学指导委员会有关专家以及全国各相关院校领导与编者的大力支持,在此一并表示衷心感谢。出版发行本套教材,希望得到广大师生的欢迎,对促进我国高等职业教育药学类与食品药品类相关专业教学改革和人才培养作出积极贡献。希望广大师生在教学中积极使用本套教材并提出宝贵意见,以便修订完善,共同打造精品教材。

数字化教材编委会

主　编　丛淑芹　于晓芳

副主编　丁　静　许龙灿　蒋成全　王　堃

编　者（以姓氏笔画为序）

丁　静（浙江医药高等专科学校）

于晓芳（山东药品食品职业学院）

王　芳（河北化工医药职业技术学院）

王　堃（长江职业学院）

丛淑芹（山东药品食品职业学院）

刘　琼（浙江英特集团股份有限公司）

许龙灿（楚雄医药高等专科学校）

杨德花（山西药科职业学院）

罗　迪（天津医学高等专科学校）

周　静（浙江医药高等专科学校）

袁丽娟（江苏省连云港中医药高等职业技术学校）

蒋成全（四川中医药高等专科学校）

赖利平（湖南食品药品职业学院）

前言 《

自 2013 年新版 GSP 实施以来，我国药品经营企业的经营行为越来越规范。2019 年 12 月 1 日，新修订的《中华人民共和国药品管理法》正式实施，取消了 GSP 认证，由静态的节点式监管调整为动态和全过程的监管，意味着国家强化了对药品经营企业的动态监管，使得企业对药品经营管理类人才的需求压力剧增。

《GSP 实用教程》为高等职业教育药学类与食品药品类专业第四轮教材之一，是在参照教育部 2021 年新发布的《职业教育专业目录（2021 年）》，根据本套教材的编写总原则和要求，针对医药类高等职业院校学生的特点，以培养学生的职业能力和职业素养培养为核心，依据《药品经营质量管理规范》（GSP），结合本教程教学大纲，由 10 所高职高专院校和 1 家全国知名药品经营企业的教师、学者悉心编写而成。教材紧跟药品流通行业的发展趋势，及时引入修订后的《中华人民共和国药品管理法》相关内容和企业新的技术标准，以药品经营企业经营过程为主线，以真实工作任务为载体，依据实际工作开展的程序，有机衔接前后内容。

本教材系药学类及相关专业的专业课程教材。通过本课程的学习，学生可以掌握 GSP 的相关理论知识，掌握药品经营企业经营过程中的进 – 销 – 存 – 运 – 服管理知识，学会各岗位规范操作要求，提高实践动手能力，同时提升职业道德和素养，为后续进入药品经营企业从事药品采购、销售、储运、质量管理等工作奠定理论知识和技能基础。

与上一版相比，本版教材在编写形式上有所改进。全书每章前都设置了"学习引导""学习目标"，让学生在学习前对本章内容与要求有所了解；"岗位情景模拟"以完成具体任务为线索，让学生领会学习的核心内容；"即学即练"让学生随学随练，即时巩固理论知识；"知识链接"强化思政引领，落实立德树人根本任务，注重药德教育，以保障人民健康为出发点，将专业精神、职业精神和工匠精神融入教材内容中，充分发挥教材建设在提高人才培养质量中的基础性作用；在任务后附有"实训项目"，强化学生专业技能培养，学以致用；"岗位对接"更贴近岗位实际需求，岗位职责更加明确。本教材为书网融合教材，即纸质教材有机融合电子教材、教学配套资源（PPT、微课、视频、图片等）、题库系统、数字化教学服务（在线教学、在线作业、在线考试），使教学资源更加多样化、立体化。

本教材包括三个模块十个项目，共 29 个任务和 24 个实训。分别如下：模块一企业开办，介绍企业开办之前的筹建准备工作、初次申领证照的过程；模块二企业运营，介绍药品经营企业从药品采购到收货验收、储存养护、销售及售后服务、运输配送业务经营活动的全过程；模块三企业质量检查，介绍了许可证到期换证前的评估检查、设施设备验证管理、现场检查等内容。编写分工如下：罗迪编写绪论及项目一中的任务一、任务二，许龙灿编写项目一中的任务三，周静编写项目一中的任务四、任务五，袁丽娟编写项目二，丛淑芹编写项目三，丁静编写项目四，杨德花编写项目五中的任务一，王芳编写项目五中的任务二、任务三，蒋成全编写项目六，王堃编写项目七，刘琼编写项目八，于晓芳编写项目九，赖利平编写项目十。

本教材可供全国高职高专院校药学类、药品与医疗器械类相关专业师生作为教材使用，也可作为药品购销"1 + X"证书考试参考书及药品流通行业企业培训用书使用。

本教材在编写过程中，进行了大量的调研，得到了许多行业专家、企业技术人员、参编单位的支持和帮助，还得到了山东药品食品职业学院领导和同仁的鼎力支持和协助，在此表示衷心的感谢！由于编者水平所限，本书难免会有疏漏之处，望广大读者批评指正。

编　者
2021 年 5 月

目录
CONTENTS

绪 论

学习引导

GSP 是 "Good Supply Practice" 的英文缩写，直译为 "良好的药品的供应规范"，在我国称为 "药品经营质量管理规范"（以下简称 GSP）。GSP 是防止药品安全质量事故发生，保证药品符合质量标准的一整套管理标准和规程。GSP 是在药品流通过程中，针对药品购进、储存、销售及售后服务、运输配送等环节采取有效的质量控制措施，并按照国家有关要求建立药品追溯系统，实现药品可追溯，对药品经营全过程进行的质量控制。其目的是加强药品经营质量管理，规范药品经营行为，保证药品质量，保障人民用药安全、有效。

绪论主要介绍 GSP 概况、GSP 的适用范围、GSP 的主要结构、GSP 的附录等。

学习目标

1. **掌握** GSP 的中文含义和适用范围。
2. **熟悉** GSP 的主要结构；五个附录的名称。
3. **了解** 我国 GSP 的发展历程。

我国 GSP 是根据《中华人民共和国药品管理法》（简称《药品管理法》）《中华人民共和国药品管理法实施条例》（简称《药品管理法实施条例》）制定的，是药品经营管理和质量控制的基本准则。实施 GSP 是我国药品管理法的重要组成部分，也是确保药品质量的一种科学的、先进的管理手段，同时又是我国药品参与国际市场竞争的先决条件。

我国实施 GSP 的主体是药品经营企业，药品经营企业按照经营方式分为批发和零售两种方式，其中药品零售连锁企业总部的管理应当符合该规范药品批发企业的相关规定，零售连锁企业门店的管理应当符合该规范药品零售企业的相关规定。同时，药品生产企业销售药品，以及药品流通过程中其他涉及储存与运输药品的，也应当符合 GSP 要求。如果违反该规范，由药品监督管理部门按照《药品管理法》相关规定给予处罚。

即学即练

以下哪些企业的运营必须遵守 GSP 要求？

A. 药品生产企业　　　B. 药品批发企业　　　C. 药品零售企业总部

D. 药品零售企业　　　E. 医院

答案解析

▶▶ 岗位情景模拟

情景描述 某药品经营企业质量管理部组织新入职员工进行 GSP 知识培训。质量管理部门负责人要求新员工提前查阅资料，培训前首先进行 GSP 基本情况的个人交流讨论。

讨　　论 如果你是被培训人员，需要从哪些方面做准备？

答案解析

一、GSP 概况

GSP 是国际通行的规范药品经营质量管理的基本准则。我国 GSP 于 2000 年 4 月 30 日由原国家药品监督管理局局令第 20 号公布，2001 年修订的《药品管理法》正式奠定了其法律地位。经过十余年的实践，对提高药品经营企业员工素质、规范药品经营行为、保障药品质量安全起到了十分重要的作用。为适应我国医药行业的新变化，进一步加强药品经营质量管理，保障药品安全，2012 年 11 月 6 日由原卫生部部务会议做了第一次修订；2015 年 5 月 18 日原国家食品药品监督管理总局局务会议进行了第二次修订；2016 年 6 月 30 日，原国家食品药品监督管理总局局务会议审议通过《关于修改 <药品经营质量管理规范 > 的决定》，2016 年 7 月 20 日公布，自公布之日起开始施行。

📖 知识链接

GSP 发展简史 e 微课

1980 年，国际药品联合会在西班牙马德里召开的全体大会上通过决议呼吁各成员国实施《药品供应管理规范》（GSP），日本是最早实施 GSP 的国家之一。1982 年，由中国医药公司将我国医药商业质量管理工作经验与日本先进的 GSP 观念体系融合提炼，形成了具有中国特色的 GSP。1984 年，中国医药工业公司发布《医药商品质量管理规范（试行)》，1992 年由原国家医药管理局修订后重新发布。原国家药品监督管理局在 1992 年版 GSP 的基础上重新修订了《药品经营质量管理规范》，并于 2000 年 4 月 30 日颁布，自 2000 年 7 月 1 日起实行。GSP 的实施总体上适应了药品质量管理的国际潮流，提高了药品经营企业素质，规范了药品经营行为，对于保障药品流通过程中的质量安全起到了十分重要的作用，也推动了我国医药商业质量管理的现代化、国际化。

（一）修订幅度最大的 2012 年修订

2012 年 11 月 6 日，原卫生部第 90 号令发布了对 GSP 的修订，这是修订幅度最大的一次。修订背景是随着我国经济与社会的快速发展，2000 年版 GSP 已不能适应药品流通发展和药品监管工作要求，具体：一是与《药品管理法》等法律法规以及有关监管政策存在不一致的地方；二是一些规定已不能适应药品流通发展的现状，如购销模式的改变、企业管理技术和物流业的发展等；三是现行的规范不能适应药品市场监管新的发展需求，如对购销渠道的规范管理、储存温湿度的控制、高风险品种的市场监管、电子监管的要求等；四是 GSP 的标准总体上已不适应药品许可管理要求，落后于推进产业发展的目标，降低了市场准入的标准，不利于保证药品安全。尤其是《国家药品安全"十二五"规划》《"十二五"期间深化医药卫生体制改革规划暨实施方案》等一系列重要文件的发布，对药品流通改革提出了更明确的要求，2000 年版 GSP 已不能适应医改工作的发展，不能满足药品监管工作的需求。

2012 年修订版 GSP 将 2000 年版 GSP 及其实施细则合为一体，虽然篇幅没有大的变化，但增加了许多新的管理内容。如借鉴了国外药品流通管理的先进经验，引入了供应链管理理念；结合我国国情，增加了计算机信息化管理、仓储温湿度自动监测、药品冷链管理等新的管理要求；同时，引入质量风险管理、质量管理体系内审、验证等理念和管理方法，从药品经营企业人员、机构、设施设备、文件体系等质量管理要素的各个方面，对药品的采购、验收、储存、养护、销售、运输、售后管理等环节做出了许多新的规定。

1. 全面提升软件和硬件要求 2012年修订版GSP全面提升了企业经营的软硬件标准和要求，在保障药品质量的同时，也提高了市场准入门槛，有助于抑制低水平重复，促进行业结构调整，提高市场集中度。

软件方面，2012年修订版GSP明确要求企业建立质量管理体系，设立质量管理部门或者配备质量管理人员，对质量管理制度、岗位职责、操作规程、记录、凭证等一系列质量管理体系文件提出详细要求，并强调了文件的执行和实效；提高了企业负责人、质量负责人、质量管理部门负责人以及质量管理、验收、养护等岗位人员的资质要求。

硬件方面，2012年修订版GSP全面推行计算机信息化管理，着重规定计算机管理的设施、网络环境、数据库及应用软件功能要求；明确规定企业应对药品仓库采用温湿度自动监测系统，对仓储环境实施持续、有效的实时监测；对储存、运输冷藏、冷冻药品，要求配备特定的设施设备。

2. 针对薄弱环节增设一系列新制度 针对药品经营行为不规范、购销渠道不清、票据管理混乱等问题，2012年修订版GSP明确要求药品购销过程必须开具发票，出库运输药品必须有《随货同行单》，并在收货环节查验，物流活动要做到票、账、货相符，以达到规范药品经营行为、维护药品市场秩序的目的。

针对委托第三方运输，2012年修订版GSP要求委托方必须考察承运方的运输能力和相关质量保证条件，签订明确质量责任委托协议，并要求通过记录实现运输过程的质量追踪，强化了企业质量责任意识，提高了风险控制能力。

针对冷链管理，2012年修订版GSP提高了对冷链药品储存、运输设施设备的要求，特别规定了冷链药品运输、收货等环节的交接程序和温度监测、跟踪和查验要求，对高风险品种的质量保障能力提出了更高的要求。

3. 与医改"十二五"规划及药品安全"十二五"规划等新政策紧密衔接 为落实医改"十二五"规划和药品安全"十二五"规划关于药品全品种全过程实施电子监管、保证药品可追溯的要求，2012年修订版GSP规定了药品经营企业应制定执行药品电子监管制度，并对药品验收入库、出库、销售等环节的扫码和数据上传等操作提出具体要求。

为配合药品安全"十二五"规划对执业药师配备的要求，2012年修订版GSP规定了药品零售企业的法定代表人或企业负责人应当具备执业药师资格；企业应当按国家有关规定配备执业药师，负责处方审核，指导合理用药。

（二）2016年修订

2016年修订主要涉及三个方面的内容：一是根据国务院办公厅《关于加快推进重要产品追溯体系建设的意见》（国办发〔2015〕95号），对药品流通环节中药品经营企业如何执行药品追溯制度提出了操作性要求；二是根据《国务院关于修改〈疫苗流通和预防接种管理条例〉的决定》（国务院令第668号），将《药品经营质量管理规范》中关于疫苗经营企业的相关规定修改为疫苗配送企业的要求；三是根据《国务院办公厅关于加快推进"三证合一"登记制度改革的意见》（国办发〔2015〕50号），将首营企业需要查验的证件合并规定为"营业执照、税务登记、组织机构代码的证件复印件"。建立医药产品全产业链追溯体系，一是法规要求；二是政府监管有需要，有了追溯体系，监管可以更科学化；三是企业管理有需要，比如说召回、仓储管理、防止串货等；四是市场有需求，消费者想看看这个产品的"前世今生"。2019年4月，国家药监局发布了关于《药品信息化追溯体系建设的指导意见》，强调落实企业主体责任，实现药品"一物一码，物码同追"，引导建立全过程的药品追溯体系。截至2022年，国家药监局已发布了12个药品追溯标准规范，并已全部发布实施，为行业标识和使用药品追溯码、向消费者提供药品追溯查询信息给出了具体技术指导，将有助于经营企业和医院等供应链单位提高扫码效率，也有助于公众查询获得更直观清晰的药品追溯信息。

二、GSP 的适用范围

GSP 规定："药品经营企业应当严格执行本规范，药品生产企业销售药品、药品流通过程中其他涉及储存与运输药品的，也应当符合该规范相关要求。"这意味着，除了药品经营企业外，药品生产企业销售药品，涉及药品物流等的相关活动也纳入本适用范围。国家药品监督管理部门依据这一规定，加强了对药品生产企业、社会物流企业相关活动的监管，消除了各种影响药品安全的隐患。

由于使用环节药品质量管理的差异性，GSP 没有将医疗机构药品采购、储存等活动纳入适用范围，但鉴于医疗机构药品使用的质量管理与经营质量管理密切相关，以及药品监管职能的要求，GSP 规定了"医疗机构药房和计划生育服务机构的药品采购、储存、养护等质量管理规范由国家食品药品监督管理总局另行制定"。

对于药品经营质量管理过程中的一些技术性、专业性较强的规定，以及操作性要求需要更加详细、具体的内容，如计算机系统、仓储温湿度自动监测系统、药品收货和验收、冷藏和冷冻药品的储存、验证管理等管理规定，由原国家食品药品监督管理总局制定相应细化的管理文件，以 GSP 附录的形式另行发布，作为 GSP 组成部分一并监督实施。

三、GSP 的主要结构

GSP 共 4 章，包括第一章总则、第二章药品批发的质量管理、第三章药品零售的质量管理、第四章附则，共计 184 条。其中，第二章药品批发的质量管理 115 条，第三章药品零售的质量管理 58 条。GSP 的主要结构见图 1 - 1。

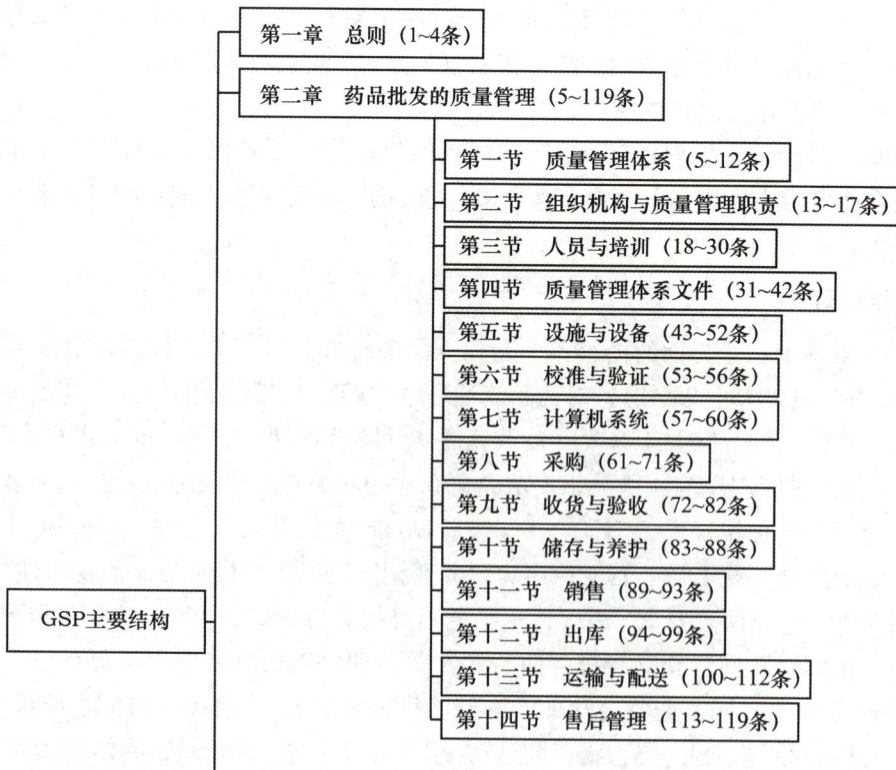

图 1 - 1

GSP主要结构
- 第一章 总则 (1~4条)
- 第二章 药品批发的质量管理 (5~119条)
  - 第一节 质量管理体系 (5~12条)
  - 第二节 组织机构与质量管理职责 (13~17条)
  - 第三节 人员与培训 (18~30条)
  - 第四节 质量管理体系文件 (31~42条)
  - 第五节 设施与设备 (43~52条)
  - 第六节 校准与验证 (53~56条)
  - 第七节 计算机系统 (57~60条)
  - 第八节 采购 (61~71条)
  - 第九节 收货与验收 (72~82条)
  - 第十节 储存与养护 (83~88条)
  - 第十一节 销售 (89~93条)
  - 第十二节 出库 (94~99条)
  - 第十三节 运输与配送 (100~112条)
  - 第十四节 售后管理 (113~119条)

```
┌─ 第三章  药品零售的质量管理（120~177条）
│         ┌─ 第一节  质量管理与职责（120~123条）
│         ├─ 第二节  人员管理（124~132条）
│         ├─ 第三节  文件（133~142条）
│         ├─ 第四节  设施与设备（143~151条）
│         ├─ 第五节  采购与验收（152~158条）
│         ├─ 第六节  陈列与储存（159~164条）
│         ├─ 第七节  销售管理（165~172条）
│         └─ 第八节  售后管理（173~177条）
└─ 第四章  附则（178~184条）
```

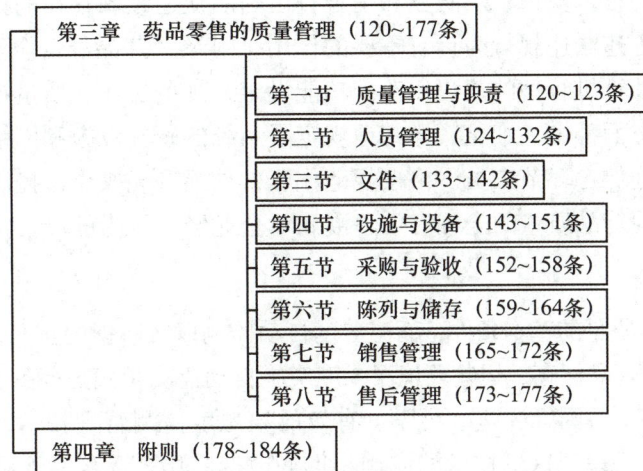

图绪 –1 GSP 的主要结构

四、GSP 的附录

GSP 附录借鉴了我国药品 GMP 以及国际上有关技术标准（如欧盟 GMP、GDP）的通行的规范编制方式，采用了正文加附录，正文相对固定，附录根据行业发展和监管工作需要动态追加的形式来发布。对于一些专业化程度高、技术应用先进、管理控制严格、流程作业标准化的专项内容，以附录的形式进行具体、统一、准确、规范的要求，以保证新修订药品 GSP 新引入的各项质量控制手段在质量管理关键环节，特别是药品质量高风险环节能得到正确的实施和应用，切实起到"防范质量风险、杜绝质量事故"的作用。

根据 GSP 第一百八十条对企业信息化管理、药品储运温湿度自动监测、药品验收管理、药品冷链物流管理、零售连锁管理等具体要求，由原国家食品药品监督管理总局以附录方式另行制定。2013 年 10 月 23 日，原国家食品药品监督管理总局 2013 年第 38 号发布《药品经营质量管理规范》冷藏、冷冻药品的储存与运输管理等 5 个附录的公告，发布了药品经营企业计算机系统、温湿度自动监测、药品收货与验收和验证管理等 5 个附录，作为《药品经营质量管理规范》配套文件。药品 GSP 附录属于规范性附录类别，是药品 GSP 内容不可分割的部分，可以视为药品 GSP 正文的附加条款，与药品 GSP 正文条款具有同等效力。

2016 年，按照《药品经营质量管理规范》（原国家食品药品监督管理总局令第 28 号）对 5 个附录进行了修改，以"国家食品药品监督管理总局 2016 年第 197 号"公布"关于修改与《药品经营质量管理规范》相关的冷藏、冷冻药品的储存与运输管理等 5 个附录文件的公告"。

（一）冷藏、冷冻药品的储存与运输管理

冷藏、冷冻药品属于温度敏感性药品，在药品质量控制中具有高风险、专业化程度高、操作标准严格、设施设备专业等特点。多年的管理实践表明，这类药品在收货、验收、储存、养护、运输等环节以及各环节的衔接上，稍有疏漏就会产生严重的质量问题，必须采用最细致的制度、最先进的技术和最严格的标准进行管理。附录《冷藏、冷冻药品的储存与运输管理》共 13 条，是我国药品流通过程中第一个全面、系统、全供应链实施质量控制的管理标准，对冷链药品的物流过程做出了具体规定，对冷链药品的设施设备配置、人员条件、制度建设、质量追溯提出了具体的工作要求，明确了冷库、冷藏车及冷藏箱的技术指标，细化了操作规程，强调了人员培训，是药品经营企业开展冷链药品储存、运输管理的基本准则和操作标准。

（二）药品经营企业计算机系统

可核查、可追溯是药品质量安全监管的基本要求，计算机管理技术的应用为实现药品质量的可核

查、可追溯提供了强有力的技术支撑，对防止和配合打击药品流通领域存在的挂靠经营、虚开增值税发票、无票购进及无票销售等违法违规行为具有重要的作用。附录《药品经营企业计算机系统》共 22 条，是对药品流通各环节采用计算机管理的流程作业、功能设定、规范操作、质量控制进行的具体规定。在硬件、软件和人员职责等方面都做了细化，详细地规定了系统的硬件设施和网络环境的要求，对关键岗位人员职责进行了明确，确保各环节人员严格按规范作业，杜绝违规操作，控制和防范质量风险，确保药品经营质量，并可以实现药品质量的全程有效追溯和对企业经营行为的严格控制。

（三）温湿度自动监测

温湿度控制是保证药品质量的基本条件，而温湿度自动监测以及数据的实时采集和记录是做好温湿度控制的前提和保障。GSP 对药品储存、运输环境温湿度实施自动监测是我国药品流通领域在药品储运过程的第一次应用，也是借鉴和学习国际先进、科学、有效的温湿度监测管理技术，确保温湿度控制的全程化、全天候及真实性的有效手段。这一技术的应用将彻底改变我国药品经营企业普遍存在的库房空调不开、温度无控制、监测数据造假、药品质量无保障、运输过程无控制、冷链药品管理高风险的状况。附录《温湿度自动监测》共 17 条，对药品储运温湿度自动监测系统的监测功能、数据安全管理、风险预警与应急、系统安装与操作等进行了具体规定，明确了系统的硬件组成、测点精度和布点密度，强调了系统的独立性，防止因断电等故障因素影响系统正常运行或造成数据丢失。对于测点的安装位置、校准以及设施设备的维护也提出了具体的要求，确保了系统各项功能的有效实现和药品温湿度数据的有效追溯。

（四）药品收货与验收

药品收货与验收活动是药品经营企业确保所采购的药品已经实际到达，检查到达药品的数量和质量，确保与交接手续有关的文件都已经登记并交给有关人员的工作过程，是控制实物药品质量的第一关，也是避免药品差错的重要环节。附录《药品收货与验收》共 19 条，明确了到货验收时检查的具体内容，强调了冷藏、冷冻药品到货时应当检查的项目，明确了到货药品与采购记录不符等情况的处理办法，使企业在实际操作中能更好地掌握和实施 GSP。

（五）验证管理

验证是现代管理的重要手段，是保证各项设施设备及管理系统始终处于完好、适用状态的措施。药品储运冷链验证已经是国际上通行并成熟应用的强制管理标准，也是冷链药品储运质量管理的前提条件和基本保障，但在我国药品流通领域却是第一次引入。附录《验证管理》共 12 条，对于验证的范围、参数标准、设备条件、实施项目、具体操作、数据分析、偏差处理及风险控制、质量控制文件编制、验证结果应用等都进行了具体规定。对于我国药品经营企业来说，验证是一项全新的工作。该附录详细地提出了验证方案的制定、验证项目的确定、验证方案的实施等内容，并具体明确了冷库、冷藏车、冷藏箱（保温箱）和温湿度自动监测系统的验证项目。

2022 年 11 月 30 日，国家药监局发布《药品经营质量管理规范附录 6：药品零售配送质量管理》（以下简称《附录 6》），自 2023 年 1 月 1 日起施行。《附录 6》的制定依据是《药品网络销售监督管理办法》和《药品经营质量管理规范》，对《药品经营质量管理规范》中药品零售过程（含通过网络零售）所涉及的药品配送行为的质量管理提出了明确的要求，填补了此前在药品零售配送环节缺乏专门规定的空白，保障药品最后一公里质量安全，推动药品零售配送进入规范化发展新阶段，成为药品零售企业进行药品配送管理的第一部药品零售配送质量管理规范。

五、其他配套文件

GSP 第一百八十二条规定医疗机构药房和计划生育技术服务机构的药品采购、储存、养护等质量管理规范由原国家食品药品监督管理总局及相关主管部门另行制定。互联网销售药品的质量管理规定由原国家食品药品监督管理总局另行制定。

　　同时，为强化药品流通监督管理，指导《药品经营质量管理规范》现场检查工作，原国家食品药品监督管理总局制定了《药品经营质量管理规范现场检查指导原则》（2016 年发布），并要求各省级药品监督管理部门依据《指导原则》，制定本行政区域药品 GSP 检查评定标准和检查管理规定，严格按照原国家食品药品监督管理总局要求，加强管理，统筹规划，落实责任，严肃纪律，认真做好 GSP 检查工作，确保检查工作的质量。

目标检测

答案解析

一、单选题

1. GSP 的中文全称是（　　）。
　　A. 药品生产质量管理规范　　　　　　B. 药品经营质量管理规范
　　C. 药品销售质量管理规范　　　　　　D. 药品质量管理规范

2. 现行版 GSP 是于（　　）年正式实施的。
　　A. 2000　　　　　B. 2012　　　　　C. 2016　　　　　D. 2017

3. 我国 2016 年修订版 GSP 共有几章几条（　　）。
　　A. 三，100　　　B. 三，184　　　　C. 四，100　　　D. 四，184

4. GSP 在我国经历了（　　）次修订。
　　A. 1　　　　　　B. 2　　　　　　　C. 3　　　　　　D. 4

5. 最早实施 GSP 的国家是（　　）。
　　A. 美国　　　　　B. 英国　　　　　C. 中国　　　　　D. 日本

二、多选题

1. 以下属于 2012 年 GSP 修订的主要内容有（　　）。
　　A. 要求企业建立计算机信息化管理　　B. 建立质量管理体系
　　C. 规范发票和《随货同行单》管理　　D. 建立药品追溯制度
　　E. 加强冷链药品管理

2. GSP 的附录包括（　　）。
　　A. 冷藏、冷冻药品的储存与运输管理　　B. 药品经营企业计算机系统
　　C. 温湿度自动监测　　　　　　　　　　D. 药品收货与验收
　　E. 验证管理

三、简答题

1. 药品零售连锁企业总部和门店的管理分别应当符合 GSP 当中的哪一部分的相关规定？
2. 请简述 GSP 的适用范围。

书网融合……

微课　　　　　　习题

模块一
企业开办

项目一 　筹建准备

学习引导

《药品管理法》第五十二条规定，从事药品经营活动应当具备以下条件：（一）有依法经过资格认定的药师或者其他药学技术人员；（二）有与所经营药品相适应的营业场所、设备、仓储设施和卫生环境；（三）有与所经营药品相适应的质量管理机构或者人员；（四）有保证药品质量的规章制度，并符合国务院药品监督管理部门依据本法制定的药品经营质量管理规范要求。那么，一个新开办的药品经营企业应当如何按照要求完成筹建准备工作呢？

本项目主要介绍药品经营企业组织机构的设置要求、人员的配备要求、库房和设施设备的配备要求、质量管理体系的建立要求、计算机管理系统的配备要求。

学习目标

1. **掌握**　药品经营企业库房色标管理要求；设施设备配备要求。
2. **熟悉**　药品经营企业组织机构岗位设置及职责要求；关键岗位人员的任职要求；质量文件的类型和编号方法。
3. **了解**　药品经营企业其他岗位的任职要求；计算机管理系统的配备要求；质量文件的控制程序。

任务一　组织机构设置

PPT

组织机构设置是企业根据外在环境变化的要求，在组织成长过程中，通过对企业各种资源（如人力资源）的整合和优化，同时协调好组织中部门与部门之间的关系、人员与任务间的关系，使员工明确自己在组织中应有的权力和应承担的责任，有效地保证组织活动的开展，实现企业资源价值最大化和组织绩效最大化的过程。狭义来讲，组织机构设置就是在人员有限的状况下通过组织结构设计提高组织的执行力和战斗力。

合理高效的组织机构是药品经营企业健康发展的重要支撑，也是药品经营企业能够有效实施GSP的必要保障。

▶▶ 岗位情景模拟 1-1

情景描述　某企业负责人准备成立药品批发企业，资金已到位，已向省局提交筹建申请，批准筹建，企业负责人安排企业质量负责人牵头做公司成立筹建准备工作。企业质量负责人按照药品经营许可要求，需要完成公司组织机构设置。

讨　　论　1. 按照 GSP 要求，药品批发企业需要设置哪些部门和岗位？
　　　　　　2. 按照 GSP 要求，药品零售企业需要设置哪些部门和岗位？

答案解析

一、组织机构概念

组织机构又称为组织结构，是组织的全体成员为实现组织目标，在管理工作中进行分工协作，在职务范围、责任、权利方面所形成的结构体系。组织结构是组织在职、责、权方面的动态结构体系，其本质是为实现组织战略目标而采取的一种分工协作体系。

对于药品经营企业来说，组织结构是指药品经营企业按照国家有关法律法规和企业章程，结合本企业实际，设置相关部门，并对各个部门的职责、权利及其相互关系进行界定。图 1-1 是某药品零售企业（单体药店）组织结构图。

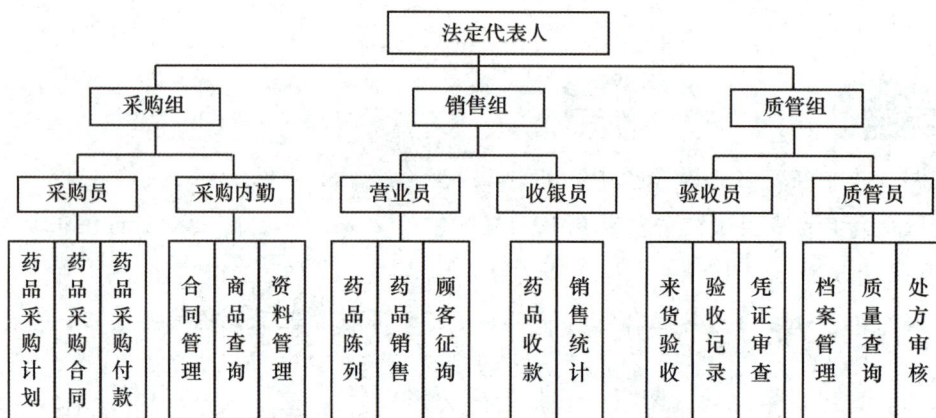

图 1-1　某药品零售企业（单体药店）组织结构图

二、组织机构设置原则

企业组织机构的设置要符合有关法律法规要求及企业经营实际，以需定岗，以岗定责，与本企业经营类型、经营规模相适应。

按照 GSP 要求，企业应当设立与其经营活动和质量管理相适应的组织机构或者岗位，明确规定其职责、权限及相互关系。根据企业经营类型与规模确定部门的设置、层次结构与部门职责；根据企业经营类型与规模确定员工数量、岗位及相应职责。企业组织机构的设置应充分考虑企业的行业特征、企业性质、经营模式、规模大小等因素，使组织机构的建立与企业经营管理实际相适应，从而确保企业管理结构能满足质量管理的需求。

三、组织机构设置要求 e 微课1

药品经营企业的组织机构一般应设置质量管理、采购、储存、运输、销售、财务、人力资源、信息和行政办公等部门，质量管理部为企业的质量管理机构。按照 GSP 要求，质量管理机构为药品经营企业必须设置的专职部门，其作用不仅要参与日常经营过程的业务流程和岗位操作，同时还要负责各岗位对法律、法规及本企业质量管理制度的执行、监督、指导。同时，药品经营企业设立的质量管理部门的岗位设置及人员配备应与企业的经营规模相适应，能够实现包括质量方针、目标的制定以及质量策划、质量控制、质量保证和质量改进等系列活动。

(一) 部门设置

部门是指组织为完成规定的任务而设置的有权管辖一个或多个特定领域事物的机构。部门设置主要是对管理工作进行分工，解决组织的横向结构问题，目的在于确定组织中各项任务的分配与责任的归属，以求分工合理、职责分明。药品经营企业除了配备一般企业具有的行政部、人力资源部、财务部、信息部等职能部门外，必须设置质量管理部门和企业质量负责人。其中质量管理部门的职责不得由其他部门及人员履行，企业质量负责人应当由高层管理人员担任，全面负责药品质量管理工作，独立履行职责，在企业内部对药品质量管理具有裁决权。

1. 药品批发企业　药品批发企业是指依法持有药品经营许可证，从事将从药品上市许可持有人、药品批发企业处购进的药品，销售给药品上市许可持有人、药品生产企业、其他药品批发企业、药品零售连锁总部、药品零售单体药店或药品使用单位等药品批发活动的专营或兼营企业。

药品批发企业所经营药品种类多、数量大，为保证药品经营过程中的质量管理，药品批发企业一般应设置质量管理、采购、储存、运输、销售、财务、人力资源、信息管理和行政办公等部门。每个部门应有部门负责人，负责部门内部工作的正常运行，并有效协调本部门与其他部门之间关系，从而保证企业总体目标的实现。

2. 药品零售企业　药品零售企业是指依法持有药品经营许可证，从事将从药品上市许可持有人、药品批发企业处购进的药品，直接销售给个人消费者的专营或兼营企业。包括药品零售连锁企业门店和药品零售单体药店。

(1) 药品零售连锁企业　药品零售连锁企业是指经营同类药品、使用统一商号的若干个门店，在同一总部的管理下，采取统一采购配送、统一质量标准，采购同销售分离，实行规模化管理经营的组织形式。药品零售连锁企业应由总部、配送中心和若干个门店构成。跨地域开办时可设立分部。

药品零售连锁企业部门设置分为总部部门设置及门店部门设置两部分。其中总部部门设置类似于药品批发企业，一般由质量管理、采购、储存、运输、销售、财务、人力资源、信息管理和行政办公组成。每个部门同样配备部门负责人，负责部门内部工作的正常运行，并有效协调本部门与其他部门之间关系，从而保证企业总体目标的实现。

药品零售连锁企业门店一般不设置部门，直接设置到岗位。按照国家药品监督管理局的有关规定，药品零售连锁企业门店是药品零售经营方式的一种表述，应按药品零售经营和药品零售企业的有关规定依法予以监管。

(2) 药品零售单体药店　药品零售单体药店根据其经营规模大小设置部门，或者直接设置到岗位。部门一般设置质量管理、采购、销售、财务等部门。若直接设置到岗位，应设置质量管理、采购、销售、收银、验收、处方审核等岗位，其中质量管理岗位要求专人专岗，以保证独立行使岗位职责，从而保证所经营药品的质量。

（二）岗位设置

岗位是指组织要求个体完成的一项或多项责任，以及为此赋予个体的权利的总和。岗位与人对应，每个岗位有应岗位负责人。合理、高效的岗位设置能够让企业管理者及企业员工了解自身工作岗位的工作内容、任务及职责范围，从而提高企业运营的效率。

1. 采购部岗位设置　采购部下设采购岗、采购内勤岗。

2. 质量管理部岗位设置　质量管理部为企业质量管理机构，下设药品质量管理岗、药品验收岗。

3. 销售部岗位设置　销售部下设销售岗、销售内勤岗。

4. 仓储部岗位设置　仓储部下设收货岗、保管岗、复核岗、养护岗。

5. 信息管理部岗位设置　信息管理部下设信息管理岗。

6. 运输部岗位设置　运输部下设运输配送岗。

7. 财务部岗位设置　财务部下设会计岗、出纳岗。

8. 行政人事部岗位设置　行政人事部下设人事主管岗、后勤主管岗。

即学即练 1-1

药品验收岗设置在什么部门？

答案解析　A. 采购部　　B. 销售部　　C. 质量管理部　　D. 仓储部　　E. 综合部

四、部门与岗位职责

职责是指对企业各部门和各级各类人员在质量管理活动中所承担的任务、责任和权限的具体规定。只有明确质量职责、权限和相互关系，才能真正做到质量工作事事有人管，人人有专责，把所有的质量职能活动切实落实到每个部门和工作岗位。

（一）部门职责

1. 采购部职责

（1）负责产品采购工作，保证产品供应。

（2）负责收集有关供货单位及购进品种合法性的证明文件材料。

（3）负责供货单位及购进品种的选择，确保购进药品的合法性。

（4）负责供应商的管理与维护。

（5）做好采购记录。

2. 质量管理部职责

（1）坚持"质量第一"的原则，贯彻执行药品管理的法律法规。

（2）组织制定质量管理文件，并指导、监督文件的执行。

（3）负责对供货单位和购货单位合法性、购进药品的合法性以及供货单位销售人员、购销单位采购人员的合法资格进行审核，并根据审核内容的变化进行动态管理。

（4）负责质量信息的收集和管理，并建立药品质量档案。

（5）负责药品的验收，指导并监督药品采购、储存、养护、销售、退货、运输等环节的质量管理工作。

（6）负责不合格药品确认，对不合格药品的处理过程实施监督。

（7）负责药品质量投诉和质量事故的调查、处理及报告。

（8）负责假劣药品的报告。

（9）负责药品质量查询。

（10）负责指导设定计算机系统质量控制功能。

（11）负责计算机系统操作权限的审核和质量管理基础数据的建立及更新。

（12）负责组织验证、校准相关设施设备。

（13）负责药品召回的管理。

（14）负责药品不良反应的报告。

（15）组织质量管理体系的内审和风险评估。

（16）组织对药品供货单位及购货单位质量管理体系和服务质量的考察和评价。

（17）组织对被委托运输的承运方运输条件和质量保障能力的审查。

（18）协助人力资源部门开展质量管理教育和培训。

（19）其他应当由质量管理部门履行的职责。

3. 销售部职责

（1）严格执行药品销售管理制度。

（2）负责收集购货单位及购货单位采购人员的合法性资料。

（3）负责产品质量查询及质量投诉的登记。

（4）做好销售记录。

4. 仓储部职责

（1）严格执行收货、验收及入库规定，把好入库质量关。

（2）严格按照药品储存条件调控仓库的温湿度，执行色标管理，按规定堆放药品。

（3）严格执行出库复核规定。

（4）保证仓库设施设备正常运转。

（5）定期养护药品，特别是重点养护品种。

（6）执行防火、防盗、防虫、防鼠、防污染、防潮。

（7）做好相关记录。

5. 信息管理部职责

（1）负责系统硬件和软件的安装、测试及网络维护。

（2）负责系统数据库管理和数据备份。

（3）负责培训、指导相关岗位人员使用系统。

（4）负责系统程序的运行及维护管理。

（5）负责系统网络以及数据的安全管理。

（6）保证系统日志的完整性。

（7）负责建立系统硬件和软件管理档案。

6. 运输部职责

（1）严格执行运输操作规程，并采取有效措施保证运输过程中的药品质量。

（2）按要求采取运输安全管理措施，防止在运输过程中发生药品盗抢、遗失、调换等事故。

（3）按照药品的贮存条件进行合理运输，严格执行冷链药品运输的过程管理与控制。

（4）做好运输记录。

7. 财务部职责

（1）建立健全各种账册，做好各种财务预算计划，并认真监督执行。按期做好财务决算报告。

（2）负责公司成本核算，提出控制成本的办法，定期做好积极活动和财务经营状况的分析，提出相应措施和办法，供企业高层决策。

（3）建立健全各种票据、账、表的管理制度，并认真执行，做到票、账、货相符。

8. 行政人事部职责

（1）根据企业发展计划和各部门人员使用需求，编制公司用工计划和人员招聘计划，报经批准后，开展人员招聘，满足公司发展对人员的需求。

（2）负责企业员工的培训管理、培训实施、培训考核及评定工作、员工上岗证管理等工作。依据各部门员工情况，编制员工培训计划，经质量管理部审核后，负责员工培训、考核，建立员工培训档案。

（3）负责员工健康体检工作，依据经营计划，合理安排各部门直接接触药品的员工体检计划，做好员工工作，建立员工健康档案。

（4）负责协调各部门开展工作，搞好与其他职能部门的共事合作关系。

（二）岗位职责

1. 企业负责人岗位职责

（1）主持企业日常全面工作，是企业药品经营质量第一责任人，对企业所经营药品的质量承担法律责任。

（2）坚持"质量第一"的观念，保证公司认真贯彻执行国家有关药品监督管理的法律、法规及行政规章，对本公司经营药品的质量和质量管理体系的建立和运行负第一责任。

（3）全面负责公司质量管理，建立健全质量管理体系，对公司经营的药品进行质量判断和行使质量否决权。

（4）建立企业质量保证体系，设置专门的质量管理机构，并根据企业实际情况设置质量管理组、质量验收组等岗位。

（5）负责提供必要的条件，保证质量管理部门和质量管理人员有效履行职责，确保企业按照 GSP 要求经营药品。

（6）建立药品追溯系统及与之适应的计算机系统，实现药品可追溯。

（7）批准质量管理制度和其他质量制度性文件的执行。

2. 企业质量负责人岗位职责

（1）组织贯彻执行国家有关质量管理法律、法规和行政规章。

（2）协助企业负责人认真贯彻质量方针、目标、计划，指导质量管理部工作的实施及检查，全面负责药品质量管理工作，独立履行职责，在企业内部对药品质量管理具有裁决权。

（3）督促质量管理部门组织制定和修订完善企业质量管理文件和程序文件，在企业负责人签署颁发后组织实施并进行监督检查。

　　（4）主持质量事故和重大质量问题的处理，落实纠正和预防措施。

　　（5）管理和协调各部门的质量管理工作。

　　（6）组织质量管理体系内审工作，对内审的情况进行分析，依据分析结论制定相应的质量管理体系改进措施，不断提高质量控制水平，保证质量管理体系持续有效运行。

　　（7）负责首营企业和首营品种的最终审核，必要时组织质量管理部门、购进部门实地考察生产企业的质量保证能力情况，确保从合法的供货单位购进合法和质量可靠的药品。

　　（8）指导和监督质量管理部门工作。

　　（9）组织对药品流通过程中的质量风险进行评估、控制、沟通和审核。

3. 质量管理部门负责人岗位职责

　　（1）组织贯彻执行国家有关药品管理的法律、法规和行政规章。

　　（2）组织各部门制定企业质量管理制度、质量责任及经营环节工作程序的起草、编制及修订工作，并指导监督文件的执行。

　　（3）根据企业质量方针和目标、年度工作计划，落实相应措施以确保质量目标的实现。

　　（4）组织质量管理体系文件的内部评审，对各项质量管理制度的执行情况进行检查考核。

　　（5）指导验收、养护、保管和运输过程中的质量工作。

　　（6）负责首营企业和首营品种的质量审核，必要时会同购进部门实地考察生产企业的质量保证能力情况，确保从合法的供货单位购进合法和质量可靠的药品。

　　（7）负责药品质量事故、质量查询及质量投诉的调查、处理及报告。

　　（8）每年定期对药品进货情况进行质量评审。

　　（9）负责质量管理体系内审工作，对内审的情况进行分析，依据分析结论制定相应的质量管理体系改进措施，不断提高质量控制水平，保证质量管理体系持续有效运行。

　　（10）协助开展质量管理的教育及培训，并负责质量管理工作的查询和咨询。

　　（11）建立健全药品质量档案，规范企业质量记录和凭证的管理。

　　（12）负责不合格药品的审核，并对其处理过程实施监督，每年定期对不合格药品情况进行汇总分析和上报。

　　（13）负责质量信息的管理，保证信息的传递通畅、准确、及时。

　　（14）负责对本企业所经营药品发生的不良反应情况进行收集和上报。

　　（15）负责对药品流通过程中的质量风险进行评估、控制、沟通和审核。

4. 采购部负责人岗位职责

　　（1）领导本部门按照药品法律法规及本企业购进管理制度的要求，坚持"质量第一"的原则，做到按需进货，确保企业的经济效益和社会效益。

　　（2）加强对药品购进人员的质量意识教育，正确处理质量与经济效益的关系，掌握购进过程的质量动态，发现问题及时与质量管理部门联系。

　　（3）负责审查药品购进计划，督促药品购进人员向供货单位索取符合规定要求的资料，严格按规定进行首营企业、首营品种的初审工作；填写《首营企业审批表》及《首营品种审批表》，每年定期会同质量管理部门对进货情况进行质量评审。

　　（4）配合质量管理部门开展本部门质量考核工作，负责贯彻实施重大质量问题改进措施。

　　（5）督促药品购进人员向供货单位索取符合规定要求的资料，严格按规定进行首营企业、首营品种的初审工作。

（6）签订有明确质量条款的合同或质量保证协议，按规定及时准确做好药品采购记录。

5. 储运部负责人岗位职责

（1）加强对储运人员的质量意识教育，督促其认真执行有关仓储的质量管理制度和程序，做好药品的储存、养护、出库、运输等环节的质量管理工作。

（2）督促储运人员遵守药品外包装图示标志的要求，规范搬运和堆垛药品的操作。

（3）严格执行批号管理、效期管理、色标管理，按照药品储存条件分开、分库存放，保证药品质量。

（4）加强库房场地、设施、设备的建设和管理，努力提高仓储能力，适应企业经营规模和质量管理的需要。

（5）配备必要的设施设备及人员，保证冷链药品储运全过程的质量管理，确保药品在运输过程中质量不受损害。

（6）合理调配运力，根据药品特性规范操作，采取必要措施防止破损、污染等事故的发生，确保安全、快捷、准确将药品送达客户。

6. 销售部负责人岗位职责

（1）负责督促药品销售人员向购货单位索取规定要求的资料，确保将药品销售给具有合法资质的购货单位。

（2）执行本企业药品销售管理制度，严禁销售假劣药品和质量不合格药品。

（3）开展市场预测和销售分析，及时反馈市场信息，提供给采购部门参考。

（4）加强对近效期药品及滞销药品的管理，督促本部门药品销售人员做好催销工作。

（5）组织开展用户访问，收集、整理各种质量信息，及时进行质量改进。

（6）签订有明确质量条款的合同或质量保证协议，加强药品销售合法票据的管理，督促销售人员及时做好药品销售记录。

（7）督促本部门人员严格执行本企业药品不良反应报告制度的规定。

（8）加强对本部门药品销售人员职业道德教育，使之正确宣传和销售药品，不得虚假、夸大宣传和误导用户。

7. 行政人事部负责人岗位职责

（1）组织制定、执行、监督公司人事管理制度。

（2）组织培训需求的分析，建立培训计划，提高员工胜任工作所必需的知识与技能技巧。

（3）建立公司行政管理制度，并有效组织实施。

✒ 实践实训

实训 1 设置公司组织机构和职能

【实训目的】

通过本次实训，让学生熟悉药品批发企业的组织结构，以及主要部门、岗位、岗位任职要求。

【材料准备】

1. 全班分成 8 个组，6~7 人/组，人数少的班级 5~6 人/组。

2. 计算机。

3. 桌签 8 个。

4. A4 纸若干张。

5. 阅读材料：《药品流通企业通用岗位设置规范》《药品经营质量管理规范》。

【实施步骤】

步骤一 成立公司

以小组为单位成立医药公司，给公司命名。

步骤二 学习材料

1. 学习《药品经营质量管理规范》第二节和第三节，关于组织机构设置和人员要求。

2. 学习《药品流通企业通用岗位设置规范》，了解药品流通行业现有主要岗位及岗位要求。

步骤三 设置机构

1. 部门设置 根据 GSP 要求确定必须要设置的部门，参考《药品流通企业通用岗位设置规范》，结合本公司构想及规划设置相关部门。

2. 负责人 根据上述规范要求设立企业负责人、质量负责人、各部门负责人。

3. 岗位设置 在每个部门下设置岗位。

4. 人员定岗 企业负责人、质量负责人、部门负责人、岗位人员进行定岗，采购、验收、保管、养护、质量、销售岗位必须要有真实人员任职，其他岗位可以用虚构人名代替。

步骤四 职能设置

写出负责人和各岗位的职责和要求。

步骤五 画公司组织机构及职能设置框图

1. 参考图 1-1 所示范例，画本公司组织机构及职能设置框图（电子版）。

2. 框图要包含企业负责人、部门及负责人、具体岗位及负责人，岗位职责可以单独列出。

【操作要点和注意事项】

1. 小组每个人要认真学习两个规范。

2. 明确公司组织机构应包括的层级及各层级之间关系。

3. 厘清岗位应归属的部门。

4. 小组内每个人需明确自己所在岗位、部门，及岗位职责要求。

5. 团队共同画出组织机构及职能框图，要求如下。

（1）图美观，布局合理。

（2）机构层级及各层级之间关系正确。

（3）岗位所属部门正确。

（4）岗位职责明确。

任务二　人员配置与培训

PPT

　　企业员工的素质直接关系到实施 GSP 的成效，也是衡量企业经营管理和发展水平的重要指标。因此，按照 GSP 要求，企业应配备符合岗位要求的岗位人员，并通过培训不断提高员工素质，从而确保药品经营活动全过程的质量管理。

▶▶ 岗位情景模拟 1-2

　　情景描述　拟开办的药品经营企业质量负责人按照 GSP 要求牵头完成了公司组织机构设置。现在需要按照 GSP 要求，以及部门设置、岗位职责要求，将人员配置到位，并对入职人员进行培训。

　　讨　　论　1. 药品经营企业关键岗位人员任职有什么要求？

　　　　　　　　2. 相关人员进入岗位前需要进行哪些方面培训？

答案解析

一、从业禁止的规定

　　为保证企业从业人员能够在规范要求下履行岗位职责，确保药品质量，要求从事药品经营和质量管理的人员具有良好的职业道德，具备岗位需要的专业知识以及工作经验。同时，依据《药品经营许可证管理办法》（2017 年修订）规定，企业法定代表人、主要负责人、直接负责的主管人员和其他责任人员无《药品管理法》（2019 年修订版）第 118 条、第 122 条、第 123 条、第 124 条、第 125 条、第 126 条、第 141 条、第 142 条规定的禁止从业的情形。

二、关键岗位人员任职要求　🔋 微课 2

（一）药品批发企业

　　1. 主要负责人任职要求　主要负责人是企业《药品经营许可证》中"主要负责人"项所载明的人员，是药品质量的主要责任人，是企业的最高经营管理者。为保证企业质量管理工作的顺利开展，要求主要负责人应当具有大学专科以上学历或者中级以上专业技术职称，经过基本的药学专业知识培训，熟悉有关药品管理的法律法规及规范。

　　2. 企业质量负责人任职要求　企业质量负责人由企业高层领导担任，是药品经营质量的主要责任人。与企业负责人相比，GSP 对质量负责人的学历、执业资格、工作经历及能力有更加严格的规定。企业质量负责人应当具有大学本科以上学历、执业药师资格和 3 年以上药品经营质量管理工作经历，在质量管理工作中具备正确判断和保障实施的能力，能够解决药品经营企业中质量决策和质量实施的重大问题。

　　3. 质量管理部门负责人任职要求　与企业质量负责人相比，企业质量管理部门负责人属于企业中层管理人员，是药品经营质量的直接责任人，其主要职责是贯彻执行企业质量管理制度，进行具体的质量管理工作。质量管理部门负责人的任职条件为具有执业药师资格和 3 年以上药品经营质量管理工作经历，不再对其学历进行限制，侧重其独立解决经营过程中的质量问题的能力。

4. 质量管理相关工作岗位人员任职要求　相关质量管理工作岗位人员是指质量管理人员以及从事验收、养护工作的人员，他们是质量管理工作直接实施者，必须具备一定的专业知识及工作经验，从而保证质量基础工作规范的有效实施。GSP 对其要求如下。

（1）从事质量管理工作的，应当具有药学中专或者医学、生物、化学等相关专业大学专科以上学历或者具有药学初级以上专业技术职称。

（2）从事验收、养护工作的，应当具有药学或者医学、生物、化学等相关专业中专以上学历或者具有药学初级以上专业技术职称。

（3）从事中药饮片验收工作的，应当具有中药学专业中专以上学历或者具有中药学中级以上专业技术职称；从事中药饮片养护工作的，应当具有中药学专业中专以上学历或者具有中药学初级以上专业技术职称。

从事疫苗配送的，还应当配备 2 名以上专业技术人员专门负责疫苗质量管理和验收工作。专业技术人员应当具有预防医学、药学、微生物学或者医学等专业本科以上学历及中级以上专业技术职称，并有 3 年以上从事疫苗管理或者技术工作经历。

同时，为保证质量管理工作的独立行使及避免相关质量岗位的互相监督和制约，GSP 要求从事质量管理、验收工作的人员应当在职在岗，不得兼职其他业务工作。

5. 业务相关工作岗位人员任职要求　相关业务工作岗位人员是指从事采购、销售及储运的人员。GSP 要求从事采购工作的人员应当具有药学或者医学、生物、化学等相关专业中专以上学历，从事销售、储存等工作的人员应当具有高中以上文化程度。

> **即学即练 1-2**
>
> 答案解析
>
> 从事药品验收工作的，应当具有药学或者医学、生物、化学等相关专业（　）以上学历或者具有药学（　）以上专业技术职称。
>
> A. 高职，中级　　　　B. 本科，中级　　　　C. 中专，初级
>
> D. 高职，初级　　　　E. 本科，初级

（二）药品零售企业

1. 主要负责人任职要求　企业法定代表人或主要负责人是零售药店药品经营质量的主要责任人，GSP 要求企业法定代表人或主要负责人具有执业药师资格，其主要发挥执业药师的处方审核、药学服务、指导和监督药品质量管理工作关键人才支撑作用。

知识链接

执业药师

执业药师是指经过全国统一考试合格，取得《执业药师资格证书》并经注册登记，在药品生产、经营、使用单位中执业的药学技术人员。执业药师资格考试分药学和中药学两类，每类包括 4 个考试科目。药学类考试科目包括：药学专业知识（一）、药学专业知识（二）、药事管理与法规、药学综合知识与技能。中药学类考试科目包括：中药学专业知识（一）、中药学专业知识（二）、药事管理与法规、中药学综合知识与技能。

执业药师资格实行注册制度。取得《执业药师资格证书》者，必须按规定向所在省（区、市）药

品监督管理局申请注册。经注册后,方可按照注册的执业类别、执业范围从事相应的执业活动。未经注册者,不得以执业药师身份从业。

执业药师主要负责处方的审核及监督调配、提供用药咨询与信息、指导患者合理用药等药学服务工作。在执业过程中,执业药师应该遵守职业道德,坚持以患者为中心的理念,对药品质量负责,保证人民用药安全、有效,真正成为不可或缺的公众健康守护者和推动者。

2. 质量管理相关岗位人员任职要求   零售药店质量管理相关岗位主要包括质量管理、验收等岗位。为保证质量管理工作的顺利进行,对相关岗位人员提出了任职要求,其必须满足专业对口或具有相关专业技术职称,如应当具有药学或者医学、生物、化学等相关专业学历或者具有药学专业技术职称。

为保证处方药销售的合法性,零售药店必须设立处方审核员岗位,要求由执业药师担任,主要承担处方审核及指导合理用药的职责。2020 年发布的《国家药监局关于规范药品零售企业配备使用执业药师的通知》中指出,从事药品经营活动应当有依法经过资格认定的药师或者其他药学技术人员。药品经营领域依法经过资格认定的药师是指执业药师,依法经过资格认定的其他药学技术人员包括卫生(药)系列职称(含药士、药师、主管药师、副主任药师、主任药师)、从业药师等。原则上,经营处方药、甲类非处方药的药品零售企业应当配备执业药师;只经营乙类非处方药的药品零售企业应当配备经过药品监督管理部门组织考核合格的业务人员。

为加强中药饮片的质量管理,对涉及中药饮片的质量管理、采购、验收岗位,强调其必须具有中药学中专以上学历或具有中药学初级以上专业技术职称。对于中药饮片调剂员,专业要求相对较低,其任职条件为中药学中专以上学历或具备中药调剂员资格。

3. 业务相关工作岗位人员任职要求   零售药店业务相关工作岗位主要包括陈列、销售及收银,日常工作中涉及药品质量管理相对较少,GSP 仅对营业员的任职条件做出规定,要求具有高中以上文化程度或者符合省级药品监督管理部门规定的条件。

三、人员培训

GSP 是一种科学的管理规范,需要员工在准确理解和把握 GSP 基本要求的基础上,自觉执行企业质量管理文件,并不断改进,提高工作质量,保证药品质量的"全过程"控制。为实现这一目标,在实施 GSP 过程中,对于企业人员进行有组织、有计划的培训与教育工作具有十分重要的意义。

(一)培训分类

按照培训的目的、内容和方式的不同,培训可分为岗前培训和继续教育。

岗前培训是指上岗前必须接受的培训。其目的为保证新录用和岗位调整等人员能胜任即将上岗的工作,对其进行有针对性的包括规章制度、岗位职责、操作规程、岗位安全知识、企业文化等内容在内的岗前任职培训。

继续培训,也称为继续教育,是为保证在职在岗的工作人员能够不断适应科技发展、社会进步和本职工作的需要,对其进行新知识、新技术、新理论、新方法、新信息、新技能及国家有关药品监督管理的最新政策要求的高层次的追加教育与培训。继续培训是在岗位任职期间应当定期接受的培训。

(二)培训内容

按照 GSP 要求,企业应对相关岗位人员开展相关法律法规、药品专业知识及技能、质量管理制度、职责及岗位操作规程等方面的培训。

其中，相关法律法规包括药品管理专业法律法规和公共法律法规；药品专业知识包括药学专业知识和药品专业知识；药品技能包括药品的陈列与养护，储存与保管，服务与咨询等。

相关工作人员只有认真学习质量管理制度、职责及岗位操作规程，才能明确具体工作的指南，掌握其职责所在，明确该做什么不该做什么以及如何做。

（三）培训要求

按照 GSP 要求，企业应按照培训制度制订培训计划，并按计划开展培训，以保证员工能够正确理解并履行岗位质量职责。培训工作要做记录并建立培训档案。

培训计划的实施由质量管理部门和人力资源部门共同完成。质量管理部门应负责落实和确定培训的内容、教师、培训对象和考核方法等工作，并对培训过程实施有效监控和做好记录。按照培训制度的规定，培训应采取有效的考核手段，将考核结果与员工的上岗资格、激励机制紧密结合。

（四）高风险类别相关岗前培训

从事高风险类别岗位是指特殊管理的药品和冷藏冷冻药品的储存、运输等，为保证此类药品的质量稳定，对应岗位人员必须接受法律法规和专业知识的培训，并经考核合格后方能上岗。

（五）培训档案

企业员工接受岗前培训、教育培训或其他培训时，应建立培训档案。具体分为企业内部培训教育档案和员工个人培训教育档案，以便于从不同角度记载企业开展药品质量管理方面的教育与培训情况。

企业内部培训教育档案内容包括培训教育管理制度、年度培训计划、历次培训档案、培训工作记录及总结、培训教育考核结果及所采取的措施。相关表格文件见表 1－1、表 1－2、表 1－3。

表 1－1　某零售药店年度质量培训计划

编号：

序号	培训目的	培训内容	培训方式	地点	授课教师	预定时间	培训对象	考核方式	备注

表 1－2　某零售药店员工培训记录表

编号：　　　培训主题：　　　培训时间：

序号	姓名	部门	职务	培训中表现	考核结果	备注

表 1－3　某零售药店员工培训考核表

编号：　　　填表日期：

序号	姓名	培训内容	考核方式	考核项目	考核时间	考核结果	评定人	采取措施	备注

员工个人培训档案内容包括培训教育登记表、学历职称证明及历次培训教育证明（复印件）以及其他相关资料。相关表格文件见表 1－4。

表1-4 某零售药店员工个人培训教育档案

档案编号：

姓名		性别		出生年月		任职时间	
部门		职位		工号		职称	
培训编号	培训主题	培训时间	课时	授课方式	考核方式	考核成绩	备注

四、健康检查与卫生管理

（一）健康检查

药品是特殊的商品，药品质量的优劣直接关系到人体健康。在药品流通过程中，受环境条件及人为因素的影响，药品容易发生质量的变化。尤其是与药品直接接触的有关人员，其身体健康状况将对药品质量产生直接或间接的影响。凡是患有痢疾、伤寒、甲型病毒性肝炎、戊型病毒性肝炎等消化道传染病，以及活动性肺结核等传染病和化脓性皮肤病等有可能污染药品的疾病，不得从事直接接触药品的工作，身体条件不符合相应岗位特定要求的，不得从事相关工作。

员工上岗前要进行健康检查，每年要进行年检并及时做好档案记录，健康档案分为企业档案和员工个人档案。其中企业健康检查档案包括年度体检工作安排、年度体检人员名单、体检汇总表、采取措施等项目。个人健康检查档案包括岗前体检表及资料、年度体检表及资料、患病离岗记录、治疗、体检、再上岗记录等项目。具体记录表见表1-5、表1-6。

表1-5 某零售药店（2015）年度企业员工健康检查汇总表

编号：

检查时间		个人信息			检查机构		检查项目	
序号	档案编号	姓名	性别	年龄	现岗位	检查结果	采取措施	备注

表1-6 员工个人健康档案

编号：　　　　　　　　　建档时间：

姓名		性别		出生年月		任职时间	
部门		岗位		员工号			
检查日期		检查机构		检查项目		检查结果	采取措施

（二）卫生管理

根据《药品管理法》及GSP要求，为保障劳动者的健康、劳动保护及药品质量，企业应当制定员工个人卫生管理制度。着装的要求强调了环境卫生、防污染、防脱落、防辐射等方面的作用。储存、运输等岗位人员的着装应当符合劳动保护和产品防护的要求，既要防止污染药品，也要保护员工不受伤害。库房内所有员工应统一着装，工作服需干净整洁，搬运货物时应戴口罩、手套。危险品运输过程中，员工应配备防静电功能的防护服、防护手套、防护镜、防毒面具以及必要的应急药品和器材等。若需进入冷库，需穿戴保温防寒服。对于个人卫生管理，若女性留有长发，需将头发盘起，指甲不可以留得太长。

任务三　设施设备配备

PPT

按照 GSP 要求，企业应当具有与其药品经营范围、经营规模相适应的经营场所和库房。药品经营企业设施设备是药品经营质量管理体系的物质资源，是企业依法开展药品经营活动的硬件基础和保障。设施与设备是实施 GSP 的基础，强化硬件要求，保证必要的设施与设备才能更好保障药品质量。同时，也提高了药品经营市场的准入门槛，提升了药品经营企业整体水平。

▶▶ 岗位情景模拟 1-3

情景描述　某拟开办的药品批发企业，拟经营的药品范围包括中药饮片、中成药、化学药制剂、抗生素、生化药品、生物制品（除疫苗）、麻醉药品、蛋白同化制剂、肽类激素。

答案解析

讨　　论　1. 根据《药品管理法》和 GSP 要求，企业的仓库应如何建设？
　　　　　　2. 企业应配备哪些基本设施设备？

一、药品零售企业的设施设备

（一）药品零售企业的营业场所

药品零售企业的营业场所主要是指企业进行药品现货交易、药品陈列、信息咨询和相关管理的场所。药品在此将脱离经营环节最终流入消费者的手中，因此，这些场所对于药品零售企业来说是确保药品质量最重要的场所。按照 GSP 要求，药品零售企业的营业场所需要满足一系列的要求。

1. 应当具有与其药品经营范围、经营规模相适应的独立的经营场所。

2. 营业场所应当具有相应设施或者采取其他有效措施，避免药品受室外环境的影响，并做到宽敞、明亮、整洁、卫生。

3. 营业场所应有避光、防鼠、防虫、防污染等措施，比如设置窗帘、百叶窗等遮挡设施，避免阳光直射到药品，在排风扇、窗户等通风设施上安装纱网等防止虫、鸟进入，采取挡鼠板、鼠夹等防止污染药品。

4. 营业场所周边及室内环境不应有污染源和影响经营秩序的情况，防止不利于药品的安全存放和卫生管理。

5. 营业场所应该按照药品分类管理要求和提供无差错服务的原则，通过合适而安全的方式对不同类别、不同用途、不同剂型、不同品名的药品加以区分和标识。

6. 经营中药饮片的药品零售企业应在营业场所内布置专门的零售区域，这个区域一定要和成品药区域严格分开。

7. 经营特殊药品或国家有专门规定要求的其他药品的零售企业，应当有符合 GSP 要求的专门的陈列与存放区（柜），和其他药品严格分离。

（二）药品零售企业的营业设备

按照 GSP 要求，药品零售企业应规范配备药品陈列、存放、调配和监测、调控温度设备，以保证药品正常经营和质量管理。主要的营业设备有货架和柜台，监测、调控温度的设备。经营中药饮片的，需要有存放饮片和处方调配的设备。经营冷藏药品的企业，需有专用冷藏设备。对于经营特殊药品（第二类精神药品、毒性中药品种等）的企业，需有符合安全规定的专用存放设备。对于需要拆零销售的药品，企业需要配备调配工具、包装用品。

1. 货架和柜台 货架和柜台主要用于药品的陈列，便于药品的分类，对药品进行标识；保证药品与地面之间的有效隔离；防止药品的污染、交叉污染、混淆与差错，保证药品的质量。

2. 监测、调控温度的设备 监测、调控温度的设备是为了满足药品温度的要求，以保证药品的质量，主要有用于调控温度的空调、记录温湿度的温湿度计。

3. 药品拆零销售所需的调配工具、包装用品 药品拆零是将药品的零售单位外包装拆封后，以单位内包装或以带包装的药品最小服用单位出售的特殊情况。有引湿性、吸潮、易霉变、易风化的药品一般不拆零，特殊情况除外。药品拆零销售需要有调配工具和包装工具。

（1）拆零的原则

①对于质量比较稳定的药品，有顾客主动提出拆零要求，未经顾客同意，营业员不得擅自拆零药品。

②药品拆零必须确保最小服用单位的最小包装的完好性，药品不得直接暴露于空气中。

③拆零的工作台及工具保持清洁、卫生，防止交叉污染。

（2）调配工具 指消毒用具、加盖托盘、剪刀、镊子、医用手套等。

（3）包装工具 指清洁药袋，应符合卫生要求和调配要求，不得对药品造成污染。药袋上应有药品名称、规格、数量、用法用量、批号、有效期、药店名称等内容。

拆零销售还应配备便于操作和清洁的专用柜台。

4. 经营中药饮片的设备 经营中药饮片的企业，营业场所应配备饮片陈列、存放的斗柜和处方调配使用的调剂台、戥秤、铜缸、台秤、天平、砝码等设备。药斗数量应按照经营需要设置，饮片斗名称书写应以《中华人民共和国药典》（简称《中国药典》）或地方标准为准，使用正名正字。配备一定数量的罐、瓶等容器，便于不同特性、不同炮制品种、不同规格等级饮片的存放。

5. 经营冷藏药品的设备 经营冷藏药品的，营业场所应配备必要的冷藏设施，如专用冷藏陈列柜（图 1-2）、阴凉柜（图 1-3）、冰箱、冰排、冰瓶等。冷藏陈列设施应配备合格的温度监测设备，以满足药品冷藏储存和便于指导消费者购买和携带的需求。

6. 特殊管理药品 经营第二类精神药品、医疗用毒性药品和麻醉药品（仅限罂粟壳）等特殊管理药品的，应有符合安全规定的专用存放设备，且坚固不易挪动。经营第二类精神药品的，应专柜、专人管理；经营医疗用毒性药品和麻醉药品（仅限罂粟壳）的，应专柜、双人、双锁管理。

图 1 – 2　冷藏陈列柜

图 1 – 3　阴凉柜

（三）仓库

按照药品相关法律法规要求，药品零售企业可以不设仓库。

企业设置库房的，应当做到库房内墙、顶光洁，地面平整，门窗结构严密，有可靠的安全防护、防盗等措施。仓库应当配备以下设施设备。

1. 药品与地面之间有效隔离的设备。
2. 避光、通风、防潮、防虫、防鼠等设备。
3. 有效监测和调控温湿度的设备。
4. 符合储存作业要求的照明设备。
5. 验收专用场所。
6. 不合格药品专用存放场所。
7. 经营冷藏药品的，有与其经营品种及经营规模相适应的专用设备。
8. 经营特殊管理的药品应当有符合国家规定的储存设施。
9. 储存中药饮片应当设立专用库房。

二、药品批发企业的设施设备

（一）药品批发企业的经营场所

药品批发企业经营场所主要是指进行业务洽谈、样品展示、信息传输、相关管理的场所，也包含辅助办公用房。经营办公场所是企业经营的基础性设施，是保证药品经营秩序的基本条件，它对于药品经营企业规范药品经营和管理活动起着一定的作用。

经营场所应当与企业所经营药品的范围和规模相适应。经营场所要求宽敞明亮、布局合理，满足业务洽谈、样品展示等功能的需要。

（二）药品批发企业的库房

仓库是药品批发企业保证药品质量必备和最基础的设施，仓库的条件和管理可以反映出企业对药品质量保证的能力。因此，药品批发企业必须重视仓库的建设，使其库房在设计、布局、建造、规模、分区、布局、设施的配备、内环境等方面符合 GSP 要求。

1. 库房选址要求　库房的选址要避免外环境有污染源。

（1）应选择远离居民区、地面平坦、地质坚固、地势较高、雨季能迅速排水、通风良好的地区。

（2）选址应交通便利，方便药品运输。

（3）要能保证用电、用水。

（4）远离严重污染源（厕所、垃圾站、自由市场等），远离汽车库、加油站、油库等。

2. 库房建设要求

（1）库房主体建筑应选用保温、隔热材料，以利于库房保温。

（2）库房内部装修一般应选用无毒、无污染、发尘量少、吸湿性小、不易黏附尘粒的材料。

（3）药品装卸作业场所应有顶棚，确保药品在装卸作业时可有效防止太阳直射、雨雪、风沙等环境因素的影响。

（4）特殊管理药品仓库应采用砖混或钢混结构的建筑，不得设明窗，要安装钢制防盗门、监控系统等。

3. 库房的分类 药品经营企业经营模式不同，企业的经营规模和经营品种差异也会比较大，同时，由于药品品种繁多，药品储存温度要求、储存分区管理、特殊管理药品等品种特性要求也会比较多，因此，在库房设置时要研究药品特殊性，科学设计，以适应药品经营和管理的需要。

（1）按 GSP 管理要求划分

①根据药品所处的状态要求，分为待验库（区）、待处理药品库（区）、合格品库（区）、发货库（区）、不合格品库（区）、退货库（区）。不同储存状态的库房需要用不同颜色的状态标识牌。待验库（区）为黄色标牌，合格品库（区）为绿色标牌，发货库（区）为绿色标牌，不合格品库（区）为红色标牌，待处理药品库（区）、退货库（区）为黄色标牌。

企业根据经营规模及经营特点决定分库或者分区进行药品储存状态管理。如果企业经营规模较大，库房数量较多，可以实行分库管理；如果企业经营规模较小，库房数量有限，可在库房内按质量状态实行划区色标管理；企业也可以实行分库和库内分区并存的方式管理。

②根据药品贮存条件要求，分为常温库、阴凉库、冷库。常温库温度要求在 10～30℃，阴凉库温度要求不超过 20℃，冷库温度需要控制在 2～10℃。各库房相对湿度保持在 35%～75%。

③根据特殊管理药品要求，分为麻醉药品库、精神药品库、毒性药品库、放射性药品库、危险品库。中药材、中药饮片应分别设置符合其储存要求的专用库房。

（2）按库房建筑面积划分 按库房建筑面积大小，可分为大型仓库、中型仓库、小型仓库。大型仓库内所有的房屋建筑面积不低于 1500m²，中型仓库内所有的房屋建筑面积不低于 1000m²，小型仓库内所有的房屋建筑面积不应低于 500m²。

（3）按建筑结构和操作设施划分 按照建筑结构和操作设施可分为平面库、多层库、高架库。

①平面库，一般为单层建筑仓库，其结构较为简单，一般适用于性能稳定或没有特殊要求的药品储存。这种仓库结构简单，用于药品存储养护的设施和设备也比较简易。

②多层库，指两层或多层，其采用钢筋混凝土结构，仓库的容量比较大。我国大中型药品批发或零售连锁企业的仓库以此为多。这种仓库的结构合理，也易于现有的存储和养护设备运作，便于管理，基本能满足各类药品存储、养护的需要。

③高架库，又称高层立体仓库，采用钢筋混凝土结构，库内无柱、无层楼板，库内高度可达 10m 以上，配备高层立体货架，充分利用库内面积和空间。随着科学技术的发展、企业经营药品的规模化和多样化，以及对药品质量保证能力要求的不断提高，建造机械化、自动化、程控化的立体仓库已成为了一种发展趋势。

4. 库区的分区管理 药品仓库库区内实行分区管理，使仓库管理的相关工作能在专属的区域内有序、安全运行，避免不同作业行为的互相影响，以保障储存作业的安全，防止质量事故的发生，确保药品储存质量。

仓库内部区域一般分为仓库储存作业区、辅助作业区、办公区、生活区。按照 GSP 规定，储存作业区、辅助作业区应当与办公区和生活区隔开一定距离，或采取必要的隔离措施，以防止对库房及药品造成污染。

（1）储存作业区包括库房、装卸作业场所、运输车辆停放场所、保管员工作室等。库房内根据药品质量管理状态分为合格品区、不合格品区、待验区、退货区、发货区，实行色标管理。合格品区内可按照要求分为药品区、非药品区；药品区又可分为外用药区和其他药品区。

对收货等环节存在"拒收"情况的药品，企业一般会设立符合药品储存要求的待处理区，对"拒收"药品进行控制性管理。直接收购地产中药材的企业必须有专用的验收区域，并与其他药品的验收区域隔离。要有存放包装物料的专用库房或专用区域，应与药品储存区域相对隔离又便于使用。

（2）辅助作业区包括收货验收办公室、退换货办公室、票据管理室等。

（3）办公区包括管理办公室等。

（4）生活区包括宿舍、食堂、车库等。

（三）库房设施设备要求 📱微课3

药品经营企业在药品收货、验收、储存、养护、配送等业务活动过程中应当根据其业务活动需要配备相应的设施设备，以确保药品经营的正常运转和药品质量。储存药品应配备以下设施设备。

1. 药品与地面之间的隔离设备 药品与地面之间有效隔离是为了防潮及通风，货垛可用托盘来隔离，托盘材料可以为木质、塑料等耐压材料，高度不小于 10cm；零货可使用货架，货架材料可以为木质、塑料、金属等，与地面距离不小于 10cm。

2. "五防"设施

（1）避光 采取避免阳光直射的措施，如窗帘、遮光膜等。窗户避光可用窗帘、有色玻璃、毛玻璃等，朝北窗户可不用窗帘。

（2）通风排水 有促进空气流通的设备，如空调、换气扇，一楼或地下室需要有排水设施。

（3）防潮 有防止地面、墙壁、空气中的水分影响药品质量的设施，如地垫、货架、风帘、药品仓库专用的空调、除湿干燥机等。

（4）防虫 防止昆虫进入库房的设施，如灭蝇灯、紫外线灭蚊灯、风帘等。

（5）防鼠 防止鼠类进入库房的设备，如挡鼠板、老鼠夹、捕鼠器、粘鼠板、电子驱鼠器等，不得使用灭鼠药、以食物为诱饵的捕鼠笼。

即学即练 1-3

以下哪项不属于库房设施设备要求中"五防"设施？
A. 避光   B. 防潮   C. 防虫   D. 防鼠   E. 防盗

答案解析

---

3. 有效调控温湿度及室内外空气交换的设备 库房内应当配备空调系统，可自动调节库房温度；还应配备加湿器、除湿机等设备，调节库内湿度。

4. 自动监测、记录库房温湿度的设备 自动监测、记录库房温湿度的设备为温湿度自动监测系统，能够自动监测冷库内的温湿度状况，实时采集、显示、记录、传送储存过程中的温湿度数据，数据可以查询，但不可更改；温湿度自动监测系统具有远程及就地实时报警功能，当冷库温度超出设置范围时，报警设备即应自动启动，告知工作人员采取措施，报警方式可以为声音报警、灯光报警、短信报警等；可通过计算机读取和存储所记录的监测数据。

（1）测点终端数量及位置　库房或仓间安装的测点终端数量及位置应当符合《药品经营质量管理规范》附录3《温湿度自动监测》要求。

①每一独立的药品库房或仓间至少安装2个测点终端，并均匀分布。

②平面仓库面积在300m² 以下的，至少安装2个测点终端；300m² 以上的，每增加300m² 至少增加1个测点终端，不足300m² 的按300m² 计算。

③平面仓库测点终端安装的位置不得低于药品货架或药品堆码垛高度的2/3位置。

④高架仓库或全自动立体仓库的货架层高为4.5～8m，每300m² 面积至少安装4个测点终端，每增加300m² 至少增加2个测点终端，并均匀分布在货架上、下位置；货架层高在8m以上的，每300m² 面积至少安装6个测点终端，每增加300m² 至少增加3个测点终端，并均匀分布在货架的上、中、下位置；不足300m² 的按300m² 计算。

⑤高架仓库或全自动立体仓库上层测点终端安装的位置不得低于最上层货架存放药品的最高位置。储存冷藏、冷冻药品仓库测点终端的安装数量必须符合本条上述的各项要求，其安装数量按每100m² 面积计算。

（2）传感器安装位置要求　选择传感器的安装位置时，既要考虑到采样的合理性，又不能影响存储空间。因为建筑物墙体或柱梁与空气的温湿度可能有一定差别，传感器的探测部分不要紧贴着墙或柱梁，最好有1cm以上的间隙，以免得到的检测数据失真。2～10℃的低温库对于温湿度传感器分布的要求更高。一般要考虑极端点的温湿度，多安装几个传感器，例如空调出风口、门口、避风角落、屋顶、柱梁等位置。由于开门时冷空气会逃逸，一般情况下门口的温度最高，空调出风口温度最低，如果门口温度低于10℃，出风口温度高于2℃，库内的温度基本能保证符合要求。

对于数据显示，有的是分区域显示，比如收货区、发货区、退货区等，有的是单点显示。分区域显示的，如果区域较大，需要安装多个传感器。显示值可以是该区域多个传感器采集数据的平均值，也可以显示区间值。显示值可以是实时的，也可以是某一时间段的平均值。

（3）温湿度监测数据的记录及处理　监测系统各测点终端采集的监测数据应当真实、完整、准确、有效。

测点终端采集的数据通过网络自动传送到管理主机，进行处理和记录，并采用可靠的方式进行数据保存，确保不丢失和不被改动。系统具有对记录数据不可更改、删除的功能，不得有反向导入数据的功能；系统不得对用户开放温湿度传感器监测值修正、调整功能，防止用户随意调整，造成监测数据失真。

企业应当对监测数据采用安全、可靠的方式按日备份，备份数据应当存放在安全场所。系统应当与企业计算机终端进行数据对接，自动在计算机终端中存储数据，相关人员可以通过计算机终端进行实时数据查询和历史数据查询。

系统应当独立地不间断运行，防止因供电中断、计算机关闭或故障等因素影响系统正常运行或造成数据丢失。不得与温湿度调控设施设备联动，防止出现因温湿度调控设施设备异常导致系统故障的风险。

企业应当对储存及运输设施设备的测点终端布点方案进行测试和确认，保证药品仓库、运输设备中安装的测点终端数量及位置符合要求，能够准确反映环境温湿度的实际状况。库房温湿度监测显示如图1－4所示。

知识链接

温湿度自动监测系统测点终端

温湿度监测系统是为了维护仓储商品的质量完好，创造适宜于商品储存的环境，当监控到库内温湿度不适宜商品储存时，就要及时采取有效措施调节库内的温湿度。因此，建立实时的温湿度监控系统，保存完整的历史温湿度数据已经写入 GSP 及附录中。

温湿度自动监测系统测点终端又称传感器或探头,作用是采集现场的温湿度数据。温湿度传感器可以是分开的,也可以是一体的。考虑到安装、维护的方便性,一般选用温度、湿度一体的传感器。有的传感器直接带数据显示,有的需要外接显示终端,可以根据需要来选用。药品库房对传感器的稳定性要求很高,如传感器出现故障,可能影响药品存储环境,从而影响药品质量。

通过使用温湿度自动检测系统,企业能够实现对药品所处环境温湿度的实时监测,从而有效地控制环境温湿度。温湿度自动监测系统充分吸收了先进的电子技术以及网络技术的优势,将传感技术、通信技术、计算机技术等新技术结合起来,是智能化、数字化以及网络化在药品储存保管中的具体运用,对于提高药品流通环节的质量管理水平,保障人民群众的用药安全都具有重要的现实意义。

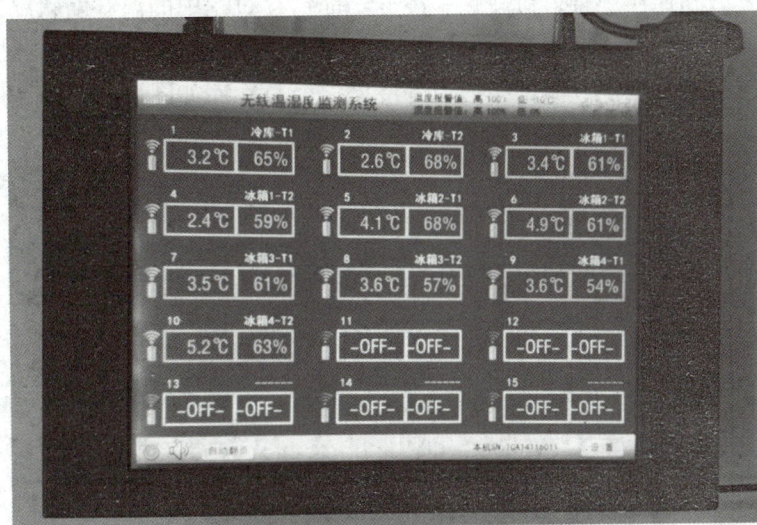

图 1-4 库房温湿度的监测显示

5. 照明设备 照明设备应符合储存作业及安全用电要求,安全照明要求仓库无阴暗区,有便于商品标识识别的光线强度,即灯光无死角。危险品库房要安装防爆灯。

6. 消防、安全设备 如消防栓、灭火器、门禁、探头等。

7. 零货拣选、拼箱发货操作及复核的作业区域和设备 库房内应划分专用的零货区,可通过系统自动提示拣选或人工拣选,有专用的零货箱,并有便于零货复核的区域及复核所用的周转箱、运输箱、封口胶、标签、条码采集器等设备。

8. 特殊管理药品设施设备 经营特殊管理药品的,应有符合国家规定的储存设施,如金属门、保险柜、监控设备、自动报警设备等,报警装置应当与公安机关报警系统联网。中药饮片毒性药品库应配备专用的戥子、秤、天平等。

(四) 药品批发企业的运输工具

按照 GSP 要求,运输药品不得采取敞开式运输方式,而应当使用封闭式货物运输工具进行运输,以防止药品在运输过程中受到污染、雨淋、阳光直射、盗抢等情况的发生。

封闭式货物运输工具是指全封闭的货车,一般指符合国家运输管理有关规定(《中华人民共和国道路运输管理条例》)的箱式货车、集装箱货车、普通封闭式货车(面包车)等。

(五) 有特殊要求药品的设施设备

对于一些对环境有着特殊要求的药品,在储存、运输及销售等环节中需要配备相适应的库房与设施设备，满足药品对储存环境的要求，保证药品的质量。

1. 中药饮片 由于中药饮片的特殊性，容易造成粉尘飞扬，若养护不善则容易生虫等，较易污染环境，所以必须要有专用的库房。

2. 冷藏、冷冻药品

（1）储存冷藏、冷冻药品的库房和设施 冷藏、冷冻药品以生物制品为主，即主要指疫苗类制品、血液制品以及用于血源筛查的体外生物诊断试剂等药品。此类药品与普通药品不同，其研制、生产、经营、使用都有特殊的要求，购、销、运、存过程中需采取非常规的方式、方法，进行特殊的管理，一旦出现疏漏可能导致人体损害和社会危害。

经营冷藏、冷冻药品的企业应当按照 GSP 要求及附录 1《冷藏、冷冻药品的储存与运输管理》的要求，在收货、验收、储存、养护、出库、运输等环节，根据药品包装标示的贮藏要求，采用经过验证确认的设施设备、技术方法和操作规程，对冷藏、冷冻药品储存过程中的温湿度状况、运输过程中的温度状况进行实时自动监测和控制，保证药品的储运环境温湿度控制在规定范围内。

①企业应当配备与其经营规模和品种相适应的冷库。药品冷库如图 1-5 所示。

图 1-5 药品冷库

②冷库应当配备温度自动监测、显示、记录、调控、报警的设备：冷库具有自动调控温湿度的功能；冷库制冷设备应按照设置的温度上下限及库内温度自动启动或停止。

③冷库应当配备电力保障措施，为防止电力故障，应配有备用发电机组或双回路供电系统。发生电力故障时，应能够及时开启备用发电机或切换供电线路保证冷库制冷用电。企业自备的备用发电机组应能够满足冷库制冷功率的需求；应有发电机启动所需的油料储存；应有专人负责应急启动；双回路电路应为两个独立的变电所供电系统，企业应该具备两个变压机组。

④特殊低温是指按药品标准需冷冻储藏的温度要求。对有特殊温度要求的药品，企业应当配备容量、温度适宜的冷冻库。

（2）运输冷藏、冷冻药品的设施设备 对冷藏、冷冻药品运输设备提出要求，主要有两个目的：一是对药品采取冷藏、冷冻或保温措施，保证运输温度符合要求；二是对运输温度进行监控、记录，做到可追溯、查询在途温度。因此，企业应保证冷藏、冷冻药品在运输过程中的温度控制，配备符合储存要求的冷藏车。若使用普通车辆配送时，必须采用车载冷藏箱或保温箱等设备，保证符合要求。

①冷藏车应该自带制冷压缩机，实行运输途中温度的自动调控功能，其配置要符合国家相关标准要求；冷藏车应该是原装冷藏车或经过合法改装的车辆。

②每台独立的冷藏、冷冻药品运输车辆或车厢安装的测点终端数量不得少于 2 个。车厢容积超过 20m³ 的，每增加 20m³ 至少增加 1 个测点终端，不足 20m³ 的按 20m³ 计算。

③冷藏车厢应具有防水、密闭、耐腐蚀等性能。

④冷藏车厢内部应当留有保证气流充分循环的空间，应该有相应的隔离措施，使药品与箱壁之间留有距离，确保车厢内气流循环。

⑤如果使用冷藏箱或保温箱运输药品，冷藏箱或保温箱应当具有良好的保温性能，冷藏箱应当具有自动调控温度的功能，保温箱需配备蓄冷剂以及与药品隔离的装置。每台独立的冷藏箱或保温箱内应当至少配置 1 个测点终端，箱体外部应能够显示箱体内温度数据，并可以采集箱体内温度数据。

📱 知识链接

医药冷链

疫苗是医药物流中要求最为严格的运输品种，灭活疫苗对运输温度的要求为 2～8℃。2019 年 12 月 1 日实施的《疫苗管理法》明确提出对疫苗实行最严格的管理制度，确立了"安全第一、风险管理、全程管控、科学监管、社会共治"的治理框架，并制定一系列法律规定加以保障。

九州通医药集团是目前医疗冷链领域全国性的龙头企业，2020 年 12 月 31 日，九州通与科兴控股（香港）有限公司签订完成《战略合作协议》，双方基于各自优势，同意建立战略合作伙伴关系并开展疫苗委托配送、冷藏车租赁等方面的业务合作。九州通还专门设立了疫苗专用库，并在 12 月底开展了疫苗物流配送操作演练。

医药企业必须坚持人民至上、生命至上，在整个疫苗物流服务中，尤其是"最后一公里"的运输，必须设计最短的物流路径，根据订单和紧急情况进行路径规划与优化，以保证疫苗安全为最关键控制点，通过现代物联网技术对全过程进行监控与管理，在整个物流过程中，疫苗不能落地，必须全程处于有效温控且可追溯。

三、储存、运输设备的管理

为了保证企业用于药品验收、储存及养护的设备、仪器、计量器具等能正常发挥作用，从而为药品验收和储存养护提供物质保障，应对仪器设备进行科学的管理。

通过定期对设施设备检查、校准、清洁和维护，确保设施设备运行安全有效。清洁、维护等工作可延长设施设备的使用寿命，定期校准是设施设备可靠运行的必要保障。建立记录和档案是为了保存设备设施维修、使用等历史情况，对出现的故障能及时查找原因，迅速予以解决。

1. 设施设备日常管理和维护

（1）建立设施设备台账　对所有的设施设备进行彻底的统计和排查，建立设施设备台账。台账的范围包括与药品经营质量管理相关的设施设备，如计算机系统、温湿度监测系统、电子扫码器、制冷机组、备用发电机组或双回路电路、立体货架、托盘和底垫、电动叉车、移动温度记录仪、调节温湿度的设备、通风设备、药品运输车辆、保温箱或冷藏箱等。

仪器设备台账内容应包括购买日期、启用日期、使用日期、维修日期、报损日期等，如表 1－7 所示。

表 1-7 仪器设备台账

序号	编号	名称	规格型号	生产厂家	购置日期	启用日期	使用地点	用途	负责人	备注
1										
2										
3										

（2）建立设备档案　台账的每个设备都应建立设备档案。档案是经过整理的该设备的资料和记录，包括档案目录、设备登记表、购买凭证（复印件）、保修凭证、说明书、试机或验证相关记录、保养维修记录、变更记录、使用记录等。

（3）强化设备管理　每台设备应设置唯一的编号，建立设施设备管理规程和标准操作规程，规定维修保养期限，特别应当做好冷藏冷冻储存运输设施设备的定期检查、维修保养工作。

（4）建立设备保养使用记录　设备仪器使用记录如表 1-8 所示，设备使用记录应真实、有效。

表 1-8 设备仪器使用记录

名称		型号		编号		使用地点	
日期	使用目的	开始时间	使用状况	停止时间	操作人	备注	

2. 计量检定的管理　在药品经营企业中，为了保证药品的质量和用药的安全性，需要对企业中的一些设备仪器按照国家计量的规定和企业内部的要求进行校准检定，对于国家强制检定的仪器需要到国家计量的行政单位进行计量，其他的设备仪器企业可以根据企业的实际情况到第三方检测或者企业内部进行校准。

药品经营企业要做好需要检定校准设备仪器台账，需要进行检定校准的仪器设备有天平、台秤、温湿度监测设备（温湿度监控探头、温湿度记录仪、手持测温仪）等。

此外，还要做好计量器具的校准周期计划。需要定期检定校准、经检定校准合格的设备仪器应有检定证书及检定合格标识，并在设备仪器显著位置粘贴合格证，并标注检定校准证书号，保证检定校准的可追溯性。

实训 2　设计仓库布局

【实训目的】

通过本次实训，让学生掌握仓库布局的合理设计方法。

【材料准备】

1. 全班分成 8 个组，6~7 人/组，人数少的班级 5~6 人/组。

2. 计算机。

3. 提供拟经营的药品经营范围：中成药、中药饮片、化学药制剂、抗生素、生化药品、生物药品（除疫苗）、蛋白同化制剂、肽类激素、一类精神类药品、危险品。

4. 阅读材料：《药品经营质量管理规范》。

【实施步骤】

步骤一　学习材料

1. 学习《药品经营质量管理规范》第五节：设施与设备。

2. 查阅各类型药品储存要求。

步骤二　库房设计

1. 根据拟经营的药品经营范围设计相适应的库房。

2. 确定每个库房的功能，如常温库、阴凉库。

3. 给每个库房编上号，如1号库、2号库。

4. 对库房的位置进行合理布局。

5. 库房其他的设备设施布局。

步骤三　库房分区

1. 按照药品状态分区管理要求对各库房合理划分为5区：待验区、退货区、发货区、合格品区、不合格品区。

2. 各区有相应色标。

步骤四　画出仓库平面图

画出拟开办公司的仓库平面图（电子版）。

步骤五　仓库设备设施配备

根据拟经营的药品经营范围，写出需要配备的设施设备。

【操作要点和注意事项】

1. 小组每个人要认真学习《药品经营质量管理规范》第五节：设施与设备要求。

2. 企业的库房要与其经营范围和经营规模相适应。

3. 需要明确药品的储存要求，根据拟经营药品范围配备相应的库房。

4. 不同库房有不同温度要求，存放相应药品。

5. 平面图设计既要合理，符合规范要求，又要美观。

（1）库房功能齐全。

（2）库房布局设计合理。

（3）库房内分区合理准确，色标标识正确。

6. 仓库需要配备的设施设备要齐全，满足储存、运输要求。

任务四　建立质量管理体系文件 微课4

PPT

质量管理体系文件是描述和规范企业质量管理活动的一整套文件，是建立并保持有效运行的质量管理体系不可缺少的组成部分。质量管理体系文件是一个组织实施质量管理和质量保证活动的准则。因此，质量管理体系文件是GSP质量管理体系中的基础部分，也是企业实施、保证、保持GSP质量管理体系能够有效运行的关键性因素。企业质量管理体系文件内容应当涵盖企业所有与药品质量相关的管理及业务活动。

质量管理体系文件是企业质量活动的法规，是各级管理人员和全体员工都应该遵守的工作规范。因此，企业所有的管理和业务经营活动必须严格执行正式批准的质量管理体系文件的要求，并严格遵守有关规定和制度。

> **岗位情景模拟 1 - 4**
>
> **情景描述** 拟开办药品批发企业，按照 GSP 要求，需要建立企业质量管理体系文件。
>
> **讨　　论** 1. 药品经营企业需要建立哪些质量管理体系文件才能涵盖企业所有与药品质量相关的管理及业务活动？
>
> 2. 药品经营企业应如何对质量管理体系文件进行管理和控制？
>
> 答案解析

一、质量管理体系文件的作用

《药品管理法》明确规定，从事药品经营活动必须具有保证所经营药品质量的规章制度，同时规定药品经营企业必须按照 GSP 要求经营药品。质量管理体系文件是药品经营企业质量管理活动的基础，一套完备的质量管理体系文件可以避免企业在质量管理过程中的遗漏或差错。在药品经营质量管理过程中按文件规定的标准办事，并将活动过程记录在案作为原始资料，用数据说话，使质量管理活动做到"查有据，行有迹，追有踪"，最终使企业管理规范化、制度化、法制化。

（一）质量管理体系文件是企业质量管理的内部"法规"

质量管理体系文件明确规定企业人员及部门的任何质量活动过程都具有确定性，也就是说在何时、何地，由谁，依据什么文件，如何做以及应保留什么记录等都有文件加以明确规定。质量管理体系文件是企业人人必须严格遵守、不得随意改变的内部"法规"。质量管理体系文件的内部"法规"示意图如图 1 - 6 所示。

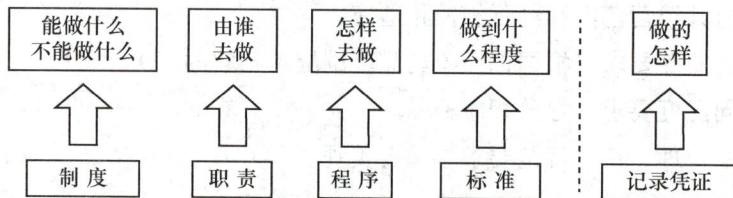

图 1 - 6　质量管理体系文件的内部"法规"示意图

（二）质量管理体系文件是企业进行质量管理体系内审的依据

GSP 规定企业必须进行定期内审和专项内审，证实质量管理体系运行的充分性、适宜性及有效性，而企业质量管理体系文件的执行情况是内审的主要内容之一。因此，质量管理体系文件是否与现行法律法规及企业实际经营活动相符，是否处于企业质量管理活动使用控制中，在企业质量管理活动中是否执行到位，相关记录和凭证是否客观、真实、准确、有效等，都将是内审的重要依据。

（三）质量管理体系文件是企业开展内部培训的依据

企业的培训必须包括企业自身的质量管理制度、职责及岗位操作规程等内容，而这些内容也是员工具体工作的指南，只有通过培训，才能使全体人员明晰自己的职责所在，明确自己什么该做、什么不该做以及如何做。因此，一套完善的质量管理体系文件是一部员工培训的重要教材，同时经过培训，可以有效加强企业内部信息传递、沟通，达到质量管理过程中的统一性。

（四）质量管理体系文件是质量管理体系改进的基础

通过质量管理体系文件内审以及文件的执行、检查、评价分析，制定相应的质量体系改进措施，不断提高质量控制水平，确保质量管理体系持续有效运行；把改进的成果变成标准化程序，改进成果便得到有效巩固，周而复始，企业质量管理体系就会更加完备。

总之，建立质量管理体系文件既是实施 GSP 的需要，也是企业内部质量管理的需要，归根结底是保证人民群众用药安全的需要。

二、建立质量管理体系文件的原则

由于各个企业的情况千差万别，国家相关法律法规只能从宏观上加以规定，既无必要也不可能进行文件的具体规定，企业必须结合国家相关法律法规，以企业质量方针目标作为指导，根据实际经营需要制定符合企业实际的质量管理体系文件，一般可以遵从以下原则。

（一）合法性原则

文件的内容应符合国家相关法律法规的规定，并在国家法律法规修订后，及时按规定程序对质量管理文件进行修改；应符合企业所选质量保证模式标准要求，符合企业质量方针目标。

（二）指令性原则

文件应明确规定各部门、岗位的具体工作要求，任何部门、任何个人、任何行为均不能脱离制度，不可擅自调整。

（三）先进性原则

随着技术的进步，管理手段也在不断发展与提高，管理文件应有一定的前瞻性和预见性，同时，通过学习和借鉴外部先进管理经验，不断提高企业管理水平。

（四）系统性原则

质量管理工作属于系统工程，但在实际工作中，质量管理工作会受到部门人员分工不同、侧重点不同等因素影响，保持全局系统性较难，因此，文件应有系统性和完整性，层次清晰，协调一致，既不能重复，也不能空缺或遗漏。

（五）可行性原则

文件必须与企业药品经营与质量管理的实际紧密结合，保证切实可行，勿简单地照搬、照抄其他企业的制度或有关参考资料的内容。

（六）可操作性原则

质量管理体系文件应符合企业实际，具有可操作性，这是所编文件能否被有效贯彻执行的重要前提，因此，编写文件前必须深入实际调查研究，并及时改进和完善执行过程中反馈的问题，以保证文件被有效地落实并执行。

（七）可检查性原则

质量管理文件对各部门、各环节的质量职责和工作要求应明确、具体，质量活动要求尽可能量化，便于监督部门监督、检查、审核、考核。

三、质量管理体系文件的类型

企业质量管理文件包括质量管理制度、部门和岗位职责、操作规程、档案、报告、记录和凭证等。其中，质量管理制度、部门和岗位职责、操作规程是企业各项经营活动的基本准则和工作标准，而档案、报告、记录和凭证是对企业经营活动和工作过程的真实记载，是追溯和核实企业各项工作和活动的依据，要与企业计算机系统有机结合。

质量管理体系文件类型可以归纳为三个层次，如图 1 – 7 所示。

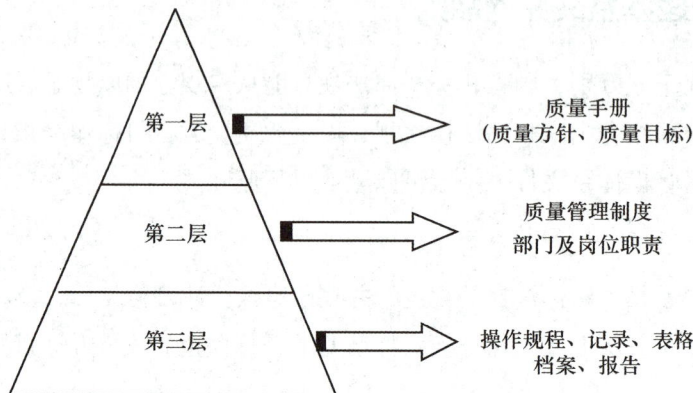

图 1 – 7　质量管理体系文件类型层次图

（一）质量手册

质量手册包括企业的质量方针、质量目标，由企业最高领导批准发布，在企业内部具有最高权威性，是企业质量管理和质量保证过程中必须遵守的纲领性文件，同时体现企业质量保证能力，是取得用户和第三方信任的有力手段，也是企业质量管理体系有效运行的重要保证。

（二）质量管理制度

质量管理制度是企业实施质量管理工作的基本质量规则，是对企业各部门和岗位的原则性规定，是企业经营活动最基本的支撑性文件，对药品经营全过程具有约束力，为完成企业质量管理任务或目标提供保证。一个企业应该开展哪些质量管理工作都由制度明确规定。

（三）质量管理职责

质量管理职责是对企业组织机构设置的各部门和岗位人员在药品经营质量管理活动中所应承担的工作内容、工作目标、工作结果等的明确规定，要求权责一致、符合企业实际。

（四）岗位操作规程

岗位操作规程是对药品经营活动中具体质量活动或过程的操作方法的描述，是岗位操作人员正确开展质量管理工作的依据。规程一般明确规定什么时候、什么地方、如何做，有哪些文件支撑，活动过程应怎样控制和记录等。

（五）质量记录

质量记录是质量活动过程和质量活动结果的真实记载，反映工作的质和量，为追溯质量相关信息提供依据。一般分为质量记录和运行记录，记录要做到真实、完整、准确、有效和可追溯。

即学即练 1-4

答案解析

企业制定质量管理体系文件应当完备，并符合企业实际的内容一般有哪些？
A. 质量管理制度　　　　B. 部门及岗位职责　　　　C. 操作规程
D. 质量方针　　　　　　E. 记录和凭证

四、质量管理体系文件的主要内容

（一）质量管理制度

质量管理制度是企业根据 GSP 规定以及企业实际工作的需要而制定的质量规则，是对企业各部门和各业务环节实施质量管理时"能做什么"和"不能做什么"的具体规定，在企业管理中具有权威性和约束力，是 GSP 规范的首要支持性文件。

在制定和执行质量管理制度时应注意以下几点。

1. 是否与法律法规和企业实际相符合。

2. 制度内容不得与岗位职责、操作规程发生原则性混淆。

3. 质量管理人员应当知道企业质量管理制度所包括的内容。

4. 企业岗位操作人员应清楚自己所在的岗位管理制度具体内容。

5. 一般要求制定制度做到"一事一文、一文一责"。

6. GSP 中所列制度名称是对企业质量管理制度基本内容的规定，不是企业的质量管理制度目录，企业应根据经营范围、经营规模、质量管理要求等不断充实完善，使制度涵盖企业经营中涉及的所有内容，不留制度空白。

按照 GSP 规定，药品经营企业质量管理制度内容见表 1-9。

表 1-9　药品经营企业质量管理制度内容

序号	药品批发企业和药品零售连锁企业	药品零售企业（单体药店或门店）
1	质量管理体系内审的规定	药品采购、验收、陈列、销售等环节的管理，设置库房的还应当包括储存、养护的管理
2	质量否决权的规定	供货单位和采购品种的审核
3	质量管理文件的管理	处方药销售的管理
4	质量信息的管理	药品拆零的管理
5	供货单位、购货单位、供货单位销售人员及购货单位采购人员等资格审核的规定	特殊管理的药品和国家有专门管理要求的药品的管理
6	药品采购、收货、验收、储存、养护、销售、出库、运输的管理	记录和凭证的管理
7	特殊管理的药品的规定	收集和查询质量信息的管理
8	药品有效期的管理	质量事故、质量投诉的管理
9	不合格药品、药品销毁的管理	中药饮片处方审核、调配、核对的管理
10	药品退货的管理	药品有效期的管理
11	药品召回的管理	不合格药品、药品销毁的管理
12	质量查询的管理	环境卫生、人员健康的规定

序号	药品批发企业和药品零售连锁企业	药品零售企业（单体药店或门店）
13	质量事故、质量投诉的管理	提供用药咨询、指导合理用药等药学服务的管理
14	药品不良反应报告的规定	人员培训及考核的规定
15	环境卫生、人员健康的规定	药品不良反应报告的规定
16	质量方面的教育、培训及考核的规定	计算机系统的管理
17	设施设备保管和维护的管理	执行药品电子监管的规定
18	设施设备验证和校准的管理	其他应当规定的内容
19	记录和凭证的管理	
20	计算机系统的管理	
21	药品追溯的规定	
22	其他应当规定的内容	

以人员健康管理制度为例理解制度的制定，示例 1 供参考。

📖 示例 1

××公司质量管理制度文件

文件名称	××公司人员健康管理制度		文件编号	
起草部门			文件类别	
起草人		日期	版本号	
审核人		日期	生效日期	
批准人		日期	印刷份数	

1. 目的

规范员工健康管理工作，营造良好工作环境。

2. 依据

《药品经营质量管理规范》2016 年版。

3. 职责

3.1 行政办公室负责员工体检、个人卫生和健康的管理工作。

3.2 各部门负责监督具体实施。

4. 适用范围

适用于公司员工健康管理工作。

5. 内容

5.1 人员卫生管理

5.1.1 公司每个员工要有良好卫生习惯，不随地吐痰，不乱丢废弃物。

5.1.2 各岗位着装要符合劳动保护和产品防护要求，如冷冻库员工应佩戴防冻衣帽，搬运工应戴手套等保证安全的必要用具等。

5.1.3 公司工作场所内不允许吸烟、打闹、吃东西等可能影响药品质量安全的行为。

5.1.4 药品储存作业区不得允许未经批准人员进入。

5.2 人员健康状况管理

5.2.1 直接接触药品的工作人员实行人员健康状况管理，确保工作人员符合 GSP 健康管理规定要求。

5.2.2 凡直接接触药品的工作人员，包括质量管理、验收、养护、保管和出库复核岗位人员，应于公司通知的规定时间内到当地医疗机构进行健康检查，并建立个人健康档案。

5.2.3 健康检查除一般身体检查外，重点应检查是否患有精神病、传染病（如甲肝、乙肝等）、皮肤病等。质量管理、验收、养护岗位人员还应增加视力程度及辨色障碍等检查。

5.2.4 健康检查不合格人员，应及时调离现工作岗位。

5.2.5 对新进员工或调整到直接接触药品岗位的工作人员，必须经体检合格后方能上岗。

5.2.6 直接接触药品岗位工作人员发现自身身体健康状况不符合岗位要求时，应及时申请调换工作岗位，待身体健康状况恢复后再申请回原岗位上班。

5.3 人事管理部门负责每年定期组织直接接触药品岗位人员进行健康检查，建立企业和个人健康档案。

（二）质量职责

质量管理职责明确规定质量管理工作由谁来做，质量职责应涵盖企业所有部门、岗位、药品经营过程的所有环节，依据企业的总目标，形成全员的目标管理系统，使部门或岗位之间相互衔接，形成有机联系，保证整个管理过程的工作协调有序，实现定量化、精细化管理，便于监督、考核和信息反馈。

在制定和执行质量职责时应注意以下几点。

1. 职责内容要和企业实际相符合。

2. 职责内容不得与管理制度、操作规程发生原则性混淆。

3. 部门或岗位职责必须明确，不能前后矛盾。

药品经营企业常见质量管理职责见表1-10。

表1-10 药品经营企业常见质量管理职责

序号	职责名称	序号	职责名称
1	质量领导小组职责	17	仓储部门职责
2	企业负责人（总经理）职责	18	仓储部门负责人职责
3	质量负责人（副总经理）职责	19	药品储存人员职责
4	质量管理部门职责	20	药品养护人员职责
5	质量管理部门负责人职责	21	出库复核人员责任
6	质量管理员职责	22	运输人员责任
7	质量验收员职责	23	信息管理部门职责
8	采购部门职责	24	信息管理部门负责人岗位职责
9	采购部门负责人职责	25	信息管理人员岗位责任
10	采购人员职责	26	行政人事部门职责
11	财务部门职责	27	行政人事部门负责人职责
12	财务部门负责人职责	28	行政文员职责
13	会计人员职责	29	营运部门职责
14	出纳人员职责	30	营运部门负责人职责
15	配送中心职责	31	营运专员职责
16	配送中心负责人职责		

以质量管理部门职责为例理解质量职责的制定，示例2供参考。

示例2
质量管理部门职责

质量管理部门应当履行以下职责。

1. 督促相关部门和岗位人员执行药品管理的法律法规及本规范。

2. 组织制订质量管理体系文件，并指导、监督文件的执行。

3. 负责对供货单位和购货单位的合法性、购进药品的合法性以及供货单位销售人员、购货单位采购人员的合法资格进行审核，并根据审核内容的变化进行动态管理。

4. 负责质量信息的收集和管理，并建立药品质量档案。

5. 负责药品的验收，指导并监督药品采购、储存、养护、销售、退货、运输等环节的质量管理工作。

6. 负责不合格药品的确认，对不合格药品的处理过程实施监督。

7. 负责药品质量投诉和质量事故的调查、处理及报告。

8. 负责假劣药品的报告。

9. 负责药品质量查询。

10. 负责指导设定计算机系统质量控制功能。

11. 负责计算机系统操作权限的审核和质量管理基础数据的建立及更新。

12. 组织验证、校准相关设施设备。

13. 负责药品召回的管理。

14. 负责药品不良反应的报告。

15. 组织质量管理体系的内审和风险评估。

16. 组织对药品供货单位及购货单位质量管理体系和服务质量的考察和评价。

17. 组织对被委托运输的承运方运输条件和质量保障能力的审查。

18. 协助开展质量管理教育和培训。

19. 其他应当由质量管理部门履行的职责。

（三）操作规程

操作规程是对药品经营过程中某项具体质量活动或过程的操作方法的描述，是岗位操作人员正确开展具体质量管理工作的依据，是质量体系有效运行的保证。因此，企业制定操作规程应当明确规定操作细节、操作方法等，内容要与企业质量管理活动实际运行相结合，突出质量管理的关键点，文字要求简练、易懂、易记，编写的条目顺序应与实际操作顺序一致。

企业根据实际需要可对 GSP 规定的操作规程内容进行调整和补充，比如除 GSP 规定的操作规程内容外，还可以增加如不合格药品的确认与处理、药品销后退回处理、质量管理体系内审等操作规程。

在制定和执行质量操作规程时应注意以下几点。

1. 操作规程应与企业经营的实际情况相一致，具体操作要与规程的规定相一致，并涵盖企业经营质量管理的各个环节，不留空白。

2. 操作规程应当简明、易懂，具有可操作性，且操作性要强。

3. 操作规程规定的某一项质量活动不能影响到其他质量活动。

药品经营企业常见质量管理操作规程见表 1−11。

表 1 – 11　药品经营企业常见质量管理操作规程

序号	操作规程名称	序号	操作规程名称
1	药品采购操作规程	15	冷库使用管理操作规程
2	药品收货操作规程	16	保温箱使用管理操作规程
3	冷藏、冷冻药品收货操作规程	17	冷藏车使用管理操作规程
4	药品验收操作规程	18	供、销货单位质量管理体系评价操作规程
5	药品储存操作规程	19	药品采购综合质量评审操作规程
6	药品养护操作规程	20	质量管理体系评审操作规程
7	药品配送操作规程	21	药品召回、返回操作规程
8	药品销售操作规程	22	GSP 内审操作规程
9	药品出库复核操作规程	23	质量事故处理操作规程
10	药品运输操作规程	24	不合格药品控制操作规程
11	计算机管理系统操作规程	25	采购退货操作规程
12	质量体系文件管理操作规程	26	药品销售退回操作规程
13	投诉管理操作规程	27	药品拆零和拼箱操作规程
14	冷藏药品经营管理操作规程	28	验证管理操作规程

以药品入库储存为例理解操作规程的制定，示例 3 供参考。

示例 3
××公司操作规程文件

文件名称	××公司药品入库储存操作规程		文件编号	
起草部门			文件类别	
起草人		日期	版本号	
审核人		日期	生效日期	
批准人		日期	印刷份数	
分发部门				

1. 目的　规范药品储存的作业流程，确保储存作业正确性、时效性、规范化、流程化。

2. 依据　《药品经营质量管理规范》2016 年版。

3. 职责　储运部对本规程的实施负责。

4. 适用范围　适用于药品入库储存中的质量控制和管理。

5. 内容

5.1 药品入库

5.1.1 药品验收后，保管员根据药品验收入库指令，对照实物确认入库。

5.1.2 当发现货与单不符、质量异常、包装破损或不牢、标识模糊等情况，应不予入库并报告质量管理部门。

5.2 入库存放

根据验收结论、储存条件及药品专库、分类存放的要求，按照计算机系统提示的库位信息，确定药品库别及货位。

5.2.1 根据药品验收结论，确定存放在合格药品库或不合格药品区。

5.2.2 合格药品，根据储存要求确定存放在冷库、阴凉库或常温库。

5.2.3 根据药品专库、分类储存要求和药品剂型，确定在相应库房中的储存区域。

5.2.3.1 药品与非药品、外用药与其他药品应分开存放。

5.2.3.2 品名与包装容易混淆的药品应分开存放。

5.2.3.3 整件药品和零货药品应分开存放。

5.2.3.4 中药材、中药饮片应分库存放。

5.2.3.5 特殊管理药品专库存放。

5.3 药品按批号堆码，不同批号的药品不得混垛；垛间距不小于 5cm，与库房内墙、顶、温度调控设备及管道间距不小于 30cm，与地面间距不小于 10cm。

5.4 冷库内制冷机组出风口 100cm 范围内，以及高于冷风机出风口的位置，不得码放药品。

5.5 在电脑中对验收记录进行入库确认，生成库存。

5.6 药品储存应当采取避光、遮光、通风、防潮、防虫、防鼠等措施。

5.7 储存药品货架、托盘等设施设备应当保持清洁，无破损和杂物堆放。

5.8 未经批准的人员不得进入储存作业区。

5.9 储存作业区内不得存放和储存管理无关的物品，不得有任何影响药品质量或安全的行为。

（四）质量记录

1. 质量记录建立的内容和规定　质量记录能真实再现质量管理活动，根据记录的载体不同可将记录分为电子记录、书面记录与凭证两类。记录为质量管理工作的有效性提供客观证据，工作人员可以从记载药品流向的时间、地点、品名、规格、数量、药品上市许可持有人、生产企业、供货企业、价格、金额等信息中，了解、追溯控制药品流转的情况。因此，现行 GSP 要求企业在药品流通过程的进、存、销各环节建立各种质量记录，并在质量记录中载明有关药品质量信息，做到能按照药品批号进行追踪。严禁伪造记录、事前或事后记录以及擅自更改、删除数据记录等行为。

在制定和执行质量记录时应注意以下几点。

（1）记录的信息内容应当完整，填写应当准确无误。

（2）记录的信息内容应在质量管理活动中具有可追溯性。

（3）记录的信息内容应当与实际质量活动过程一致。

2. 电子记录　电子记录就是通过计算机系统记录数据，有关人员应当按照操作规程，通过授权及密码登录后方可进行数据的录入或者复核。通过计算机进行记录的要求如下。

（1）要对所有涉及电子记录操作人员设定权限及密码，确保录入的电子信息真实、准确。

（2）在电子信息出现错误或需要改动时，必须由质量管理部门审核，并在其监督下进行，更改过程应当留有记录；对一些不能采用删除、覆盖等方式更改的，可以采用"冲红"等方式进行调整。

（3）企业应当对电子信息及时留档备份，确保质量体系活动的可追踪、追溯性。

3. 书面记录及凭证　书面记录及凭证主要是指各种原始票据，如发票、发运单、送货单、随货同行单，此外还有如质量查询、质量投诉、人员培训记录和档案、健康体检档案等。书面记录和凭证填写时要字迹清晰，字体端庄，真实准确，完整及时，不得随意涂改、撕毁。对确需修改的信息，应当注明理由，保持原有信息清晰可辨，并在相应更改位置签字确认，填注日期，以体现质量管理过程真实、有效、可追溯。

4. 记录与凭证的保存 记录与凭证应当至少保存 5 年。疫苗的记录和凭证应当保存至超过有效期 5 年备查；特殊管理药品使用专用账册，其保存期限应当至药品有效期满之日起不少于 5 年。

药品经营企业常见质量记录名称表见表 1 – 12。

表 1 – 12 药品经营企业常见质量记录名称表

序号	记录表名称	序号	记录表名称
1	质量方针目标展开图	33	首营企业审批表
2	质量方针目标检查表	34	首营品种审批表
3	文件修订申请表	35	药品购进记录
4	文件销毁审批表	36	药品质量档案表
5	部门质量管理制度情况检查表	37	药品到货请验通知单
6	各部门质量管理制度执行情况自查表	38	购进药品验收记录
7	企业实施 GSP 内审评审表	39	直调药品质量验收记录
8	内部质量管理体系审核报告	40	药品验收入库通知
9	问题改进和措施跟踪记录	41	药品拒收报告单
10	客户资质审核表	42	药品质量复查通知单
11	药品质量信息反馈单	43	销后退回通知单
12	药品质量信息汇总报表	44	退货药品交接清单
13	信息联系处理单	45	销后退回药品验收记录
14	年度企业员工健康检查汇总表	46	销后退回药品台账
15	员工健康档案	47	不合格药品交接清单
16	年度质量培训计划表	48	库房温湿度记录表
17	职工培训教育签到表	49	库存药品质量养护记录
18	员工培训考核表	50	中药材/饮片在库养护记录表
19	员工培训效果调查表	51	中药标本台账
20	员工培训记录表	52	药品养护档案
21	员工个人培训教育档案	53	重点养护药品品种确定表
22	文件编码登记表	54	养护质量信息汇总表
23	文件发放、回收记录	55	近效期药品催销表
24	文件借阅记录表	56	药品销售记录
25	设备管理台账	57	药品停售通知单
26	养护设备使用记录	58	解除停售通知单
27	养护设备检修维护记录	59	售后药品质量问题追踪表
28	强制检定计量器具检定记录卡	60	质量问题药品追回记录
29	非强制检定计量器具检定卡	61	不合格药品台账
30	合格供货方档案	62	不合格药品报损审批表
31	合格供货方企业一览表	63	报损药品清单
32	药品购货计划表	64	药品销毁记录

序号	记录表名称	序号	记录表名称
65	不合格药品处理情况汇总分析	69	顾客投诉受理卡
66	年度进货质量评审	70	药品质量、服务质量征询意见书
67	出库复核记录	71	批发药品与服务满意度征询表
68	药品质量查询记录表	72	药品不良反应报告

以文件修订申请表为例理解记录的制定，示例 4 供参考。

示例 4
文件修订申请表

编号：

文件名称		编号		版别	
修订位置及原因：					
修订后内容：					
受此影响引起的其他文件名称：					
			申请人：	日期：	
所在部门意见：					
			签名：	日期：	
审批部门意见：					
			签名：	日期：	

五、质量管理体系文件的具体管理和控制要求

（一）文件管理

文件管理就是企业文件的起草、修订、审核、批准、分发、保管以及修改、撤销、替换、销毁等的一个完整周期。质量管理体系文件作为企业指导性工具，其管理的具体要求应当在企业《质量管理文件的管理》中体现，一定要按照企业制定的《文件管理操作规程》规定的程序起草、修订、审核、批准和发布，不能随意进行起草、修改、替换等操作，并按照要求保存相关记录。

（二）质量管理体系文件的控制

1. 文件的控制　文件控制是指文件计划与编制、起草、评审与修改、审定颁发、文件收回以及文件作废等过程，企业内部质量管理文件和外来文件的控制有一定的差别，企业质量文件受控流程图、外来文件受控流程图分别如图 1－8 和图 1－9 所示。

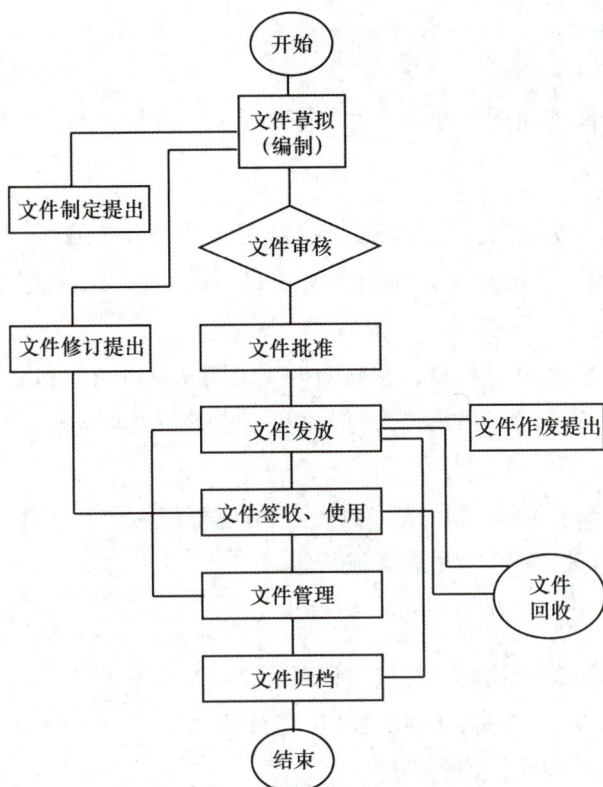

图1-8　企业质量文件受控流程图

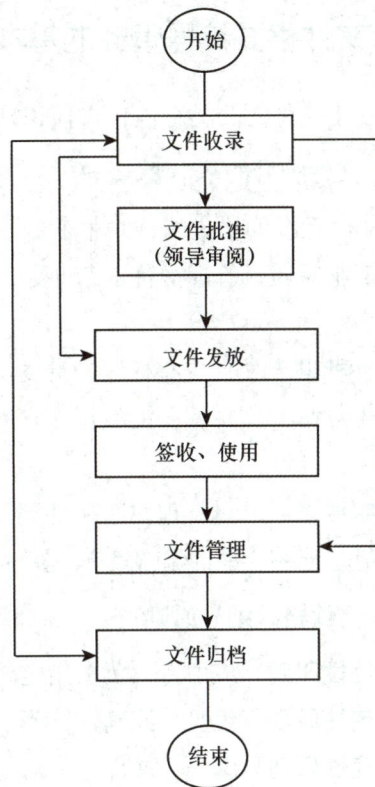

图1-9　外来文件受控流程图

2. 文件的管理、发放与执行

（1）文件一般统一由质量管理部门管理，包括组织编制、审核、修订、更换、解释、指导、检查、保管、分发、培训、回收、销毁处理等。

（2）文件应按《质量管理文件的管理》中确定的范围和数量发放、制定文件清单、编号，做好发放、回收、销毁等处理记录。

（3）保证各岗位人员能够及时获得与其工作内容相对应的必要文件，并熟练掌握文件要求的工作所要承担的责任，如能做什么、不能做什么、怎么做、做到什么程度等，保证各环节均能按照质量管理规定执行。

3. 文件的控制内容

（1）文件发布前应有相应负责人正式批准。

（2）文件要根据政策变化定期评审和及时修改，并重新审批，防止文件管理不到位造成偏差。

（3）确保文件的历史版本和现行版本有明显标识，更改、修订过程应有记录。

（4）确保企业使用的文件为现行有效的文本，已废止或者失效的文件（盖上作废专用章）除留档备查外，不得在工作现场出现。

（5）确保文件字迹清楚，易于识别。

（6）确保外来文件如国家法律法规、标准等易于识别，并对其发放予以控制。

（7）把已废止或者失效的文件撤出现场，操作要与现行版本相符。

六、文件格式编号管理的基本要求

为了便于文件的分类存放，方便识别、查阅和使用文件，应对文件给予一定的格式编号。

（一）文件编号的基本要求

GSP 文件系统的格式编号并非千篇一律，企业应根据自身实际情况制定文件的系统编号。文件格式编号应在企业《质量管理文件的管理》中体现，一般来说，应当标明题目、种类、目的以及文件编号和版本号等。

1. 文件标题 文件应有标题，且要反映质量活动及特点，并简明扼要说明文件的目的和意义。

2. 文件编号 文件编号的编排顺序可以按质量活动的层次、部门及年代进行，编码格式规范，类别清晰，一文一号。

3. 文字要求 质量管理体系文件要用词准确、清晰和易懂，不允许出现模棱两可、含糊不清的词语，如"定时记录仓库的温湿度""及时""有关部门""相应措施"等。

（二）文件格式编号原则

1. 系统性原则 应由专人负责给定统一的分类和编码，并进行记录。

2. 稳定性原则 编码一经确定，不可轻易变动，保持相对的稳定，防止混乱。

3. 准确性原则 编码与文件一一对应，文件终止，编码即废。

4. 追溯性原则 按文件编码系统规定，随时查询文件及其变动情况。

5. 关联性原则 文件经重新修订，给定新版本号，其相关文件中该文件号同时修订。

（三）文件格式编号方法

文件编号一般由文件类别、文件次类别、文件顺序号和文件版本号四大部分组成，以下编号方式供参考。

1. 文件类别号 主要是指企业制度类别，如制度、职责、规程、记录等，文件类别对应代号如表1-13所示。

表1-13 文件类别对应代号

文件名称	质量制度	质量职责	操作规程	质量记录
代号	SMP	QD	SOP	RD

2. 文件次类别号 又称部门代号或部门类别号，主要指企业确定的组织机构或者部门，如采购部、销售部、财务部等，文件次类别对应代号如表1-14所示。

表1-14 文件次类别对应代号

部门名称	采购部	销售部	财务部	行政部	质量管理部	仓储部	运输部
代号	CG	XS	CW	XZ	ZG	CC	YS

3. 文件顺序号 一般用三位阿拉伯数字从"001"开始顺序编号。

4. 文件版本号 一般用两位阿拉伯数字从"00"开始，以此类推。

文件编号结构如示意图如图1-10所示，每部分之间用间隔符分开。现举例说明文件编号及含义，如表1-15所示。

```
×××  -  ××  -  ×××  -  ××
                          └── 文件版本号
                   └──────── 文件顺序号
           └──────────────── 文件次类别号
  └───────────────────────── 文件类别号
```

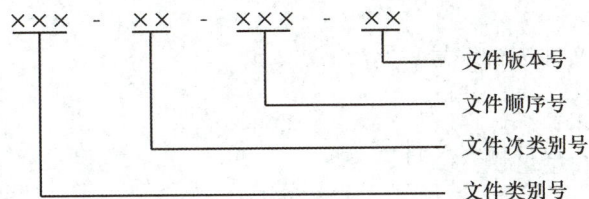

图 1 – 10　文件编号结构示意图

表 1 – 15　文件编号及含义

文件编号	含义
SMP – ZG – 001 – 00	质量管理制度 – 质量管理部 – 排序第 1 号文件 – 第 1 版
SOP – XS – 011 – 02	岗位操作规程 – 销售部 – 排序第 11 号 – 第 3 版
QD – XZ – 008 – 01	质量管理职责 – 行政部 – 排序第 8 号 – 第 2 版
RD – CG – 008 – 01	质量记录 – 采购部 – 排序第 8 号 – 第 2 版

（四）文件文头

除了文件的格式编号外，每一个文件还应该有一个文头（质量管理职责可以只要一个文头），表 1 – 16 质量管理体系文件文头式样供参考。

表 1 – 16　质量管理体系文件文头式样

文件名称				文件编号	
起草部门				文件类别	
起草人		日期		版本号	
审核人		日期		生效日期	
批准人		日期		印刷份数	
分发部门					

实训 3　建立质量管理体系文件

【实训目的】

通过本次实训，让学生掌握建立质量管理体系文件的方法。

【材料准备】

1. 全班分成 8 个组，6~7 人/组，人数少的班级 5~6 人/组。

2. 文件目录表。

3. 文件范例。

4. 阅读材料：《药品经营质量管理规范》。

【实施步骤】

步骤一　学习材料

1. 学习《药品经营质量管理规范要求》第四节：质量管理体系文件。

2. 学习发的文件范例，了解每个具体文件范例的格式及所包含的内容。

步骤二　文件分类

1. 确定"文件目录表"所列具体文件类型。

2. 确定文件起草部门。

步骤三　文件编号

对发的文件目录表里的文件进行编号。

步骤四　文件文头

按照文件文头设计模板，设计编号文件表头。

【操作要点和注意事项】

1. 小组每个人要认真学习《药品经营质量管理规范要求》中的质量管理体系文件。
2. 通过直观学习文件范例，理解"文件"的含义。
3. 文件的编号是为了修订、分发、保管、撤销、替换、存放、查阅方便。
4. 每个企业的编号规则是不一样的，要体现文件种类、版本号等基本要求。

任务五　建立计算机管理系统

PPT

计算机系统是企业质量管理体系的重要组成部分，是企业从事药品经营活动和质量管理活动的物质载体，也是我国药品监督管理部门监管手段的升级。药品经营企业应当建立与经营范围和经营规模相适应的计算机系统，能够实时控制并记录药品经营各环节和质量管理全过程，实现药品可追溯。

》》岗位情景模拟 1-5

情景描述　拟开办的药品批发企业需要建立起企业的计算机管理系统。计算机管理系统的硬件配置、软件的设计需要符合 GSP 和 GSP 附录 2《药品经营企业计算机系统》要求。

讨　论　1. 对计算机系统配置有什么要求？
2. 计算机系统需要对药品经营过程哪些环节进行控制？
3. 如何对计算机系统数据进行管理？

答案解析

一、计算机系统的基本要求

计算机系统是企业进行药品 GSP 质量管理活动的重要基础条件，可以实现对企业经营管理活动和质量管理活动的全方位控制。同时，企业还要有符合 GSP 及其附录要求的计算机系统管理制度或操作规程。计算机系统的功能设计、操作权限、数据记录等应符合质量管理文件的规定。企业通过计算机系统能对药品的进、储、销等质量控制环节进行全面规范管理，能对购进产品合法性、购货单位资质审核等过程或行为进行有效控制。按照 GSP 规定，在系统中设置各经营流程的质量控制功能，与采购、销售以及收货、验收、储存、养护、出库复核、运输等系统功能形成内嵌式结构，对各项经营活动进行判断，对不符合药品监督管理法律法规以及 GSP 的行为进行识别与控制，确保各项质量控制功能的实时和有效。企业计算机系统主要包括采购管理、销售管理、质量管理、仓储管理、运输管理、财务管理等，这些系统功能基本覆盖了经营管理全过程，各经营流程的主要质量控制内嵌结构如图 1-11 所示。

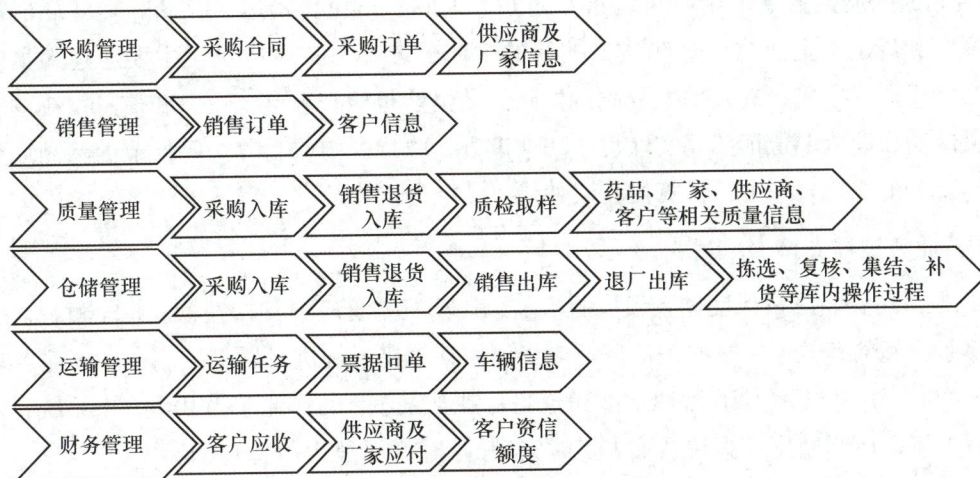

图 1-11 各经营流程的主要质量控制内嵌结构

二、计算机系统的功能

计算机硬件、网络等是支持管理信息应用软件系统的技术基础。企业计算机系统的功能主要是通过管理信息软件系统来体现的。因此，判断企业计算机系统功能能否满足要求，主要是要看相关数据库软件和管理信息应用软件是否能够满足相关的功能要求。下面从质量控制支持、业务经营过程支持方面分析对管理信息软件系统的功能要求。

（一）质量控制支持

1. 规则明确的质量控制 一些规则明确的质量控制，如对于购货单位业务审核，企业应当审查其经营范围，不允许向其销售规定范围外的药品。鉴于药品品规数量大，客户数量多，如果采用人工来执行这一控制，需要花费大量的人力来比对，结果也难以保证控制的有效性，失控的概率增大，同时还大大影响业务的处理速度和服务能力。因此，对于类似的规则明确的质量控制，要求企业通过计算机系统来实施，能够大大提升企业整体的质量控制能力，同时提高业务作业效率。企业应当通过计算机系统实现如图 1-12 所示的质量控制功能。

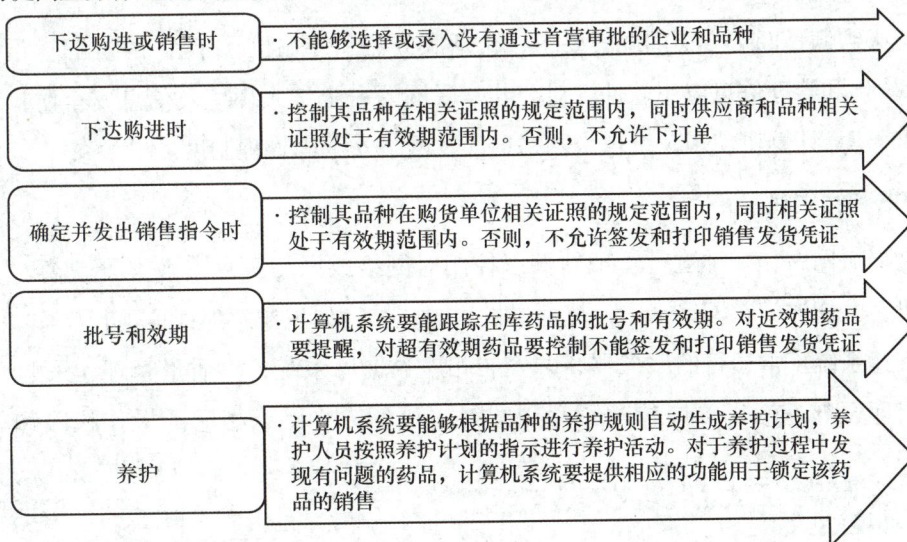

图 1-12 计算机系统应达到的主要质量控制支持

49

2. 需综合判断的质量控制 GSP 在购进、销售、入库、出库、发运、存储养护等环节都有对质量控制方面的要求和规定。企业执行这些质量控制的主体是各环节工作人员，主要通过人员的核查、判断、处置等来实现。在这里，有效的人员质量控制活动仍然是检查重点，设备和信息系统的支持处于辅助地位。如供应商或购货单位证照真实性、合法性审查，收货，验收，养护等环节的药品质量状态检查等，都需要通过人的综合判断力，计算机无法替代。

（二）经营业务过程支持

药品 GSP 是医药企业质量保证体系领域的规范，计算机系统应当支持经营管理全过程。为了保证企业质量管理体系实施的有效性，一些关键环节应当使用计算机系统进行质量控制，主要业务环节应当通过计算机系统实时完成。药品 GSP 管理软件和企业主要业务环节的作业应当共用一个系统，才能真正实现计算机质量控制。应当使用计算机系统来实时完成的经营环节如图 1-13 所示。

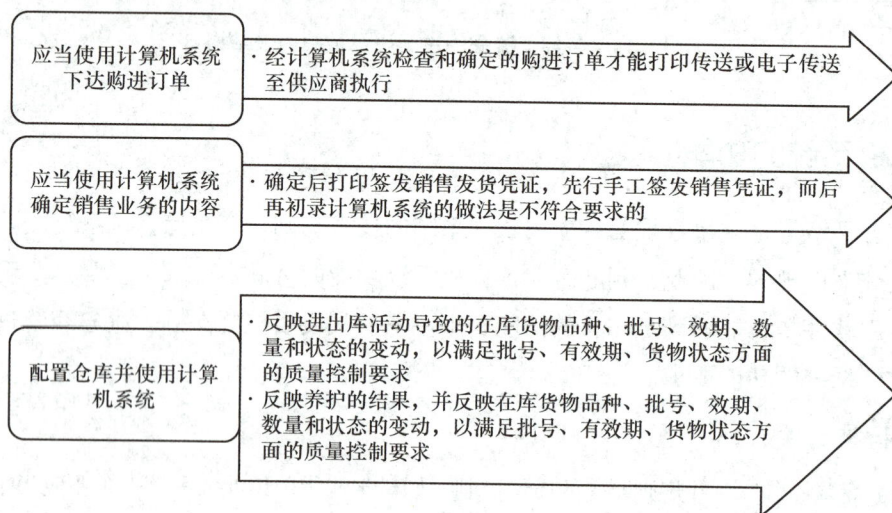

图 1-13 计算机系统应达到的主要经营业务过程支持

三、计算机系统的配置要求

计算机系统必须满足四个方面的配置要求，包括服务器和终端机（工作站电脑）、网络（内部局域网络）、数据库软件和管理信息应用软件、对公共互联网的安全接入环境及信息安全防护设备（或防毒杀毒系统），同时建立计算机使用及维护、网络访问及网络安全等管理制度。

（一）服务器和终端机

服务器是指局域网中，一种运行管理软件以控制对网络或网络资源（磁盘驱动器、打印机等）进行访问的计算机，并能够为在网络上的计算机提供资源使其犹如工作站那样地进行操作。企业需按质量管理要求配置支持系统正常运行的服务器，并安装相应数据库系统，对质量管理、采购、收货、验收、储存、养护、出库复核、销售等岗位配备专用的终端设备，并授予相应的操作权限和软件平台登录密码。

（二）网络环境

网络环境是指将分布在不同地点的多个计算机物理上互联，依据某种协议互相通信，实现软、硬及其网络共享的系统。企业需建立安全、稳定的局域网，数据信息应能在局域网中进行传输和共享；接入互联网的方式必须固定；信息平台必须安全可靠；部门之间、岗位之间必须实现信息传输和数据共享；有票据生成、打印和管理功能。

（三）应用软件和相关数据库

企业用于业务和质量管理的应用系统应当是基于网络的、基于服务器共享数据库的、各环节工作站可协同访问的信息系统，包括应用软件本身、操作系统及相关数据库。应用软件和相关数据库必须符合GSP要求，并符合企业管理实际。

（四）对公共互联网的安全接入环境及信息安全防护设备

公共互联网的安全接入环境是指计算机系统要有提供对互联网的接入能力，要有保障信息安全的防护措施和设施，要安装防火墙和防病毒系统。企业需有专门的信息管理人员对计算机系统及网络安全进行维护，配置有外部断电情况下服务器延时断电应急设备等，并与软硬件供应商签订服务协议或合同。

四、计算机系统的数据管理要求

企业应当制定符合GSP要求和企业实际情况的计算机管理制度和操作规程。各类数据的录入、修改、保存等操作应当符合授权范围、操作规程和管理制度的要求，保证数据原始、真实、准确、安全和可追溯。经过质量负责人审批，在计算机系统授权中明确各个岗位的使用权限和查询权限，操作人员必须通过输入用户名、密码等身份确认方式登录系统，并在权限范围内录入或查询数据，未经批准不得修改数据信息；系统内的数据增加、修改和删除应在计算机系统中记录，修改各类业务经营数据时，操作人员在职责范围内提出申请，经质量管理人员审核批准后方可修改，修改的原因和过程在系统中予以记录；系统对各岗位操作人员姓名的记录，根据专有用户名及密码自动生成，不得采用手工编辑或菜单选择等方式录入；系统操作、数据记录的日期和时间由系统自动生成，不得采用手工编辑、菜单选择等方式录入。具体要求如下。

（一）数据安全性能

系统应当保证任何使用者不得通过软件内置的操作（包括公开的和未公开的）或其他简单操作达到修改有效数据的目的，不得留有影响数据安全性的"后门"。数据库系统的数据必须加密或设置强口令（理论上难以破译、猜测的口令），以限制非软件开发单位的人员登录修改数据。加密方法和口令不得透漏、泄漏给非软件开发单位的人员。

（二）账户管理功能

系统应当为每个使用者提供不同的账号，每个使用者只能使用自己的账号登录系统，未登录前不能做该账号的任何操作。每个账号有明确的岗位或操作权限，并与实际分工相适应。未设置密码的账号不得登录。密码不得为空。账号建立后不得修改基础信息（如姓名）或删除。每个软件只能有一个系统管理员账号，账号名称应当固定。账号应按照实际的岗位进行分组管理，按账户组进行权限设置。

（三）操作查询功能

系统的任何有效数据更新操作都必须有自动的操作记录生成。操作记录必须记录操作的账号、操作的时间、操作的具体内容等。操作记录必须是可查询的。操作记录同样不得提供修改、删除等功能。有效数据是指涉及药品的审核、审批、购销存等各方面的操作数据。更新操作包括增加、修改、删除等导致数据变化的操作（不包括查询、导出等不影响数据的操作）。所有操作记录至少保留 5 年，相关法律法规另有规定的，按照规定保留。

（四）账号使用日志功能

系统应对每个账号的建立和登录、退出时间进行自动记录。该记录同样不能提供修改、删除的功能。日志数据至少保留 5 年。

（五）时间保护功能

系统中的所有记录应当默认按照自然操作顺序排序。系统应当自动记录每次软件运行的开始时间和结束时间，并比较上次的开始时间和结束时间。对运行时间异常的行为和异常结束的行为应当有明显的警告并能查询。

（六）备份功能

软件应当提供整体数据备份和恢复功能（详见系统数据备份要求）。

五、系统数据备份要求

计算机系统运行中涉及企业经营和管理的数据应当采用安全、可靠的方式储存并按日备份，备份数据应当存放在安全场所，目的是保证企业经营的电子数据保持持续安全状态，确保企业机载数据在发生遗失、损坏等极端情况时，有能力快速进行数据恢复；保证企业信息资源的不间断管理和历史信息可追溯；保证系统发生故障时可以不影响正常经营活动，并能够满足药品监督管理部门的检查需要。核心内容涉及两个方面：数据备份和数据管理时限。具体要求包括以下几个方面。

1. 企业计算机系统管理制度及操作规程应有数据备份、存放管理做出专人负责、每日备份、安全存放等具体要求。

2. 在企业质量管理责任中，明确计算机管理部门和专人对计算机系统数据备份职责要求。

3. 备份记录和数据的介质应与服务器存放在不同地点，存放场所要做到防火、防盗等保护措施，防止与服务器同时遭遇灾害造成损坏或丢失。

4. 数据至少保存 5 年，疫苗、特殊管理的药品数据按相关规定要求保存。

数据备份是将信息系统中的数据作为一个整体进行安全转移和保存，并能在系统出现故障时恢复数据。这个过程中数据库中的数据记录是不变的。GSP 的各类记录数据是整个数据的一部分。

在电子数据记录条件下，记录数据保存 N 年的含义是在记录发生日期的 N 年之内，不能删除相应的数据库行记录（技术上，允许将数据库行记录转移、整理到另外的数据表中，内容不变。这种情况下不视为删除）。在发生日期的 N 年之内的记录，系统都能提供相应的功能进行查看和浏览记录数据，还能够同时看到有痕迹的修改记录。

知识链接

数据备份

由于信息系统是通过数据库系统来存储数据的，因此，数据备份主要指备份数据库数据。技术上，根据所采用的数据库系统的不同，可以采用不同的备份方式。

1. 直接备份数据库文件，每日备份出全部数据。因工作繁琐，会发生工作人员懈怠而漏备的现象。

2. 采用数据库系统备份工具备份。

（1）每日备份出全部数据。但要防止数据库系统备份工具本身出差错或不工作的现象发生。

（2）定期（如每周或每月）备份出全部数据，每日备份出当日的变动数据，要保证根据每日备份的数据能够恢复出到最后一日的全部数据。

（3）少量特殊数据以文件形式存放在服务器特定目录中，如相关证照扫描文件等，则数据备份还要对这些数据目录进行备份。

通过数据，企业管理者能够实时了解到企业的经营状况和管理过程，对于企业运营有很重要的指导作用。因此，无论采用哪种数据备份方式，要求每个相关岗位从业人员必须具备严谨的工作态度，树立强烈的药品质量和规范从业意识，严格按照GSP要求进行数据管理，实现全过程、全环节可追溯。同时，必须与时俱进，利用新技术、新方法提升数据备份自动化水平，提升工作成效，减少数据漏备的风险。

六、计算机系统管理职责分工

（一）药品批发企业负责信息管理的部门应当履行职责

1. 负责系统硬件和软件的安装、测试及网络维护。

2. 负责系统数据库管理和数据备份。

3. 负责培训、指导相关岗位人员使用系统。

4. 负责系统程序的运行及维护管理。

5. 负责系统网络以及数据的安全管理。

6. 保证系统日志的完整性。

7. 负责建立系统硬件和软件管理档案。

（二）药品批发企业质量管理部门应当履行职责

1. 负责指导设定系统质量控制功能。

2. 负责系统操作权限的审核，并定期跟踪检查。

3. 监督各岗位人员严格按规定流程及要求操作系统。

4. 负责质量管理基础数据的审核、确认生效及锁定。

5. 负责经营业务数据修改申请的审核，符合规定要求的方可按程序修改。

6. 负责处理系统中涉及药品质量的有关问题。

即学即练 1-5

药品批发企业哪个部门负责计算机系统操作权限的审核和质量管理基础数据的建立？

A. 采购部   B. 行政部   C. 信息管理部

答案解析   D. 质量管理部   E. 仓储部

七、系统基础数据

质量管理基础数据是企业合法经营的基本保障，必须由专门的质量管理人员对相关资料审核合格后，据实确认和更新，更新时间由系统自动生成。药品批发企业应当将审核合格的供货、购货单位及经营品种等信息录入系统，建立质量管理基础数据库，并有效运用。

1. 质量管理基础数据包括供货单位、购货单位、经营品种、供货单位销售人员资质、购货单位采购人员资质及提货人员资质等相关内容。

2. 质量管理基础数据与对应的供货单位、购货单位以及购销药品的合法性、有效性相关联，与供货单位或购货单位的经营范围相对应，由系统进行自动跟踪、识别与控制。

3. 系统对接近失效的质量管理基础数据进行提示、预警，提醒相关部门及岗位人员及时索取、更新相关资料；任何质量管理基础数据失效时，系统都自动锁定与该数据相关的业务功能，直至数据更新和生效后，相关功能方可恢复。

4. 其他岗位人员只能按规定的权限查询、使用质量管理基础数据，不能修改数据的任何内容。

八、系统对药品采购、收货、验收等环节的控制功能 ⓔ 微课5

（一）采购

药品采购订单中的质量管理基础数据应当依据数据库生成。系统对各供货单位的合法资质能够自动识别、审核，防止超出经营方式或经营范围的采购行为发生。采购订单确认后，系统自动生成采购记录。

（二）收货

药品到货时，系统应当支持收货人员查询采购记录，对照《随货同行单（票）》及实物确认相关信息后方可收货。

（三）验收

验收人员按规定进行药品质量验收，对照药品实物在系统采购记录的基础上录入药品的批号、生产日期、有效期、到货数量、验收合格数量、验收结果等内容，确认后系统自动生成验收记录。

（四）储存

药品批发企业系统应当按照药品的管理类别及储存特性自动提示相应的储存库区。

（五）养护

药品批发企业系统应当依据质量管理基础数据和养护制度，对库存药品按期自动生成养护工作计划，提示养护人员对库存药品进行有序、合理的养护。

（六）效期

药品批发企业系统应当对库存药品的有效期进行自动跟踪和控制，具备近效期预警提示、超有效期自动锁定及停销等功能。

（七）销售

药品批发企业销售药品时，系统应当依据质量管理基础数据及库存记录生成销售订单，系统拒绝无质量管理基础数据或无有效库存数据支持的任何销售订单的生成。系统对各购货单位的法定资质能够自动识别并审核，防止超出经营方式或经营范围的销售行为的发生。销售订单确认后，系统自动生成销售记录。

（八）出库复核

药品批发企业系统应当将确认后的销售数据传输至仓储部门，提示出库及复核。复核人员完成出库复核操作后，系统自动生成出库复核记录。

（九）销售退回

药品批发企业系统对销后退回药品应当具备以下功能。

1. 处理销后退回药品时，能够调出原对应的销售、出库复核记录。

2. 对应的销售、出库复核记录与销后退回药品实物信息一致的方可收货、验收，并依据原销售、出库复核记录数据以及验收情况，生成销后退回验收记录。

3. 退回药品实物与原记录信息不符，或退回药品数量超出原销售数量时，系统拒绝药品退回操作。

4. 系统不支持对原始销售数据的任何更改。

（十）质量可疑药品

药品批发企业系统应当对经营过程中发现的质量有疑问药品进行控制。

1. 各岗位人员发现质量有疑问药品，按照操作权限实施锁定，并通知质量管理人员。

2. 被锁定药品由质量管理人员确认，不属于质量问题的，解除锁定，属于不合格药品的，由系统生成不合格记录。

3. 系统对质量不合格药品的处理过程、处理结果进行记录，并跟踪处理结果。

（十一）运输

药品批发企业系统应当对药品运输的在途时间进行跟踪管理，对有运输时限要求的，应当提示或警示相关部门及岗位人员。系统应当按照《药品经营质量管理规范》要求，生成药品运输记录。

九、药品零售企业计算机系统的要求

药品零售企业系统的硬件、软件、网络环境及管理人员的配备应当满足企业经营规模和质量管理的实际需要，并满足药品追溯的要求。质量管理部门或者质量管理人员负责计算机系统操作权限的审核、控制及质量管理基础数据的维护。通过计算机系统记录数据时，相关岗位人员应当按照操作规程，通过授权及密码登录计算机系统，进行数据的录入，保证数据原始、真实、准确、安全和可追溯。各类数据的录入与保存应符合 GSP 附录 2《药品经营企业计算机系统》第六条、第七条的相关要求。

其销售管理应当符合以下要求。

1. 建立包括供货单位、经营品种等相关内容的质量管理基础数据。

2. 依据质量管理基础数据，自动识别处方药、特殊管理的药品以及其他国家有专门管理要求的药品。

3. 拒绝国家有专门管理要求的药品超数量销售。

4. 与结算系统、开票系统对接，对每笔销售自动打印销售票据，并自动生成销售记录。

5. 依据质量管理基础数据，对拆零药品单独建立销售记录，对拆零药品实施安全、合理的销售控制。

6. 依据质量管理基础数据，定期自动生成陈列药品检查计划。

7. 依据质量管理基础数据，对药品有效期进行跟踪，对近效期的给予预警提示，超有效期的自动锁定及停销。

8. 及时对系统进行升级，完善系统功能。

实训 4　计算机初始设置操作

【实训目的】

通过本次实训，让学生掌握计算机系统账套、登陆、权限设置的依据和方法，能够对计算机进行初始设置。

【材料准备】

1. 全班分成 8 个组，6～7 人/组，人数少的班级 5～6 人/组。

2. 计算机。

3. GSP 管理软件。

【实施步骤】

步骤一　建立计算机系统管理制度

1. 以小组为单位查阅计算机系统管理制度，建立本小组系统使用及使用权限的计算机系统管理制度。

2. 小组提交计算机系统使用及使用权限管理制度。

步骤二　根据系统使用及使用权限管理制度设置账套、登陆、权限

1. 登陆 GSP 操作系统。

2. 初始化系统设置。

3. 根据系统使用及使用权限管理制度设置用户账套。每个小组为 1 个公司并独立设置 2 个账套，1 个正式账套，1 个练习账套，如 1 号组设立公司 1 正式、公司 1 练习 2 个账套。

4. 根据系统使用及使用权限管理制度设置用户登录名和密码。在每个独立的账套下设置采购员、采购部经理、收货员、验收员、养护员、质量部经理、销售员、销售部经理、质量副总等岗位。

5. 根据系统使用及使用权限管理制度设置用户权限，根据各岗位职责要求分别设置上述岗位权限。

【操作要点和注意事项】

1. 企业的计算机系统管理制度较为抽象，应为学生提供基本的资料以及查询的途径，保证任务实施的可行性。

2. 设置账套、登陆、权限后，提示学生使用不同岗位人员的权限检查系统功能和设置状况。

岗位对接

药品经营企业负责人岗位

任职资格	学历与专业	药品批发企业和零售连锁企业负责人具有大学专科以上学历或者中级以上专业技术职称 零售药店负责人要具备执业药师资格
	工作经验	具有一定医药行业工作经验及企业经营管理经验
	知识结构	具备基本的药品知识，熟悉国家有关药品经营管理的法律、法规和政策，具有企业管理、战略管理、运营管理、人力资源管理、财务管理等相关专业知识
	工作能力	领导能力；分析能力；组织协调能力；决策判断能力；学习能力；知识管理能力；风险管控能力
职责		1. 主持企业日常全面工作，是企业药品经营质量第一责任人，对企业所经营药品的质量承担法律责任
		2. 坚持"质量第一"的观念，保证公司认真贯彻执行国家有关药品监督管理的法律、法规及行政规章，对本公司经营药品的质量和质量管理体系的建立和运行负第一责任
		3. 全面负责公司质量管理，建立健全质量管理体系
		4. 建立企业质量保证体系，设置专门的质量管理机构，并根据企业实际情况设置质量管理组、质量验收组等岗位
		5. 建立药品追溯系统及与之适应的计算机系统，实现药品可追溯
		6. 批准质量管理制度和其他质量制度性文件的执行
职业素养		1. 具有医药法律、质量意识
		2. 具有社会责任感
		3. 保证百姓用药安全，维护用药人的权益

信息员（计算机管理员）岗位

任职资格	学历与专业	计算机应用或相关专业，大专学历
	工作经验	1 年以上工作经验，1 年以上相关岗位工作经验
	知识结构	精通计算机系统结构和软硬件管理知识、网络管理知识、信息系统安全知识；粗通数据库管理知识；了解 GSP 相关知识、中西药品知识
	工作能力	能够协调处理各部门关于软硬件、网络故障的相关问题；能处理部门关于设备安装、维护、维修管理的相关问题，并进行具体操作指导；能够进行计算机硬件知识、网络知识、信息安全及实际操作规程的简单培训
职责		1. 负责系统硬件和软件的安装、测试及网络维护
		2. 负责系统数据库管理和数据备份
		3. 负责培训、指导相关岗位人员使用系统
		4. 负责系统程序的运行及维护管理
		5. 负责系统网络以及数据的安全管理
		6. 保证系统日志的完整性
		7. 负责建立系统硬件和软件管理档案

续表

工作内容	1. 网络的具体创建、改进与日常维护
	2. 内部计算机 IP、操作员安全口令管理
	3. 网络安全的建立和维护，网络中计算机病毒的防范、查杀，防病毒系统的管理
	4. 计算机及相关硬件设备的采购建议
	5. 信息化设备故障的排查，信息化设备的维护，建立、管理信息化设备档案，故障排查与维修记录
	6. 信息制度流程、计算机硬件知识、网络知识、信息安全及实际操作规程的培训
	7. 计算机实际操作的指导与监督信息维护记录、计算机登记表、计算机硬件设备采购计划、计算机管理的各种规章制度与操作规程，网络、硬件管理档案

目标检测

答案解析

一、单选题

1. 在企业内部独立履行职责，对药品质量具有裁决权的是（   ）。

   A. 验收员　　　　　　B. 质管员　　　　　　C. 质量管理部经理　　　　D. 质量负责人

2. 患有（   ）可以从事直接接触药品的工作。

   A. 精神病　　　　　　B. 肺结核　　　　　　C. 高血压　　　　　　D. 脓疱疮

3. 对药品零售企业营业场所的要求不正确的是（   ）。

   A. 具有与其药品经营范围、经营规模相适应的独立的经营场所

   B. 应有避光、防鼠、防虫、防污染等措施

   C. 营业场所应当具有相应设施或者采取其他有效措施，避免药品受室外环境的影响

   D. 营业场所面积在 $100\mathrm{m}^2$ 以上

4. 下列关于药品拆零的叙述错误的是（   ）。

   A. 精神药品不可以拆零销售

   B. 有引湿性、吸潮、易变霉、易风化的药品一般不拆零

   C. 未经顾客同意，营业员不得擅自拆零药品

   D. 拆零药品不得直接暴露于空气中

5. 以下有关药品批发企业库房的选址中，不符合要求的是（   ）。

   A. 为便于消费者购买，应尽量选择靠近居民区，地面平坦，地质坚固

   B. 为便于运输，应尽量选择交通便利的区域

   C. 尽量远离汽车库、加油站、油库等

   D. 尽量选择地势较高区域，雨季能迅速排水，通风良好

6. 运输药品应当使用（   ）。

   A. 低速货车　　　　　B. 封闭式货车　　　　C. 自卸货车　　　　　D. 以上都可以

二、多选题

1. 以下药品批发企业岗位中，必须在职在岗，不得兼职其他业务工作的岗位有（   ）。

    A. 采购岗位　　　　B. 验收岗位　　　　C. 销售岗位　　　　D. 养护岗位

    E. 质量管理岗位

2. 批发企业质量管理部负责人必须具备的条件是（　　）。

    A. 执业药师资格　　　　　　　　　　B. 3 年以上药品经营质量管理工作经历

    C. 本科以上学历　　　　　　　　　　D. 中级以上专业技术职称

    E. 专科以上学历

3. 计算机系统必须满足的配置包括（　　）。

    A. 服务器和终端机（工作站电脑）

    B. 网络（内部局域网络）

    C. 数据库软件和管理信息应用软件

    D. 对公共互联网的安全接入环境及信息安全防护设备（或防毒杀毒系统）

    E. 无线网络

4. 以下属于企业计算机系统功能覆盖的经营过程管理为（　　）。

    A. 采购管理　　　　B. 销售管理　　　　C. 质量管理

    D. 仓储管理　　　　E. 财务管理

5. 下面关于对管理信息系统的质量控制功能要求描述正确的是（　　）。

    A. 一些规则明确的质量控制，要求企业通过计算机系统来实施

    B. 必须综合判断的质量控制，要求企业通过计算机系统来实施

    C. 必须综合判断的质量控制，需要通过人的综合判断力，计算机无法替代

    D. 一些规则明确的质量控制，需要通过人的综合判断力，计算机无法替代

    E. 无论规则是否明确，都通过计算机系统实施

6. 以下说法正确的是（　　）。

    A. 计算机系统应当支持经营管理过程

    B. 药品 GSP 管理软件和企业主要业务环节的作业可以分别使用两个系统

    C. 为了保证企业质量管理体系实施的有效性，一些关键环节应当使用计算机系统进行质量控制，主要业务环节应当通过计算机系统实时完成

    D. 药品 GSP 管理软件和企业主要业务环节的作业应当共用一个系统

    E. 药品 GSP 是医药企业质量保证体系领域的规范

7. 关于数据备份，以下说法正确的是（　　）。

    A. 在记录发生日期的规定时间内，系统能提供功能进行查看和浏览记录数据

    B. 在记录发生日期的规定时间内，能够同时看到有痕迹的修改记录

    C. 疫苗、特殊管理的药品的记录及凭证按相关规定保存的要求

    D. 记录及凭证应当至少保存 5 年

    E. 记录数据保存的含义是在记录发生日期的规定时间内，不能删除相应的数据库行记录

三、简答题

1. 简述药品批发企业库房和药品零售企业营业场所的设备配置要求。

2. 简述质量管理体系文件控制管理要求。

3. 简述 GSP 对质量管理基础数据的要求。

4. 药品批发企业质量管理部门的职责有哪些？

书网融合……

| 微课 1 | 微课 2 | 微课 3 | 微课 4 | 微课 5 | 习题 |

学习引导

证照申领是药品经营企业从事经营活动的前提，是药品经营企业合规合法经营的必备条件。证照是国家管理机关发给药品经营者准许从事药品经营活动的凭证，作为药品经营企业必须在取得相应的证照后方可从事药品经营活动。那么，药品经营企业需要申领哪些证照？如何申领？

本项目主要介绍药品经营企业的申办条件、申办程序、申办时所需材料、现场验收标准以及相关证照的办理。

学习目标

1. **掌握**　申办药品经营企业的条件、程序及申办时所需材料。
2. **熟悉**　申办药品经营企业现场验收标准。
3. **了解**　办理证照的程序。

药品经营企业是指经营药品的专营企业或兼营企业，根据药品经营方式分为药品批发企业、药品零售连锁企业和药品零售企业。药品经营的条件、行为对药品质量、合理用药及群众用药的安全、有效性具有重要影响。因此，为了保证药品经营质量、保证人民用药安全，政府必须依据法律规定的条件对药品经营企业的开办进行事前审查批准，并对其日常经营行为进行必要的规范和监管。

任务一　申请验收

PPT

GSP的实施使得药品流通市场的准入门槛提高，开办药品经营企业应符合规定的条件，依照《药品管理法》《药品管理法实施条例》《药品经营许可证管理办法》（2017年修订）《药品经营质量管理规范》《药品经营质量管理规范现场检查指导原则》的要求进行申办。

岗位情景模拟 2-1

情景描述　某已申办营业执照的药品批发企业按照《药品管理法》《药品经营质量管理规范》要求已完成硬件和软件等筹建准备工作，拟申请验收。

讨　　论　1. 申请验收需要提交什么材料？

2.《药品经营许可证申请表》该如何填报？

答案解析

根据《药品管理法》规定，从事药品批发活动，应当经所在地省、自治区、直辖市人民政府药品监督管理部门批准，取得药品经营许可证。从事药品零售活动，应当经所在地县级以上地方人民政府药品监督管理部门批准，取得药品经营许可证。无药品经营许可证的，不得经营药品。

知识链接

取消 GSP 认证，动态监管时代到来

新版《药品管理法》自 2019 年 12 月 1 日起实施，取消了药品 GMP、GSP 认证，不再发放药品 GMP、GSP 证书。2019 年 12 月 1 日以前受理的认证申请，按照原药品 GMP、GSP 认证有关规定办理。2019 年 12 月 1 日前完成现场检查并符合要求的，发放药品 GMP、GSP 证书。凡现行法规要求进行现场检查的，2019 年 12 月 1 日后应当继续开展现场检查，并将现场检查结果通知企业；检查不符合要求的，按照规定依法予以处理。

取消 GSP 认证符合我国目前药品监管的大方向，对医药企业而言意味着更多、更严格和更科学的监管，国家药品监督管理局强化了对药品经营企业的动态监管，即由静态的节点式监管调整为动态和全过程的监管，将事前审批更多地变为事中、事后监管，飞检会直接成为监管企业的重要手段，医药企业会更加走向合规化，这是大健康产业发展的一个好的趋势。

一、药品经营企业申办条件

（一）药品批发企业和药品零售连锁企业申办条件

申办药品批发企业和药品零售连锁企业，应符合省、自治区、直辖市药品批发企业合理布局的要求，并符合以下设置标准。

1. 人员保证　开办药品批发企业和药品零售连锁企业应具有依法经过资格认定的药师或者其他药学技术人员，配备与所经营药品相适应的质量管理机构或者人员。

企业、企业法定代表人或企业负责人、质量管理负责人无违反《药品管理法》及其他相关法律法规的违法违规行为。

2. 设施设备

（1）具有保证药品储存质量要求的、与其经营品种和规模相适应的营业场所、办公用房、设备以及保障仓库内药品质量安全和在库储存与养护方面的仓储设施。

（2）药品零售连锁企业若委托同一法定代表人的药品批发企业配送药品，不得另设配送中心仓库，且药品零售连锁企业购进的所有药品必须从同一法定代表人的药品批发企业采购；药品零售连锁企业若不委托同一法定代表人的药品批发企业配送药品的，应设置独立的仓库。

3. 组织保证　有保证企业实施质量管理所需的组织结构、程序、过程和资源的质量管理体系文件。

4. 制度保证　有保证所经营药品质量的规章制度。

5. 计算机管理系统　能覆盖企业内药品的购进、储存、销售以及经营和质量控制的全过程；能全面记录企业经营管理及实施《药品经营质量管理规范》方面的信息；符合《药品经营质量管理规范》对药品经营各环节的要求。

开办药品零售连锁企业，总部、配送中心、所属零售门店之间的计算机管理信息系统应实时连接，能实现数据实时交换。

（二）药品零售企业申办条件

开办药品零售企业，应符合当地常住人口数量、地域、交通状况和实际需要的要求，符合方便群众购药的原则，并符合以下设置规定。

1. 人员保证

（1）药品零售企业应具有依法经过资格认定的药师或者其他药学技术人员。

（2）企业、企业法定代表人或企业负责人、质量管理负责人无违反《药品管理法》及其他相关法律法规的违法违规行为。

（3）经营处方药、甲类非处方药的药品零售企业，必须配有执业药师或者其他依法经过资格认定的药学技术人员。质量负责人应有一年以上（含一年）药品经营质量管理工作经验。

（4）经营乙类非处方药的药品零售企业以及农村乡镇以下地区设立药品零售企业的，应当配备经设区的市级药品监督管理机构或者省、自治区、直辖市人民政府药品监督管理部门直接设置的县级药品监督管理机构组织考核合格的业务人员。有条件的应当配备执业药师。

（5）企业营业时间，以上人员应当在职在岗。

2. 设施设备　具有与所经营药品相适应的营业场所、设备、仓储设施。在超市等其他商业企业内设立零售药店的，必须具有独立的区域。

3. 资源保证　具有能够配备满足当地消费者所需药品的能力。药品零售企业应备有的国家基本药物品种数量由各省、自治区、直辖市药品监督管理部门结合当地具体情况确定。

4. 制度保证　有保证所经营药品质量的规章制度。

二、药品经营企业申办程序

新开办药品经营企业应依据《药品管理法》《药品管理法实施条例》《药品经营质量管理规范》《药品经营质量管理规范实施细则》《药品经营质量管理规范现场检查指导原则》《药品经营和使用质量监督管理办法》（国家市场监督管理总局令第 84 号），申办《药品经营许可证》。《药品经营许可证》申领程序如图 2 - 1 所示。

（一）药品批发企业、药品零售连锁企业申办程序

1. 提交申报《药品经营许可证》材料　申办人向拟办企业所在地的省、自治区、直辖市药品监督管理部门提出筹建申请，并提交筹建材料。

2. 药品监督管理部门审查　药品监督管理部门对申办人提出的申请，应当根据下列情况分别做出处理。

（1）申请事项不属于本部门职权范围的，应当即时做出不予受理的决定，发给《不予受理通知书》，并告知申办人向有关药品监督管理部门申请。

（2）申请材料存在可以当场更正错误的，应当允许申办人当场更正。

（3）申请材料不齐或者不符合法定形式的，应当当场或者在 5 日内发给申办人《补正材料通知书》，一次性告知需要补正的全部内容。逾期不告知的，自收到申请材料之日起即为受理。

（4）申请事项属于本部门职权范围，材料齐全，符合法定形式，或者申办人按要求提交全部补正材料的，发给申办人《受理通知书》。《受理通知书》中注明的日期为受理日期。

（5）药品监督管理部门自受理申请之日起 30 个工作日内对申报材料进行审查，做出是否同意筹建

的决定，并书面通知申办人。不同意筹建的，应当说明理由，并告知申办人享有依法申请行政复议或者提起行政诉讼的权利。

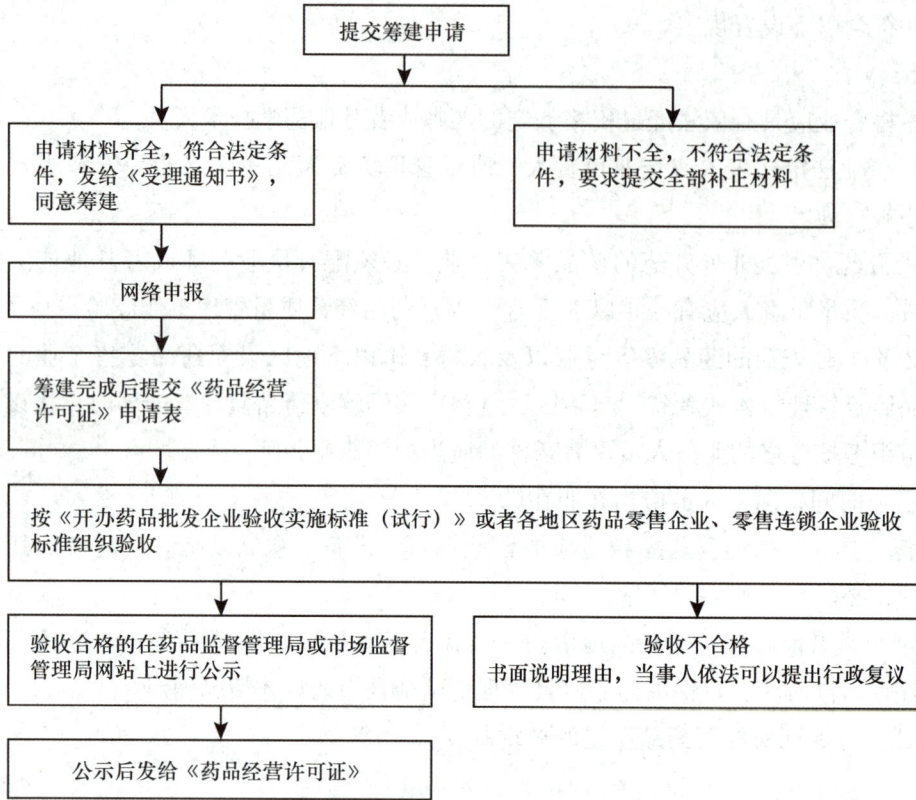

图 2-1 申领《药品经营许可证》程序

3. 网上申报 申办人提交材料合格后，经药品监督管理部门指导后在网上进行电子申报。填写时按照网络申报操作指引，网络填写内容必须和纸质材料相一致。

4. 现场验收 申办人完成筹建后，向受理申请的药品监督管理部门提出验收申请。

5. 公示 受理申请的药品监督管理部门在收到验收申请之日起 30 个工作日内组织验收，做出是否发给《药品经营许可证》的决定，并将验收决定进行公示。

6. 发证 对验收符合条件的药品经营企业，发放《药品经营许可证》证书，不符合条件的，应当书面通知申办人并说明理由，同时告知申办人享有依法申请行政复议或提起行政诉讼的权利。

即学即练 2-1

答案解析

开办药品批发企业需要经哪个部门批准获得《药品经营许可证》？
A. 国家药品监督管理局　　　　　　B. 省级药品监督管理局
C. 市级药品监督管理部门　　　　　D. 县级药品监督管理部门
E. 各级逐级审批

（二）药品零售企业申办程序

1. 提交申报《药品经营许可证》材料 药品零售企业申办人向拟办企业所在地设区的市级药品监督管理机构或者省、自治区、直辖市药品监督管理部门直接设置的县级药品监督管理机构提出筹建申请，按照 GSP 的要求申请《药品经营企业许可证》，提交筹建资料。

2. 药品监督管理部门审查 药品监督管理部门对申办人提交的筹建资料进行审核。

3. 网上申报 在药品监督管理部门对申办材料审核通过后，药品零售企业可登录网络系统进行网上申报。

4. 现场验收 受理申请的药品监督管理机构在收到验收申请后，依据开办药品零售企业验收实施标准组织验收。

5. 公示 验收后做出是否发给《药品经营许可证》的决定，并将结果进行公示。

6. 发证 对验收符合条件的药品经营企业，发放《药品经营许可证》证书，不符合条件的，应当书面通知申办人并说明理由，同时告知申办人享有依法申请行政复议或提起行政诉讼的权利。

三、药品经营企业申请材料

（一）药品经营申请筹建材料

1. 拟办企业法定代表人、企业负责人、质量负责人学历证明原件、复印件及个人简历。

2. 执业药师执业证书原件、复印件。

3. 拟经营药品的范围。

4. 拟设营业场所、设备、仓储设施及周边卫生环境等情况。

（二）药品经营企业申请验收材料

1.《药品经营许可证》申请表（表 2-1）。

表 2-1 《药品经营许可证》申请表

企业名称		隶属单位	
注册地址		经济性质	
仓库地址一		经营方式	
仓库地址二			
仓库地址三			
经营范围（对拟经营范围在□内打√）	麻醉药品□、精神药品□、医疗用毒性药品□；生物制品□；中药材□、中药饮片□、中成药□、化学原料药□、化学药制剂□、抗生素原料药□、抗生素制剂□、生化药品□、诊断药品□		
法定代表人		职务		技术职称、学历	
企业负责人		职务		技术职称、学历	
企业质量负责人		职务		执业药师及学历	
质量管理部门负责人		从事药品经营管理工作年限		执业药师/技术职称	
联系人		电话		邮政编码	

续表

企业名称				隶属单位				
人员情况	职工总数	从事质量管理、验收、养护人员总数	药学技术人员数					
			执业药师	主任药师	副主任药师	主管药师	药师	药士	从业药师
营业及办公用房总面积（m²）	仓库总面积（m²）	常温库面积（m²）	阴凉库面积（m²）	冷库容积（m³）			特殊药品专库面积（m²）
设施设备	仓储基本设施设备		冷藏冷冻药品用设施设备		计算机总台数	
					质量管理用	
					购进记录用	
					入库验收用	
					销售记录用	
					出库复核用	

2. 企业营业执照。

3. 拟办企业组织机构情况。

4. 营业场所、仓库平面布置图及房屋产权或使用权证明。

5. 依法经过资格认定的药学专业技术人员资格证书及聘书。

6. 拟办企业质量管理文件及仓储设施、设备目录。

（三）《药品经营许可证申请表》的填写

1. 填写的企业名称应与公章、《营业执照》一致，不用简称，其他附件资料中亦不用简称。如企业名称发生变更，应附有关证明文件。

2. 填写隶属单位栏目时，企业若隶属于某集团公司的子公司，需在此处如实填写，若是单独的企业，需填写"无"。

3. 填写注册地址栏目时，企业注册地址必须与房屋产权地址一致，一般是指行政办公地址。

4. 填写经济性质栏目时，经济性质是指投资方经济性质，如属国有企业、私营企业、个人（自然人投资）独资企业、集体企业和外资企业（中外合资企业和外商独资企业和中外合作企业）。

5. 填写仓库地址栏目时，仓库地址必须与房屋产权地址一致，可能与行政办公地址相同，也可能不同。

6. 经营方式是指批发或零售。

7. 经营范围是按照企业拟定的经营范围进行选择。

8. 填写法定代表人、企业负责人、企业质量负责人、质量管理部门负责人、关键岗位人员的任职条件需要符合《药品经营质量管理规范》的要求，据实填写。

9. 根据《开办药品批发企业验收实施标准（试行）》及各省药品经营企业验收标准的要求，配备相关人员和仓库设施设备。

10. 明确联系人，填写的联系人应为工作关系稳定，随时可以联系到的本企业质量管理人员。联系人、联系方式一旦发生变动，应尽快通知相应管理部门。

11. 填写的《药品经营许可证》应与《营业执照》上的内容一致，防止填写中出现瞒报、错报的现象。

任务二 核查现场

PPT

现场验收是核查申报企业的实际筹建情况与企业上报资料及相关标准的要求是否相符的过程，是衡量企业能否取得《药品经营许可证》的重要依据。因此，企业应积极配合现场检查组顺利地进行现场验收。

▶▶ 岗位情景模拟 2-2

情景描述　拟开办的药品批发企业质量负责人筹建完成后，向省药品监督管理局提交了验收申请。经审核，验收申请材料合格，可以进行现场验收。

讨　　论　1. 企业质量负责人在接到省药品监督管理局现场验收通知后，应做哪些准备工作？

答案解析

2. 企业负责人该如何配合验收组人员进行现场验收？

一、现场验收准备

1. 现场验收的组织　为了规范药品经营企业现场验收行为，药品监督管理部门应按照规定组织对申办药品经营企业进行现场验收。

2. 现场验收组的成员　现场验收组由 3 名成员组成，实行组长负责制，并做合理的分工。组长负责制度与管理，并组织汇总现场验收情况；组员分别负责机构与人员、设施与设备。现场检查时，所在地药品监督管理部门可选派 1 名观察员协助工作。

> **即学即练 2-2**
>
> 现场验收组由几名成员组成？
>
> 答案解析　A. 1 名　　B. 2 名　　C. 3 名　　D. 4 名　　E. 5 名

3. 现场验收时间　现场检查时间一般为药品批发企业和药品零售连锁总部 2~4 天，零售企业安排在 1 天左右。

二、现场验收程序

1. 首次会议　验收组与公司代表会面，公司简要汇报企业筹建情况，验收组介绍检查要求，宣读检查纪律和注意事项等。

2. 检查现场　验收组检查企业周围环境，营业场所及辅助、办公用房情况，仓储条件及设施设备，计算机管理系统运行情况等。

3. 检查软件资料　验收组检查企业质量管理体系文件、相关档案及原始凭证和记录、人员培训及效果，与有关人员面谈等。

4. 汇总现场验收情况 检查组成员对所负责检查项目进行情况汇总，提交检查员记录。检查组根据所在省的开办药品批发企业验收标准，对检查项目进行评定，并填写现场验收表。根据现场检查情况、综合评定意见及评定结果，由检查组成员提出意见，检查组组长拟定检查报告。检查报告应经检查组成员全体通过，并在报告上签字。综合评定期间，观察员及被检查企业所有人员应回避。

5. 反馈现场验收情况、结论 检查组完成检查报告后，召开末次会议。末次会议参会人员为检查组成员、参加现场检查工作的相关人员和被检查企业有关人员。由检查组组长通报检查情况，对企业不合格项目，由检查组全体成员和被检查企业负责人签字，双方各执一份。

6. 异议的处理 被检查企业对所通报情况如有异议，可提出意见或针对问题进行说明和解释。对有明显争议的问题，必要时可重新核对，同时告知申办人享有依法申请行政复议或提起行政诉讼的权利。如有不能达成共识的问题，检查组应做好记录，经检查组全体成员和被检查单位负责人签字，双方各执一份。现场检查工作结束后，检查组会在 3 日内将检查报告、相关资料及有关异议的记录资料等装袋贴封，报送监督管理部门。

任务三　办理证照

PPT

岗位情景模拟 2-3

情景描述 现场检查组对拟开办的药品批发企业进行现场验收后，评定为"合格"，并发给《药品经营许可证》证书。

讨　　论 该药品批发企业正式运营前还需要办理哪些证照？如何办理？

答案解析

一、领取《药品经营许可证》

新开办的药品经营企业在通过验收后领取《药品经营许可证》证书。2019 年 9 月 1 日起，国家药品监督管理局启用新版许可证书样式，对 2019 年尚未到期的许可证书，由各省（区、市）药品监督管理局组织在 2020 年 12 月底前为其更换新版许可证，有效期与原证一致。

《药品经营许可证》应当载明许可证编号、企业名称、统一社会信用代码、经营地址、法定代表人、主要负责人、质量负责人、经营范围、经营方式、仓库地址、发证机关、发证日期、有效期等项目。《药品经营许可证》式样、编号方法由国家药品监督管理局统一制定，并由国家药品监督管理局统一印制。

即学即练 2-3

《药品经营许可证》式样、编号方法统一制定单位是（　　）

A. 国家市场监督管理总局　　　　　　B. 国家药品监督管理局

C. 省市场监督管理局　　　　　　　　D. 省药品监督管理局

答案解析

二、《营业执照》的办理程序

《营业执照》是企业或组织合法经营权的凭证。《营业执照》的登记事项为名称、地址、负责人、资金数额、经济成分、经营范围、经营方式、从业人数、经营期限等。《营业执照》分正本和副本，二者具有相同的法律效力。正本应当置于公司住所或营业场所的醒目位置，《营业执照》不得伪造、涂改、出租、出借、转让。

2015年10月1日起，国家推行"三证合一"登记制度，即《营业执照》《组织机构代码证》和《税务登记证》三证合一。"三证合一"登记制度，是指将企业登记时依次申请，分别由市场监督管理部门核发《营业执照》、质量技术监督部门核发《组织机构代码证》、税务部门核发《税务登记证》改为一次申请，由市场监督管理部门核发一个《营业执照》的登记制度，核发一个加载法人和其他组织统一社会信用代码的《营业执照》，即"一照一码"登记模式。因此不需要再单独申请《组织机构代码证》和《税务登记证》，其程序化繁为简，提高了企业创业活力，鼓励投资，降低了交易成本。

（一）申办《营业执照》

申请单位依照国家法律、法规向当地市场监督管理部门申请，办理正式的营业登记。

1.《营业执照》申请程序

（1）在市场监督管理部门咨询，就人员、经营范围、登记主管机关等取得初步意见。

（2）网络系统填报，办理企业名称预先核准手续。

（3）网络申报平台上传股东身份证明、委托书等必需的文件、证明。

（4）登记主管机关受理后进行审查、核准，并在网络平台给出核准或驳回的决定。

2. 上传提交申请《营业执照》所需的材料　确定住所地、经营场所，提供房屋买卖合同或者租赁合同、高管信息、经营范围，在线提交申请。

3. 领取《营业执照》　材料审核通过后可在网络平台领取电子《营业执照》，同时发放纸质《营业执照》正本及副本。

每个省市的要求或有不同，办理时注意查询当地市场监督管理部门网站，或者提前咨询当地市场监督管理部门。

（二）刻章

到具有资格证刻章企业办理刻章与备案（包括企业公章、企业财务章、企业法人章、合同专用章、发票专用章、质量管理专用章等）。

（三）开立银行账户

经营者将所拥有的资金存进自己选定的银行并开设银行账户。

（四）到税务局办理税务登记

1. 个体办证者携带本人身份证原件到税务分局领取并填写《个人税务登记表》，附带《营业执照》副本原件，到"税务登记"窗口办理税务登记手续。

2. 企业办证者携带《营业执照》副本及法人证书及企业公章，到地方税务局领取填写《企业税务登记表》，领取微机编码及纳税专户账号。再带《企业税务登记表》及上述附属资料到市局办证所办理税务登记手续。

（五）办理企业员工社会保险

三、其他证照办理

（一）医疗器械经营许可与备案管理

药品经营企业经营医疗器械的，还需办理医疗器械许可证或备案凭证，医疗器械许可证或备案凭证是医疗器械经营企业必须具备的证件。

1. 开办第二类医疗器械经营企业　从事第二类医器械经营的，经营企业应当向所在地设区的市级负责药品监督管理的部门备案。

2. 开办第三类医疗器械经营企业　从事第三类疗器械经营的，经营企业应当向所在地设区的市级负责药品监督管理的部门提出申请，并提交相关申报材料。受理经营许可申请的负责药品监督管理的部门应当对申请资料进行审查，必要时组织核查，并自受理申请之日起 20 个工作日内作出决定。对符合规定条件的，准予许可并发给医疗器械经营许可证；对不符合规定条件的，不予许可并书面说明理由。医疗器械经营许可证有效期为 5 年。有效期届满需要延续的，依照有关行政许可的法律规定办理延续手续。

（二）食品经营许可证或仅销售预包装食品备案

国家对食品生产经营实行许可制度。从事食品销售，应当依法取得许可。但是，销售食用农产品和仅销售预包装食品的，不需要取得许可。

从事仅销售预包装食品的经营者在办理市场主体登记注册时，同步提交《仅销售预包装食品经营者备案信息采集表》，一并办理仅销售预包装食品备案。

实训 5　开办药品批发企业

【实训目的】

1. 掌握药品批发企业的开办条件及程序；熟悉开办药品批发企业需办理证照。
2. 会填写《药品经营许可证申请表》，能进行申报、验证材料的准备。
3. 培养严谨、认真负责的工作态度和互相协调、配合的良好职业素养。

【材料准备】

1. 全班分成 8 个组，6~7 人/组，人数少的班级 5~6 人/组。
2.《药品经营许可证申请表》。
3.《营业执照》。
4. 身份证等其他材料的准备。

【实施步骤】

步骤一　申办《营业执照》

组长分配组员准备申报《营业执照》。

步骤二　准备申报验收药品批发企业材料

组长分配组员准备申报验收药品批发企业材料，小组自查是否具备开办药品批发企业的条件，向拟办企业所在地省、自治区、直辖市人民政府药品监督管理部门提出申请。

步骤三 填写《药品经营许可证》申请表

填写纸质版和电子版《药品经营许可证申请表》。

步骤四 模拟新开办药品批发企业现场验收

1. 根据《开办药品批发企业验收实施标准（试行)》准备现场验收材料。

2. 小组进行角色分工，模拟现场验收，符合条件的发给《药品经营许可证》证书。

【操作要点和注意事项】

1. 申请验收时应注意材料的完整性，填写《药品经营许可证申请表》时，应字迹工整，两个表格企业名称、注册地址、经营方式、经营范围、仓库地址、企业法定代表人、企业负责人、质量负责人应一致，防止填写中出现瞒报、错报的现象。

2. 明确联系人，填写的联系人应为工作关系稳定，随时可以联系到的本企业质量管理人员。

实训6 开办药品零售企业

【实训目的】

1. 掌握药品零售企业或药品零售连锁企业的开办程序及条件；熟悉开办药品零售企业或药品零售连锁企业需办理证照。

2. 会填写《药品经营许可证申请表》，能进行申报、验证材料的准备。

3. 培养严谨、认真负责的工作态度和互相协调、配合的良好职业素养。

【材料准备】

1. 全班分成8个组，6~7人/组，人数少的班级5~6人/组。

2. 《药品经营许可证申请表》。

3. 《营业执照》。

4. 身份证等其他材料的准备。

【实施步骤】

步骤一 申办《营业执照》

组长分配组员准备申报《营业执照》。

步骤二 准备申报验收药品零售企业材料

组长分配组员准备申报验收药品零售企业材料，小组自查是否具备开办药品零售企业的条件，当向拟办企业所在地设区的市级药品监督管理机构或者省、自治区、直辖市人民政府药品监督管理部门直接设置的县级药品监督管理机构提出申请。

步骤三 填写《药品经营许可证申请表》

填写纸质版和电子版《药品经营许可证申请表》。

步骤四 模拟新开办药品零售企业现场验收

1. 根据《开办药品零售企业验收实施标准》准备现场验收材料。

2. 小组进行角色分工，模拟现场验收，符合条件的发给《药品经营许可证》证书。

【操作要点和注意事项】

1. 申请验收时应注意材料的完整性，填写《药品经营许可证申请表》时，应字迹工整，两个表格企业名称、注册地址、经营方式、经营范围、仓库地址、企业法定代表人、企业负责人、质量负责人应一致，防止填写中出现瞒报、错报的现象。

2. 明确联系人，填写的联系人应为工作关系稳定，随时可以联系到的本企业质量管理人员。

岗位对接

企业质量负责人岗位 微课

任职资格	学历与专业	具有大学本科以上学历、执业药师资格
	工作经验	3 年以上药品经营质量管理工作经历
	知识结构	熟悉国家有关药品管理的法律法规，懂药品经营管理知识，具有药学技术、药学知识和良好的职业道德等综合知识水平
	工作能力	协调沟通能力；计划组织能力；在质量管理工作中具备正确判断和保障实施的能力
职责		1. 组织贯彻执行国家有关质量管理法律、法规和行政规章
		2. 协助企业负责人贯彻质量方针、目标、计划，指导质量管理部工作的实施及检查
		3. 管理和协调各部门的质量管理工作
		4. 主持质量事故和重大质量问题的处理，落实纠正和预防措施
		5. 指导和监督质量管理部门工作
工作内容		1. 组织质量体系评审工作的展开、评审、分析等工作
		2. 组织对药品流通过程中的质量风险进行评估、控制、沟通和审核
		3. 组织制定和修订完善企业质量管理文件和程序文件，在企业负责人签署颁发后组织实施并进行监督检查

目标检测

答案解析

一、单选题

1. 开办药品批发企业和药品零售企业，必须取得（   ）。

   A.《药品生产许可证》   B.《药品经营许可证》

   C.《进口许可证》   D.《医疗机构制剂许可证》

2. 开办药品零售企业，必须经企业所在地县级以上地方药品监督管理部门批准并发给《药品经营许可证》，药品零售企业凭《药品经营许可证》到（   ）办理登记注册。

   A. 市场监督管理部门   B. 药品监督管理部门

   C. 税务管理部门   D. 物价管理部门

3. 药品零售企业从事质量管理（含质量管理负责人）和验收工作的人员以及营业员，应经专业或岗位培训，并经（   ）药品监督管理部门考试合格，取得岗位合格证书后方可上岗。

   A. 国家级   B. 县级（含）以上

   C. 省级（含）以上   D. 市级（含）以上

4.（　　）是企业从事药品经营活动的法定凭证，任何单位和个人不得伪造、变造、买卖、出租和出借。

  A.《药品经营许可证》   B.《药品经营质量管理规范认证证书》

  C.《药品生产许可证》   D.《组织机构代码证》

5. 开办药品批发企业，必须经（　　）批准并发给《药品经营许可证》。

  A. 企业所在地省级药品监督管理部门 B. 企业所在地市级药品监督管理部门

  C. 国务院药品监督管理部门   D. 企业所在地省级工商管理部门

6. 开办药品零售企业，申办人应当向拟办企业所在地（　　）提出申请。

  A. 设区的市级工商行政管理部门 B. 设区的市级药品监督管理部门

  C. 省级药品监督管理部门   D. 省级工商行政管理部门

7. 申请材料不齐全或者不符合法定形式的，应当当场或者（　　）日内发给申办人《补正材料通知书》。

  A. 3 日   B. 5 日   C. 10 日   D. 30 日

二、多选题

1. 国家药品监督管理局发布自 2019 年 12 月 1 日起，不再进行药品（　　）。

  A.《药品经营许可证》 B.《营业执照》 C.《组织机构代码证》

  D. GSP 认证   E. GMP 认证

2. 申请开办药品经营企业必须具备的条件有（　　）。

  A. 人员保证   B. 设施设备   C. 组织保证

  D. 制度保证   E. 资源保证

3. 营业执照上记载的内容包括（　　）。

  A. 企业名称   B. 企业法人   C. 质量负责人

  D. 注册资本   E. 经营范围

三、简答题

1. 药品经营企业申请验收的程序有哪些？

2. 药品经营企业申请验收时需要提交哪些材料？

3. 药品经营企业现场验收的程序有哪些？

书网融合……

微课

习题

模块二
企业运营

学习引导

药品采购是药品经营企业经营活动的起点，是药品经营企业质量管理过程控制的第一关，是保证药品经营质量的关键环节。作为药品经营企业必须制定切实有效的采购管理制度、操作规程来管理和规范药品采购活动，把好药品购进质量关。那么，药品经营企业如何确保企业经营行为的合法性、合规性？

本项目主要介绍首营企业的审核内容与审核程序、首营品种的审核内容与审核程序、药品采购类型、药品购进影响因素、药品购进程序。

学习目标

1. 掌握　首营企业、首营品种概念；首营企业、首营品种审核内容；药品购进的原则要求。

2. 熟悉　首营企业、首营品种审核程序；质量保证协议书签订内容；药品购进的程序；签订采购合同的原则和要求。

3. 了解　采购品种结构；药品采购原则；影响药品采购因素。

任务一　首营企业审核

PPT

首营企业是指采购药品时，与本企业首次发生供需关系的药品生产或经营企业。取得合法资质的供应商称为合法的供货单位。

岗位情景模拟 3-1

情景描述　药品生产企业 A 业务员第一次到医药公司 X 销售药品，药品生产企业 A 业务员与医药公司 X 采购员经过多次洽谈，双方达成合作意向。药品生产企业 A 是医药公司 X 的首营企业。

讨　论　1. 药品生产企业 A 需要向医药公司 X 提供哪些证明文件材料？

2. 医药公司 X 如何对药品生产企业 A 进行质量审核才能确保药品生产企业 A 的合法性？

答案解析

一、质量审核的作用

药品经营企业发生采购业务前应对供货单位进行质量审核。企业通过质量审核，一方面可以准确地收集首营企业的相关资料，全面了解首营企业，确认供货企业的合法资质和质量保证能力；另一方面，是确保在流通环节有效降低药品质量风险的有效手段。

二、首营企业审核内容

（一）企业资料的核实

首营企业提供的企业资料包括《药品生产许可证》或《药品经营许可证》复印件、《营业执照》复印件、上一年度企业年度报告公示情况、企业相关印章样式、《随货同行单》样式、质量保证体系调查表、企业开户银行信息、质量保证协议书。上述资料需加盖企业公章原印章。

经营麻醉药品、精神药品、易制毒化学品、医疗用毒性药品、罂粟壳、放射性药品、蛋白同化制剂、肽类激素等特殊管理和专项管理药品的，应有相应部门批准的文件。

《药品生产许可证》《药品经营许可证》有效期为 5 年。

1. 许可证的核实 供货单位合法资格审查时，需要核对拟供应药品是否在生产或经营许可范围内、证书是否已过期或即将过期、资料是否加盖供货单位公章原印章等。

另外，还需要进行真实性查询。登录国家药品监督管理局网站以及各省药品监督管理局网站进行查询核实，核查许可证单位名称、法定代表人、地址等与网站公布的内容是否相符。如有不符，查询是否有变更证明。

🔖 知识链接

医药资料全面迎来电子化时代

2020 年 3 月 30 日，国家市场监督管理总局公布《药品生产监督管理办法》（2020 年 7 月 1 日实施），明确《药品生产许可证》电子证书与纸质证书具有同等法律效力，同日公布的《药品注册管理办法》（2020 年 7 月 1 日实施）也明确，药品监督管理部门制作的药品注册批准证明电子文件及原料药批准文件电子文件与纸质文件具有同等法律效力。这意味着，医药资料电子化的时代全面开启。

其实，早在 2017 年 5 月，关于医药资料电子化的讨论就已经展开了，敢为人先的湖南打响了首营资料电子化的第一枪，此后有近 20 个省份相继发文，确认了电子首营资料在 GSP 中的合法合规性，支持并鼓励医药流通行业使用第三方"首营资料电子交换平台"进行药械首营资料的电子交换与管理。除了首营资料之外，药品、药械的检验报告书、相关部门监管方式也在逐渐向数字化靠拢。种种迹象表明，医药资料电子化势在必行。可以预料的是，随着"互联网＋药品流通"的持续深入，纸质资料将逐步淡出，医药电子资料将被广泛使用。药监部门之所以实施医药资料电子化，不仅是为了切实解决群众和企业办事提交材料多、证明多等问题，更是为了完善"智慧监管"，实现全过程可追溯，进一步保障公众用药安全。

2.《营业执照》和年报的核实 需要核对《营业执照》单位名称、法定代表人、地址等与许可证是否一致、营业执照是否已过期或即将过期、是否加盖供货单位公章原印章等。对《营业执照》真实性查询可以通过登录该企业所在地的工商行政管理局网站进行企业信息查询。核查企业是否存在，是否在有效期内。

对上一年度年报公示情况进行核实时，可以登录国家企业信用信息公示系统，输入企业名称进行查询，主要查看企业上一年度是否存在异常经营、严重违法失信等情况。

3. 相关印章、《随货同行单（票）》样式的核实　印章式样包括企业公章、财务专用章、发票专用章、质量管理专用章、合同专用章、出库专用章、法人印章或签字等，上述印章应为原尺寸、原规格的原印章。

《随货同行单》样式必须加盖企业公章原件，不得使用复印件。

4. 开户户名、开户银行及账号的核实　中国人民银行于2019年2月2日发布《中国人民银行关于取消企业银行账户许可有关事宜的决定》，自2019年2月25日起在全国范围分批取消企业银行账户许可，2019年底前实现完全取消。供货单位取消开设基本账户的《开户许可证》复印件要求，只需要提供本单位的开户户名、开户银行及账号，但不允许为个人账户。

（二）供货单位销售人员的合法资格审核

为保证供货单位销售人员身份的真实可靠，企业应当确认、核实供货单位销售人员身份的真实性，防止假冒身份、挂靠经营、超委托权限从事违法销售活动。法人委托授权书有效期要有时限要求，一般为1年。销售人员的证明材料包括销售人员身份证复印件、销售人员的法人授权书。

1. 销售人员身份证复印件　销售人员身份证复印件必须加盖供货单位公章原印章。必须与本人进行核对，确认其真实性。

2. 销售人员的法人授权书　授权书必须提供原件，并加盖供货单位公章原印章。必须载明被授权人姓名、身份证号以及授权销售的品种、地域和期限。

（1）供货单位是药品经营企业的，其法人授权书授权销售的品种可为"授权销售我公司合法经营的品种"。

（2）供货单位是药品生产企业的，如果对销售人员给予的是全部生产品种的委托，法人授权书授权销售的品种可以表述为"我公司合法生产的品种"，并将该企业合法生产的品种目录作为附件；不是全部委托等其他情况的，均必须在委托书中详细列明委托授权销售的品种，要列出具体的品种名称、剂型和规格。

3. 销售人员资料核实内容

（1）授权书和身份证复印件是否加盖供货企业公章。

（2）授权书内容是否全面。

（3）授权书委托人姓名、身份证号与身份证内容是否一致。

（4）授权书法人签字（盖章）是否与备案的签字一致。

（5）授权书必须注明委托期限。

（6）对销售人员授权进行业务活动的时间必须在委托时间内，所销售药品应当与委托品种和委托区域一致，必要时应当电话进行核实，并有记录。

（7）供货单位企业名称变更、药品生产或经营许可证换证、企业法定代表人变更等，应重新提交销售人员授权书。

审核通过后，应建立销售人员档案，并归档管理；供货方变更销售人员时，需要按照规范要求重新提交销售人员相关资料，并经过审核、批准、建档，否则需停止采购等业务活动。

三、首营企业审核程序

根据 GSP 要求，药品经营企业应建立首营企业审核的工作程序，规范对供货单位的审核工作。首营企业审批流程如图 3 - 1 所示。

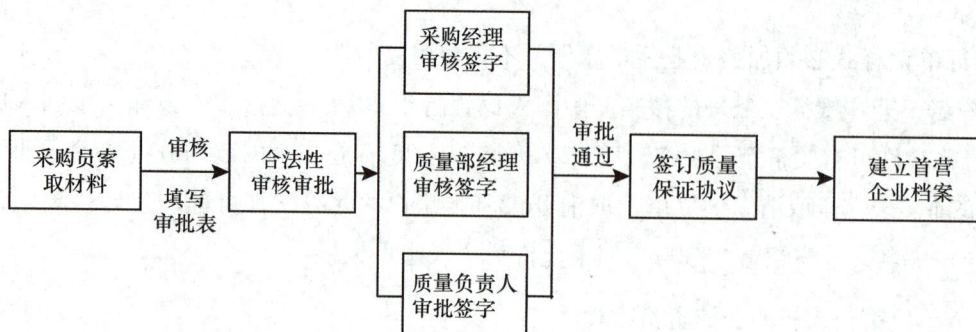

图 3 - 1　首营企业审批流程图

（一）采购员索取材料

药品采购人员根据市场需要从首营企业购进药品时，应向供货单位索取企业资料和销售人员的证明材料，并对材料进行初步审核。

（二）填写《首营企业审批表》

采购员将资料收集齐后，填写《首营企业审批表》（企业一般在计算机系统中完成审批表填报），进行合法性审核审批。《首营企业审批表》如表 3 - 1 所示。

表 3 - 1　首营企业审批表

编号：　　　　　　　　　　　　　　　　　　　　　填表日期：

供货企业名称			详细地址	
企业类型		药品生产企业口 药品经营企业口	E - mail	
供方销售人员			联系电话	
许可证	许可证号		有效期至	
	负责人		生产（经营）范围	
营业 执照	注册号		有效期至	
	法定代表人		注册资金	
	生产（经营）范围			
质量认证证书编号			有效期至	
供方销售人员资质		1. 身份证复印件口　　　　　2. 法人委托书原件口 3. 其他资料：		

续表

采购员意见	采购员： 年　　月　　日
采购部门意见	负责人： 年　　月　　日
审核意见	质量管理部负责人： 年　　月　　日
审批意见	企业质量负责人： 年　　月　　日

（三）合法性审核审批

采购员填写完《首营企业审批表》后，经本部门采购负责人加具意见后，附上述有关资料，依次送质量管理部负责人审核和企业质量负责人审批。质量管理部负责人要进行资料审查，主要审查资料是否完备、是否加盖有规定的原印章或签章、所购进药品是否超出供货单位的生产或经营范围、有期限的证件是否在有效期内。如果需要对供货单位的质量保证能力进行进一步确认，质量管理部会同采购部门进行实地考察，详细了解公司职工素质、生产经营状况，重点审查公司质量管理体系、质量控制的有效性和完整性。

资料审查或实地考察结束后，质量部负责人必须加具详细审核评定意见。符合规定的，在《首营企业审批表》上签署"审核合格"，不符合规定的，在《首营企业审批表》上签署"审核不合格"。

企业质量负责人根据质量管理部门的具体意见进行最后审核把关，并在《首营企业审批表》上签署明确的意见后，转质量管理部门。

计算机系统经过以上审批流程，建立首营企业基础数据库。

即学即练 3－1

首营企业审核工作涉及哪些岗位？
A. 采购员　　　　　　　　B. 销售员　　　　　　　　C. 质量员
D. 质量部经理　　　　　　E. 采购部经理

答案解析

（四）签订质量保证协议

质量保证协议是为了明确供货方与购货方交易双方的质量责任，是药品供货方对药品购货方的质量承诺，具有与合同相同的法律效力。质量保证协议从药品的合法性、药品质量情况、有效期、合法票据、包装情况、运输方式、运输条件等按照药品特性做出明确规定，并明确协议的有效期、双方质量责任。质量保证协议需加盖供货单位公章或合同章原印章。

企业与供货方签订了质量保证协议，则不必在每份合同上都写明质量条款，但需说明按双方另行签订的质量保证协议执行。质量保证协议应当至少按年度签订，约定有效期限，注明签约日期。

企业与供货单位签订的质量保证协议至少包括以下内容。

1. 明确双方质量责任。

2. 供货单位应当提供符合规定的资料，且对其真实性、有效性负责。

3. 供货单位应当按照国家规定开具发票。

4. 药品质量符合药品标准等有关要求。

5. 药品包装、标签、说明书符合有关规定。

6. 药品运输的质量保证及责任。

7. 质量保证协议的有效期限。

（五）建立合格供货方档案

对审核合格的首营企业，质量部在计算机管理系统中输入合格供货方单位信息，列入"合格供应商列表"，建立合格供货方档案。质量管理部门将《首营企业审批表》、首营企业资料、供货单位销售人员资料及质量保证协议等有关资料交质量管理员存档。

采购部门只能选择"合格供应商列表"中的供应商进行药品采购。计算机系统具有近效期预警和到效期锁定机制，在供应商相应资质到期前，就会提示采购部门，避免采购行为发生时供货方资质已经无效的情况出现，影响企业正常经营活动。

示例
药品质量保证协议书

甲方：（供货方）

乙方：（购货方）

为了确保药品质量，保障人民用药安全有效，按照《药品管理法》及 GSP 要求，明确责任，推进甲、乙双方合作关系，经双方协商一致，特签订如下条款，供双方信守和执行。

一、甲方承诺及义务

1. 甲方必须遵守国家有关法律、法规，向乙方提供加盖其公章原印章的以下资料，确认真实、有效。

（1）《药品生产许可证》或者《药品经营许可证》复印件及其变更页。

（2）营业执照复印件，及上一年度企业年度报告公示情况。

（3）相关印章、《随货同行单》样式。

（4）开户户名、开户银行及账号。

2. 甲方业务人员必须出具有法定代表人印章或签名的授权书及本人身份证复印件，并严格按授权内容开展业务活动。授权书应明确授权销售的品种、地域、期限及其他事项。

3. 甲方运输药品或委托他人运输药品时必须严格按照药品的运输要求及温度要求运输，并应随货提供加盖甲方原印章的同批号的药检报告书。甲方及时送货上门，一般情况在 2 天内送到，特殊情况例外。

4. 甲方供应乙方药品时必须开具合法的票据。

5. 甲方供货时应向乙方提供符合国家质量标准和相关质量要求的合格药品，对效期内的药品质量负责。

6. 药品包装、标签、说明书符合有关规定。

二、乙方承诺及义务

1. 乙方向甲方提供"两证一照"（或"一证一照"）复印件，并加盖公章原印章。

2. 乙方按照甲方的规定退货。普通品种除因质量问题外，原则上不予退货，但确因故而滞销的，乙方必须在收到货后壹个月内，经甲方同意后，依原发票（或复印件）予以退货，新药退货则必须在收到货后壹个月内完成，手续类同普通品种。

3. 乙方应严格按照药品包装上注明的储藏方法和要求储藏保管，由于保管不当引起药品包装污染，如褪色、贴上价格标签、灰尘擦拭不净、涂写、发霉污损、打湿受潮等，甲方一律谢绝退货。

4. 乙方收货时如发现甲方所供应的药品出现差错，或运输过程中造成的破损问题，必须24小时内通知甲方，甲、乙双方及时处理，避免不必要的纠纷和损失。

三、双方共同责任及约定

1. 本协议适用于书面的购货合同或电话、传真等形式确立的购货合同。

2. 本协议一式两份，甲、乙双方各执一份，自签字之日起生效，有效期至××××年××月××日止。

3. 如遇上述事项未尽事宜，按双方友好协商一致的原则另行约定。

甲方：☆ ☆ ☆ ☆   乙方：☆ ☆ ☆ ☆

代表人（签章）：   代表人（签章）：

年   月   日   年   月   日

实训 7　审核审批首营企业

【实训目的】

通过本次实训，让学生掌握首营企业审批流程。

【材料准备】

1. 全班分成 8 个组，6~7 人/组，人数少的班级 5~6 人/组。

2. 药品生产企业资质和药品经营企业资质各 1 套。

3. 法人委托书。

4. 质保协议。

5. 《首营企业审批表》（电子版）。

6. 计算机。

7. 计算机软件系统采购管理——练习账套（8 套）、正式账套（8 套）。

【实施步骤】

步骤一　采购员索取首营企业资料

1. 索取首营企业和销售员的资料，对照资料目录及要求检查资料。

2. 小组提交资料检查结果。

步骤二　首营企业审批

1. 对照发放的企业样本资料如实填写《首营企业审批表》（电子版）。

2. 相关责任人审核签字。

3. 提交审批表。

4. 将审批表交给指导教师。

步骤三　企业信息建立（在计算机软件系统中操作）

1. 在基本信息——往来单位中建立企业信息。

2. 调出"往来单位"，输入相应的信息。

3. 首营企业审批，同意作为合格供货方。

步骤四　建立合格供货方档案

将《首营企业审批表》、首营企业资料、药品销售人员资料及质量保证协议等有关资料存档。

【操作要点和注意事项】

1. 《首营企业审批表》应按照发放的样本资料如实填写，尤其要注意证照的有效期。

2. 企业基本信息录入时必须如实填写证照和法人委托书有效期所至的时间。

3. 注意企业性质和企业类型基本信息录入的准确性。

4. 注意证照、质量保证协议书，以及法人委托书的有效期时间。

任务二　首营品种审核

PPT

首营品种是指本企业首次采购的药品。首次从药品生产企业、药品批发企业采购的药品均为首营品种。

岗位情景模拟 3-2

情景描述　药品生产企业 A 通过了首营企业审核，成为医药公司 X 的合格供应商。医药公司 X 根据业务发展需要，拟从药品生产企业 A 采购一批新药品。这些新药品是医药公司 X 的首营品种。

讨　　论　1. 药品生产企业 A 需要向医药公司 X 提供新药品的哪些证明文件材料？

2. 医药公司 X 如何对药品生产企业 A 的产品进行质量审核才能确保这些药品是合格药品，保证药品进货质量呢？

答案解析

一、质量审核的作用

药品经营企业采购首营品种前应全面审核该药品的资质证明文件。通过质量审核，企业可以全面地收集首营品种的相关资料，掌握首营品种信息，确保所经营药品的合法性和质量可靠性，保证药品进货质量，防止假药、劣药流入药品流通领域。

二、首营品种审核内容

（一）查验的证明文件材料

1. 首营品种属于国产药品

（1）《药品注册批件》，或者是《再注册批件》（《药品补充申请批件》）复印件。

（2）药品质量标准复印件。

（3）供货单位为药品生产企业，需要提供药品的包装、标签、说明书实样等资料；供货单位为药品经营企业，提供药品的包装、标签、说明书实样等资料或者是药品的包装、标签、说明书报批资料复印件（如是彩色包装要扫描件）。

（4）法定检验机构或本生产企业的检验报告书。

（5）药品生产企业许可证复印件。

（6）药品生产企业《营业执照》复印件。

《药品注册批件》有效期为5年，超过有效期的，需要提供《再注册受理通知书》或者是《再注册批件》。如果药品上市后发生注册管理事项和生产监管事项变更，需要按照《药品上市后变更管理办法（施行）》的有关规定执行。

2. 首营品种属于进口药品（进口中药材除外） 药品采购人员应向供货单位索取加盖供货单位原印章的以下材料。

（1）《进口药品注册证》《医药产品注册证》或者《进口药品批件》复印件（如有并在有效期内，2020年7月1日后药品批准文号的格式执行《药品注册管理办法》），以及药品的包装、标签、说明书实样等资料。

（2）进口麻醉药品、精神药品除提供《进口药品注册证》（或者《医药产品注册证》）或者《进口药品批件》（如有并在有效期内，2020年7月1日后药品批准文号的格式执行《药品注册管理办法》）复印件外，还应提供《进口准许证》，以及药品的包装、标签、说明书实样等资料。

3. 首营品种属于进口中药材 如果是国内首次进口的，要有《进口药材批件》复印件。

即学即练 3 - 2

首营品种为国产药品时，需要提供哪些首营材料？

A. 《药品注册批件》　　　　B. 《药品补充申请批件》　　　　C. 《进口药品注册证》

D. 药品包装和说明书样式　　E. 进口药品检验报告书

答案解析

（二）数据查询核实

企业可以登录国家或者各省药品监督管理局网站对药品注册证、批准文号进行查询，确认所提供资质的真实性。

📱 知识链接

《药品注册管理办法》修订

2019年，全国人民代表大会常务委员会（简称全国人大常委会）先后审议通过了《中华人民共和国疫苗管理法》和新修订的《药品管理法》，两部法律全面实施了药品上市许可持有人制度，建立药物临床试验默示许可、附条件批准、优先审评审批、上市后变更分类管理等一系列管理制度，并要求完善药品审评审批工作制度，优化审评审批流程，提高审评审批效率。颁布于2007年的现行版《药品注册管理办法》已不适应新制修订法律、药品审评审批制度改革的要求以及科学进步和医药行业快速发展的需要，因此进行了全面修订。

其中，对进口药品批准文号格式进行了如下调整。

境外生产药品批准文号格式为：国药准字H（Z、S）J + 四位年号 + 四位顺序号。

《进口药品注册证》证号的格式为：H（Z、S）+ 4位年号 + 4位顺序号。

《医药产品注册证》证号的格式为：H（Z、S）C + 4位年号 + 4位顺序号，其中H代表化学药品，Z代表中药，S代表生物制品。对于境内分包装用大包装规格的注册证，其证号在原注册证号前加字母B。

修订后的《药品注册管理办法》在药品监管理念方面首次引入了药品全生命周期管理，加强了从药品上市、上市后管理到药品注册证书注销等各环节全链条的监管，强化主体责任，同时也鼓励了药品研制和创新，加快了我国新药研究的步伐。

三、首营品种审核程序

根据 GSP 要求，药品经营企业对合格供货方拟供的首营品种应建立审核程序。首营品种审批流程如图 3 - 2 所示。

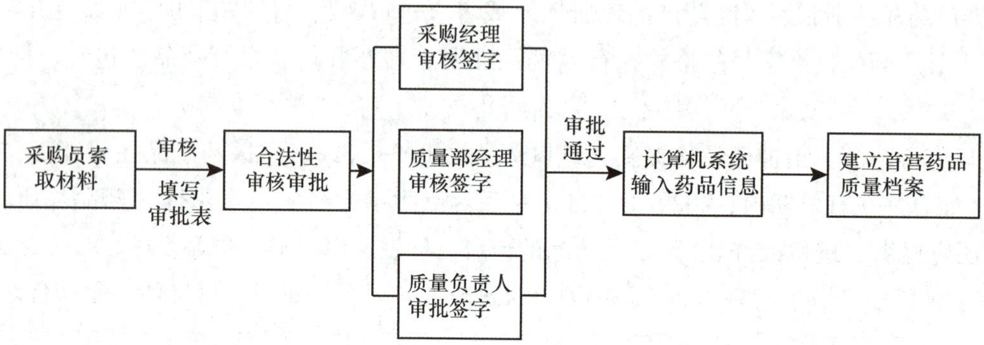

图 3 - 2　首营品种审批流程图

（一）采购员索取材料

药品采购人员根据拟购的首营品种情况，向供货单位索取加盖供货单位原印章的首营品种证明文件材料，并对材料进行初步审核。

（二）填写《首营品种审批表》

采购员将资料收集齐后，填写《首营品种审批表》，进行合法性审核审批。《首营品种审批表》如表 3 - 2 所示。

表 3 - 2　首营品种审批表

编号：　　　　　　　　　　　　　　　　　　　　　　　　　　　　　　　　　填表日期：

药品编号	通用名称	商品名	剂型	规格	单位	上市许可持有人	生产企业
主要成分与功能主治							
批准文号							
GMP 证书号				有效期至			
装箱规格		有效期			储存条件		
采购员申请理由	申请人签字：　　　　　　　　　　　日期：						
采购部门意见	负责人签字：　　　　　　　　　　　日期：						

续表

药品编号	通用名称	商品名	剂型	规格	单位	上市许可持有人	生产企业
质量管理部门意见		质量管理部门负责人签字：				日期：	
质量负责人意见		企业质量负责人签字：				日期：	

（三）合法性审核审批

采购员填写完《首营品种审批表》后，经本部门采购主管加具意见后，附上述有关资料，依次送质量管理部负责人审核和企业质量负责人审批。质量管理部负责人主要审核资质、质量信誉、所购进药品是否超出供货单位的生产或经营范围。如果需要对该品种生产企业进行实地考察，质量管理部必须会同采购部门共同进行。

资料审查或实地考察结束后，质量部负责人在《首营品种审批表》上签署"资料齐全，符合要求"的审核意见。

企业质量负责人根据质量管理部门的具体意见进行最后审核把关，并在《首营品种审批表》上签署"同意购进"意见后，转质量管理部门。

（四）计算机系统输入药品信息

审核审批通过后的首营品种，质量管理部在计算机系统内输入药品信息，并更新维护有关内容。

计算机系统经过以上审批流程，建立首营品种基础数据库。

（五）建立药品质量档案

质量管理部门将《首营品种审批表》、首营品种资料等交质量管理员存档，建立药品质量档案。若该药品出现信息变更，如到期换证，需要重新向供货单位索要相关资质，审核完成后，存入质量档案。

实训 8　审核审批首营品种

【实训目的】

通过本次实训，让学生掌握首营品种审核审批方法。

【材料准备】

1. 全班分成 8 个组，6~7 人/组，人数少的班级 5~6 人/组。

2. 首营品种目录表（产品种类包含常温储存、阴凉储存、冷藏品种，以及进口药品、特殊管理药品等，详细注明产品信息）。

3. 首营品种资料范本。

4.《首营品种定价表》。

5. 计算机。

6. 计算机软件系统采购管理——练习账套（8 套）、正式账套（8 套）。

【实施步骤】

步骤一　采购员索取首营品种资料

1. 指导教师向每个小组提供 1 套完整的首营品种资料范本。

2. 检查产品资料。

3. 小组提交资料检查结果。

步骤二　首营品种审批

1. 组长将首营品种目录表中的品种分配给每一个人：每人至少分到 2 个品种，一个为普通药品，另一个为特殊管理药品。

2. 对照发放的产品样本资料，如实填写《首营品种审批表》（电子版）。

3. 相关责任人审核签字。

4. 提交审批表给指导教师审批。

步骤三　建立药品信息

在基本信息——药品字典中建立药品信息。

步骤四　建立药品质量档案

将《首营品种审批表》、首营品种资料等有关资料存档。

【操作要点和注意事项】

1.《首营品种审批表》应按照发放的样本资料如实填写，尤其要注意证照的有效期。

2. 基本信息录入的准性

（1）注意区分包装规格和装箱规格。

（2）注意有效期的表示方法。

（3）首营品种养护方式为重点养护品种。

任务三　药品购进管理

PPT

药品购进过程的管理控制是整个药品经营活动合法、规范、保障人民用药安全的重要环节。药品购进的质量管理直接关系到企业的长久、健康、持续发展，影响企业的社会效益和经济效益。

岗位情景模拟 3-3

情景描述　到年末了，医药公司 X 按照企业质量管理规定，要进行一次全面采购质量评审。

讨　　论　作为企业一名采购人员，你是如何严格遵守公司购进管理制度，执行采购操作规程，保证药品供应工作的？

答案解析

一、药品购进的原则

药品经营企业应把质量放在选择经营品种和供货单位的首位，必须确定供货单位的合法资格及质量信誉，保证所购入的药品是国家批准的合法药品。对于首营企业和首营品种，必须进行重点审核，必要时进行实地考察。

1. 确定供货单位的合法资格　经过相关部门批准取得合法资质的供应商称为合法的供货单位。对合法的供货单位进行首营企业审核，将审核合格的供货单位基础信息录入计算机系统，建立合格供应商档案。采购部门只能选择"合格供应商列表"中的供应商采购药品。合格供应商所有资质均应在有效期内。

2. 确定采购药品的合法性 我国药品实行批准文号管理，未经批准的药品不得上市（没有实施批准文号管理的中药材、中药饮片除外）。进口药品应有符合规定的加盖供货单位原印章的《进口药品注册证》或《医药产品注册证》（2020年7月1日后药品批准文号的格式执行《药品注册管理办法》）。首次采购的药品必须经过质量管理部门和企业质量负责人的审核批准。药品购进使用后，质量管理部门应保持对购进药品合法审核的延续，在药品使用期间，该药品的批准文件应是合法的。

3. 审核供货单位销售人员的合法资格 为保证供货单位销售人员身份的真实可靠，企业质量管理部门应对供货单位销售人员的合法资格进行审核，防止从非法销售人员处采购药品。在采购经营活动中，企业质量管理部门应当保持对供货单位销售人员合法资质审核的延续性。

4. 与供货单位签订质量保证协议 采购药品应对供货单位提出明确质量要求，签订质量保证协议。协议应经双方协商一致，明确责任，供双方共同信守和执行。

5. 首营企业、首营品种审核 企业应当按照药品采购管理制度制定首营企业、首营品种审核程序，经过审核合格的，方可购进药品。

6. 对供货单位实地考察 实地考察是为了对供货单位质量管理体系进行评价，确保供货单位的质量管理体系符合要求。对质量管理体系不符合要求、无法保证药品质量的，应当坚决杜绝发生药品采购行为。

二、药品购进的品种类型

根据GSP和相关法律法规要求，以及药品在流通过程中的流转规律，药品经营企业购进药品品种一般有普药、新药、基本药物、首营品种、境外生产药品、特殊管理药品、中药材及饮片等类型。

1. 普药 普药是指临床上长期广泛使用、安全有效的常规药品。普药在市场上一般有多家企业生产，产品进入市场比较容易，普药的价格比较透明，利润较低，已经形成固定的用药习惯；其销售通常依靠传统的商业调拨模式，基本上是自然销售。

2. 新药 新药是指未曾在中国境内上市销售的药品，对已上市药品改变剂型、改变给药途径、增加新适应证的药品，亦属于新药范畴。药品流通中的新药是广义上的新药，是指新开发上市，或者未广泛使用，或者还处于临床推广的药品。

3. 基本药物 基本药物是满足人民群众重点卫生保健需求的药物。基本药物全部纳入政府定价范围，以省为单位实行网上集中采购、统一配送。

4. 首营品种 企业首次采购的药品。采购首营品种前应索取资料，通过审核审批。

5. 境外生产药品 境外申请人应当指定中国境内的企业法人办理相关药品注册事项。境外生产药品批准文号格式2020年7月1日后为：国药准字H（Z、S）J+4位年号+4位顺序号。其中，H代表化学药，Z代表中药，S代表生物制品。

6. 特殊管理药品

（1）特殊管理药品范围 包括国家实施特殊管理规定、专门管理要求、特别加强管理的药品。特殊管理规定药品指麻醉药品、精神药品、医疗用毒性药品、放射性药品、药品类易制毒化学品；专门管理要求的药品指蛋白同化制剂、肽类激素（胰岛素除外）、含特殊药品复方制剂等；特别加强管理的药品指戒毒药品、"运动员慎用"的兴奋剂药品、终止妊娠药品。

（2）特殊管理药品采购要求 采购特殊管理规定和专门管理要求的药品时，供货单位必须具有特殊管理药品的经营范围；采购特殊管理规定的药品时，在采购合同、质量保证协议中应当明确对方在运输等环节应按照国家相关规定的要求执行。

（3）特殊管理药品采购记录要求　在企业计算机系统中，应当实现对麻醉药品、精神药品、医疗用毒性药品、放射性药品、药品类易制毒化学品特殊管理规定药品的单独管理，建立专门的特殊管理药品的采购记录。

7. 中药饮片　中药饮片必须从取得《药品生产许可证》或《药品经营许可证》的合法饮片生产企业或经营企业购进，严禁从其他任何渠道购进中药饮片。

三、药品采购的类型

1. 直接采购　直接采购是指采购人员根据过去和供应商打交道的经验，从合格供应商名单中选择供货企业，并直接重新订购过去采购过的产品。

2. 新购　新购是指本企业首次采购的药品，即首营药品；或者购进药品时，与本企业首次发生供需关系的企业，即首营企业。

3. 集中招标采购　集中招标采购是指数家医疗机构联合组织和共同委托招标代理机构组织的药品采购。基本药物、医疗机构临床使用量比较大的药品，原则上实行集中招标采购。

4. 代销　代销是指以合同形式取得生产企业的产品销售权，形成工商企业间的长期稳定的产销合作关系。

四、药品采购的影响因素

按照 GSP 要求，药品经营企业应当定期对药品采购的整体情况进行综合质量评审，建立药品质量评审和供货单位质量档案，并进行动态跟踪管理。通过分析影响药品采购的因素，降低药品经营环节可能引入的药品质量风险，保证供货渠道的优质高效。

1. 药品质量　药品是一种不同于普通商品的特殊消费品，药品质量的高低影响千百万人民的健康。因此，药品质量是影响药品采购决策的一个重要因素，药品采购首先要注重供货药品的安全性、有效性、质量可靠性。

2. 供货企业的质量保证能力　包括供货企业质量管理体系运行情况，以及合同和质量保证协议的完善性和承诺性。

3. 供货企业的信誉　包括与企业签订的合同、质量保证协议的执行情况，以及供货能力（准确到货率）、运输能力（准时到货率）和售后服务质量、质量查询等方面。

4. 供需关系　与供应企业建立融洽、合作的供需关系是提高采购工作质量的重要因素。只有协调双方的利益，实现双赢，药品经营企业才能完成药品采购目标。

5. 价格因素　同种药品因生产厂家不同价格各异，同一厂家生产的药品也会因市场的变化而变化。因此，药品采购在注重质量的情况下，以"质优价廉"为原则，把质量高、价格低的商品采购进来，增加企业的经济利益。

6. 资金　资金充足，可以实行集中采购、批量采购、招标采购等方式，降低采购成本。在资金充足的情况下，可以与规模大、信誉佳的供应商保持长期、稳定的战略合作伙伴关系，既可以降低采购成本，又可以购买到优质产品。

7. 国家法律法规和方针政策　国家法律法规和方针政策是影响采购的重要宏观环境因素，如"两票制"在国家试点改革省份的落地执行、医疗机构零差价的推行、国家带量采购的推进等，都会影响采购工作。

知识链接

两票制

票是指发票。"两票制"是指药品从药厂卖到一级经销商开一次发票，经销商卖到医院再开一次发票，以"两票"替代目前常见的七票、八票，减少流通环节的层层盘剥，并且每个品种的一级经销商不得超过 2 个。

2017 年初，国务院发布了《关于在公立医疗机构药品采购中推行"两票制"的实施意见（试行）的通知》，最先在公立医院和医改试点省、市、区推开，鼓励其他医疗机构药品采购中推行"两票制"。2018 年底，"两票制"在全国医药行业全面推开。

当然，凡事都有两面性，"两票制"的实施给药品流通行业带来一些问题，比如企业销售成本增加、利润率降低、营销管理难度加大、渠道管理难度加大等。

但是，不管怎样，"两票制"的实施是政府对药品流通环节过多施加重手，以期压低虚高的药价，以此整治混乱的医药品流通市场，进一步缓解当下中国"看病难""看病贵"问题的努力，让我们共同期待我国医药行业的发展更为有序和健康。

五、药品购进的程序

药品经营企业在药品购进活动过程中，需要根据 GSP 要求制定能够确保购进的药品符合质量要求的购进程序，药物购进流程图如图 3－3 所示。药品零售连锁企业实行统一进货、统一配送，连锁门店的采购是连锁门店根据销售情况向其总部提要货申请，其采购记录即为向总部要货申请记录。连锁门店不得自行采购药品。

（一）制订采购计划

药品采购计划是采购环节中的重要工作之一，科学合理地制订采购计划，有助于杜绝假冒伪劣药品进入药品流通领域，有助于加速药品资金周转，保证市场供给，适应市场的不断变化。采购计划按照企业经营管理需要，一般按年度、季度、月份编制，分为年度采购计划、季度采购计划、月份采购计划和临时采购计划。

1. 药品采购计划的制订依据

（1）国家政策方针、药品法律法规、各级政府有关市场政策方针。

（2）前期计划执行情况 前期计划执行情况是对进、销、存业务活动的真实反映，这对指导本期采购计划的制订具有重要作用。

（3）市场供应情况和需求情况 市场供应情况包括货源品种、数量、货源畅销程度、供货方的销售计划和付款条件、国家产业政策对药品生产的影响；市场需求情况主要包括销售客户购买力、消费结构变化情况等。这是制订药品采购计划最直接的依据。

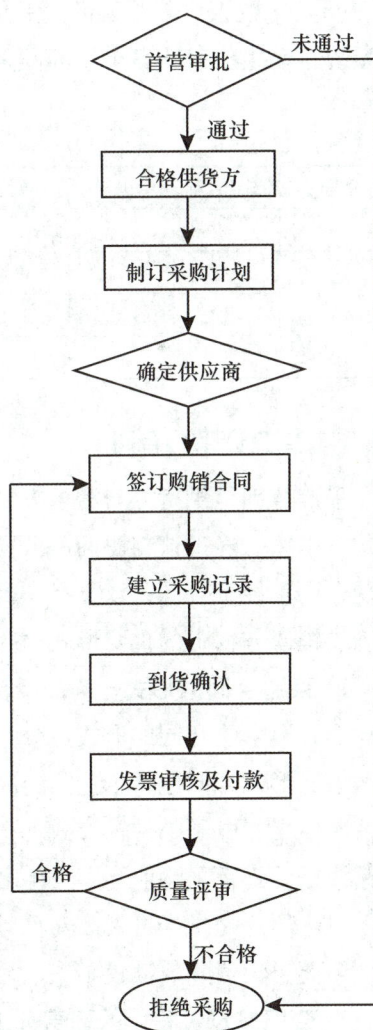

图 3－3 药品购进流程图

即学即练 3-3

答案解析

制订某药品采购计划时，需要综合考虑哪些因素？

A. 历史销售情况　　　　B. 企业目前的库存状况　　　C. 国家新发布的相关政策

D. 该药品生产企业的库存　　　　　　　　　　　E. 药品价格的变动

2. 药品采购计划的制订程序　采购部门在制订年度和季度计划时，可以粗略制订，通常以纸质版形式编制，作为编制月份采购计划的参考；月份采购计划和临时采购计划需要精准制订，在计算机 GSP 管理系统中编制，采购计划中供应商信息、商品信息以及采购药品数量等要与供货方开具的单据完全一致。下面是制订月份采购计划和临时采购计划的程序。

（1）采购人员根据计算机管理系统提供的前 3 个月药品的购进和销售数量、当月销售量以及药品库存数量，从计算机管理系统药品质量档案中确定拟采购的药品品种和采购数量。

（2）通过对供货商质量保证能力、供货能力、价格竞争能力、售后服务能力等方面综合评价分析，从合格供货方档案列表中确定合理的供货商，确定采购药品的价格。

（3）采购人员对采购的药品信息审核无误后，在采购计划单上签字，采购计划单将通过计算机管理系统自动生成采购订单。药品采购计划表见表 3-3。

表 3-3　药品采购计划表

制表人：　　　　　　　　　　　　　　制表日期：

序号	药品名称	规格	单位	上市许可持有人	生成企业	供应商	采购价格	采购数量	合计金额

（二）签订采购合同

采购合同是供货方与需求方之间就货物的采购数量、价格、质量要求、交货时间、交货地点和交货方式等事项，经过谈判协商一致同意而签订的"供需关系"的法律性文件，合同双方都应遵守和履行。采购合同是经济合同，双方受"经济合同法"保护，并要承担责任。药品采购合同是药品经营过程中明确供销双方权责的重要形式之一。

1. 采购合同的形式　药品经营企业在药品采购过程中，根据采购业务的不同情况，会出现不同的合同形式，采购合同的形式可分为书面形式和口头形式。

书面形式合同包括企业与药品供应商共同协商并签订的《年度购销协议》和标准书面合同，以及书信、传真、电子邮件等形式。企业会与存在常年购销关系的供应商签订《年度购销协议》，执行年度购销协议的日常采购业务，发生之前根据业务需要，也会签订标准书面合同。

口头形式是指当事人面对面地谈话或者以电话交谈等方式达成的协议。口头订立合同的特点是直接、简便、快速、数额较小。

2. 合同签订过程中的职责分工

（1）采购部　采购部是负责药品采购合同谈判、合同起草与预审、合同条款修订、合同签订与执行和合同保管的主办部门。采购部根据业务运营的要求，结合市场实际，在与供应商反复沟通的情况下签订合同。合同签订后，采购部应根据合同内容认真履约，对因不可抗力和市场变化等原因导致合同无法按时履约的，应及时通知供应商变更或终止合同履行。

（2）质量管理部　质量管理部是合同质量条款的主审部门。负责审查合同中涉及产品质量的相关条款，并对合同可能涉及的违反相关法律法规的操作方式及内容提出审核意见。

（3）财务部　财务部是合同贸易与结算条款的主审部门。根据企业的经营战略对合同进行审核，对采购价格（综合毛利率）、付款方式与付款账期、收款方式与收款账期、返利方式和返利结算等条款提出审核意见。

3. 签订采购合同的原则和要求

（1）合同签订人的法定资格　合同签订人应该是法定代表人，或者具有法定代表人的授权书，授权书应明确规定授权范围，否则签订的合同在法律上是无效的。

（2）合法的原则　签订合同必须遵守国家的法律和行政法规，包括一切与订立经济合同有关的法律、规范性文件及地方性法规，这是签订合同时最基本的要求。合同双方只有遵循这一原则，签订的合同才能得到国家的认可和具有法律效力，供需双方的利益才能受到保护。

（3）公平原则　签订合同时，合同双方之间要根据公平原则确定双方的权利和义务、风险的合理分配、违约责任。

（4）诚实信用的原则　合同双方在签订合同的全过程中，都要诚实，讲信用，不得有欺诈或其他违背诚实信用的行为。

4. 标准书面合同内容　标准书面合同包括以下几方面的内容。

（1）合同双方的名称　合同必须写出供货单位和购货单位（供需双方）的名称，单位名称要与所盖合同章名称一致。

（2）药品信息　药品信息包括药品的品名、规格、单位、剂型。药品的品名指的是通用名称；规格指的是制剂规格，复方制剂要写明主药含量；单位有瓶、盒、袋等；剂型要详细具体写明。

（3）药品数量　药品数量表达要明确其计量单位。

（4）药品价格　药品价格指的是与计量单位一致的单位价格，由合同双方协商议定。

（5）质量条款　企业与供货方已签订质量保证协议，因此不必在每份合同上都写明质量条款，但需说明按双方另行签订的质量保证协议执行。

（6）交货日期、方式、地点　合同要标明交货日期，同时还要标明药品到站地点、交货方式。交货日期要写明具体日期，并加上"某年某月某日前交货"；交货方式如果委托第三方配送，应当提供与承运方签订的运输协议；交货地点应具体，避免不确定地点。

（7）结算方式　结算方式条款应根据实际情况，明确规定采用何种结算方式，常用结算方式有一次付款、分期付款、委托收款、承兑汇票、支票、电汇等。

（8）违约责任　在洽谈违约责任时，要阐明供方延期交货或交货不足数量者、供方所发药品有质量不合格等情况发生时，供方应承担的违约责任；需方不按时支付货款、拒收或者退回合格药品导致对方造成损失时，需方应承担的违约责任。

5. 合同的管理　药品经营企业要加强合同管理，建立合同档案，合同档案管理的主要内容如下。

（1）采购人员及时移交合同文件给合同管理员。

（2）对年度购销协议、标准书面合同进行编号、登记，设立管理台账，对合同的借阅做好记录。

（3）与合同有关的履行、变更、解除的电话、传真等进行登记记录，并归入档案保存。

（三）建立药品采购记录

采购记录真实、准确地反映了药品经营企业采购过程中的实际情况。采购记录为企业自身和药品监督管理部门对采购药品的追踪溯源提供了重要证据，也是企业仓储部门收货的主要依据。因此，按照 GSP 要求，药品经营企业必须对所有采购药品建立完整的记录。

（1）采购记录在采购合同或者采购订单提交后，由计算机系统自动生成。采购记录应当包括药品的通用名称、剂型、规格、药品上市许可持有人、生产厂商、供货单位、数量、价格、购货日期等内容，采购中药饮片的还应当标明产地。

（2）采购记录生成后任何人不得随意修改，以保证数据的真实性和可追溯性。如确实需要修改，应按有关规定执行。

（3）计算机系统生成的采购记录应按日备份，至少保存 5 年。

（四）索取发票

按照 GSP 要求，采购药品时企业应当向供货单位索取发票。发票应当列明药品的通用名称、规格、单位、数量、单价、金额等，不能全部列明的，应当附《销售货物或者提供应税劳务清单》，并加盖供货单位发票专用章原印章，注明税票号码。

索取发票是为了强化药品生产、流通过程的管理，防止"挂靠经营"等违法行为和经销假劣药品违法活动，保障药品质量安全。药品生产、批发企业销售药品，必须开具合法票据，合法票据是指《增值税专用发票》或者《增值税普通发票》，《增值税普通发票》简称税票。

1. 发票的要求

（1）票、货一致性　发票要附上药品销售出库单，发票或供应税劳务清单所载内容应与采购记录、供货单位提供的《随货同行单》内容保持一致。票、货之间内容不相符的，不允许验收入库。

（2）票、账一致性　企业付款流向及金额、品名应与采购发票上的购、销单位名称及金额、品名一致，与供货单位作为首营企业审核时档案中留存的开户行和账号一致，并与财务账目内容相对应。

2. 发票的管理

（1）发票的开具时间必须符合国家税法有关规定。

（2）按照《中华人民共和国发票管理办法》要求，开具发票的单位和个人应当按照税务机关的规定存放和保管发票，不得擅自损毁。已经开具的发票存根联和发票登记簿应当保存 5 年。保存期满，报经税务机关查验后销毁。

（五）药品采购的质量评审

药品经营企业原则上每年年末由质量部组织采购部、储运部、销售部等相关部门进行一次全面评审，完整记录评审全过程，建立药品质量评审档案和供货单位质量档案。评审合格可列入下年度合格供货方名单，以供企业采购药品择优选购；评审不合格不能列入下年度合格供货方名单，质量管理部负责系统锁定。企业通过定期的药品采购情况综合质量评审，确保购进药品合法和质量安全有效。药品采购质量评审内容如下。

1. 供货企业的法定资格和质量保证能力

（1）供货企业生产（经营）许可证、营业执照及变更情况。

（2）质量管理体系运行情况。

（3）合同及质量保证协议的完善性和承诺性。

（4）变更信息资料提供的及时性。

（5）GSP 要求的其他材料。

2. 供货品种的合法性和质量可靠性

（1）包括提供品种的法定批准文号和质量标准。

（2）供货品种批次、药品入库的验收合格率（外观、包装、标签说明书等方面）。

（3）在库储存养护期间药品质量的稳定性。

（4）销后退回、顾客投诉情况。

（5）监督检查及监督抽样不合格药品情况等。

3. 供货企业配送能力和质量信誉

（1）供货合同、质量保证协议的执行情况。

（2）供货能力（到货品种的准确率）及配送能力（到货的及时性）。

4. 服务质量

（1）沟通的及时性，售后服务质量的完善性。

（2）投诉处理的快捷和妥善性，质量查询等方面的配合性。

（3）价格的合理性及其他相关情况。

5. 供货单位销售人员的合法资格

（1）包括验证明确授权时间和授权范围的法人签署的授权委托书原件的真实性。

（2）本人的身份证复印件情况。

（3）到期及时变更及其他情况。

实训 9　制订采购计划

【实训目的】

通过本次实训，让学生掌握采购计划制订方法。

【材料准备】

1. 全班分成 8 个组，6~7 人/组，人数少的班级 5~6 人/组。

2. 企业经营状况信息。

3. 前 3 个月销售统计表和当月销售统计表。

4. 当前库存报表。

5. 采购计划表。

【实施步骤】

步骤一　采购品种分配

组长把当前库存报表的品种分配到每个人。

步骤二　个人制订采购计划

每个人根据前 3 个月销售统计表和当月销售统计表、公司库存信息，结合公司发展、药品消费的特殊性，制订本月你所负责药品的采购计划，包括品名、规格、单位、生产企业、数量、单价。

步骤三　组内形成统一意见

组长组织讨论，组内交流形成统一意见，制订出合理的采购计划。

步骤四　填写采购计划表

填写纸质版《采购计划表》，并注明每个品种的负责人，上交。

【操作要点和注意事项】

1. 制订采购计划需要注意采购品种的合理性、采购数量的合理性，统筹考虑企业现有库存、市场需求（销售）、资金周转、业务发展、药品特点等诸多因素，要有一定的预测能力。

2. 采购计划制订时注意同一品种有不同规格、生产企业，一定要采购需要的品名、规格、生产企业，价格参考以前的供货价。

3. 每个人要记住自己负责的品种和采购数量，签订采购订单需要。

实训 10　签订采购合同

【实训目的】

通过本次实训，让学生掌握签订采购合同的方法。

【材料准备】

1. 全班分成 8 个组，6 ~ 7 人/组，人数少的班级 5 ~ 6 人/组。

2. 纸质版采购合同（每人 1 份）。

【实施步骤】

步骤一　确定合同品种及数量

1. 每个品种负责人负责该品种的合同签订。

2. 合同数量为计划数量 1.1 倍，价格为原进价 95%。

步骤二　签订书面合同（每个人签订）

1. 药品品名、规格、单位、剂型：根据采购计划制订的品种。

2. 采购数量和价格：根据步骤一所确定。

3. 产地：如果特指某个生产企业需要注明，生产企业名称可以简写；若对产地没有要求，写不限。

4. 交货日期、方式、地点：可以自行决定。

5. 结算方式：从支票、汇票、电汇、承兑汇票中任选。

6. 付款时间：可以自行决定。

7. 违约责任：执行质量保证协议。

8. 质量条款要求：符合质量标准和有关质量要求，药品附产品合格证，包装符合规定和质量要求，按双方另行签订的质量保证协议执行。

9. 供方和需方信息：需方为你所在的公司，供方为教师提供的信息。

步骤三　合同管理

签订完合同后，将合同编号，建立合同档案，将与合同有关的记录归档。

【操作要点和注意事项】

1. 合同项目的完整性

（1）商品基本信息完整，药品的品名、规格、单位必须写清楚。

（2）合同条款填写完整。

2. 如果合同下面有空行，需要用蛇形符号标记结束。

3. 金额要有大小写，合计金额要顶头写，注意大写数字的准确性。

4. 合同中存在"其他"处或者空格处无内容的，应写上"无"或者划掉。

5. 合同的填写形式应保证严谨性：不能随意划掉或者涂改。

6. 合同条款要准确

（1）品名、规格、价格、数量按照谈判要求签订。

（2）合同质量条款、结算方式、供方和需方信息等符合要求。

7. 合同的语言：要求标准、简明，法律或技术用语应规范、准确，避免使用诸如"约""左右""最快""尽可能"等模糊用语，而是要求以准确的时间或数额表达，如××天以内等。

8. 印章盖双方合同专用印章。

9. 每个人要记住自己负责的品种签订的合同数量。

岗位对接

采购员岗位 📱微课

任职资格	学历与专业	药学或者医学、生物、化学等相关专业中专以上学历
	工作经验	具有药品采购工作经验
	知识结构	药品购进的法律法规要求，药品知识，采购知识，财务知识
	工作能力	协调沟通能力；计划组织能力；谈判能力
职责	1. 负责企业经营药品的采购	
	2. 负责药品退换货管理	
	3. 供应商管理	
工作内容	1. 索取首营资料，严格执行首营审核审批程序	
	2. 及时查验有关信息资料，根据库存下限确定药品和供应单位，制订采购计划	
	3. 审核采购成本，对不同厂商的药品供应价格进行询价、议价、比价	
	4. 签订购销合同，跟踪合同执行情况，反馈货源信息	
	5. 根据品种进、销、存情况及有关协议，制订付款计划并报领导审批，办理付款手续	
	6. 定期查询库存滞销药品，处理验收有问题的药品、售后有问题药品、近效期药品等	
	7. 与供应商联系，填写退换货申请书，交保管员办理	
	8. 进行信息跟踪，做到账、货相符	
	9. 解答供应商对销、存方面的疑问	
	10. 掌握药品购销过程中的质量信息，积极向质量管理部门反馈信息	

目标检测

答案解析

一、单选题

1. 首营品种是指（　　）的药品。

A. 中国境内首次上市销售

B. 本企业首次从药品生产企业采购

C. 本企业首次从药品经营企业采购

D. 本企业首次从某一供应商采购

2. 对首营企业进行审核，应当查验加盖其（　）原印章的资料，确认真实、有效。

    A. 公章　　　　　　　　　　B. 质量管理章

    C. 合同专用章　　　　　　　D. 出库专用章

3. 企业与供货单位签订的质量保证协议需加盖（　）。

    A. 质管部门原印章　　　　　B. 加盖公章或合同章

    C. 法人印章　　　　　　　　D. 协议专用章

4. 质量保证协议应当至少按（　）签订，约定有效期限。

    A. 年度　　　　　　　　　　B. 半年

    C. 季度　　　　　　　　　　D. 月

5. 采购记录应按（　）备份，至少保存 5 年。

    A. 日　　　　　　　　　　　B. 周

    C. 月　　　　　　　　　　　D. 季度

6. 首营企业、首营品种需要经过质量管理部门和（　）的审核批准。

    A. 企业负责人　　　　　　　B. 企业质量负责人

    C. 财务负责人　　　　　　　D. 销售部负责人

7. 药品经营企业采购部门采购药品，只能从（　）采购。

    A. 取得《药品生产许可证》的企业

    B. 取得《药品经营许可证》的企业

    C. 企业合格供应商列表上的供应商

    D. 具有药品质量保证能力和供应能力的企业

8. 药品经营企业业务往来发票至少保存（　）年。

    A. 1 年　　　　　　　　　　B. 2 年

    C. 3 年　　　　　　　　　　D. 5 年

二、多选题

1. 首营企业的审核，应检查的资料包括（　）。

    A. 加盖企业公章的《营业执照》复印件

    B. 相关印章、《随货同行单（票）》样式

    C. 开户户名、开户银行及账号

    D. 供应商的年销售额

    E. 供应商的组织机构与职能框图

2. 企业应当核实、留存供货单位销售人员的资料有（　）。

    A. 加盖供货单位公章原印章的销售人员身份证复印件

    B. 加盖供货单位公章原印章和法定代表人印章或者签名的授权书

    C. 销售业绩证明材料

　　　D. 负责供货品种相关资料

　　　E. 销售人员学历复印件

3. 药品采购类型有（　　）。

　　　A. 直接采购　　　　　　　　B. 新购　　　　　　　　C. 集中招标采购

　　　D. 代销　　　　　　　　　　E. 调整采购

4. 首营企业审核审批过程中需要有的相关记录表单有（　　）。

　　　A. 采购记录　　　　　　　　B. 首营企业审批表　　　C. 质量保证协议

　　　D. 采购合同　　　　　　　　E. 付款申请表

5. 采购合同中一般包括（　　）。

　　　A. 合同双方的名称　　　　　B. 采购药品数量　　　　C. 采购价格

　　　D. 质量条款　　　　　　　　E. 结算方式

6. 采购记录上应记载（　　）。

　　　A. 药品的通用名称　　　　　B. 采购数量　　　　　　C. 采购价格

　　　D. 质量条款　　　　　　　　E. 结算方式

三、简答题

1. 简述首营企业需要审核的资料及审核内容。

2. 简述药品购进管理工作流程。

3. 简述影响药品采购的因素。

书网融合……

微课　　　　　习题

项目四　药品收货与验收

学习引导

药品收货与验收是做好药品质量管理工作的重要环节，其目的是保证入库药品数量准确、质量完好，防止不合格药品入库。收货即接收药品环节，对企业采购的药品及相关资料进行审核，保证采购药品的正确性及合法性。药品验收环节是依照验收标准对采购的药品进行抽样开箱检查的过程，其目的是对实物进行核对。作为药品经营企业，必须制定切实有效的收货与验收管理制度、操作规程来监督和规范药品收货与验收作业，把好药品入库质量关。那么，药品经营企业该如何规范地进行药品收货与验收操作呢？出现异常情况该如何合理处置呢？

本项目主要介绍药品收货程序和收货检查内容、药品验收程序和验收检查内容。

学习目标

1. **掌握**　药品收货检查内容；药品验收检查内容；检验报告书的类型；验收抽样原则和方法；药品质量检查项目。

2. **熟悉**　药品收货程序；药品验收程序；药品销售退货收货程序；药品收货和验收记录填写要求。

3. **了解**　药品收货的定义；药品收货类型；直调药品验收。

任务一　药品收货

PPT

药品收货环节是防止假劣药流入药品经营企业的一道重要屏障，正确的收货操作可以保证供货渠道的合法性以及到货药品的正确性，确保药品在运输过程中质量可控。

▶▶ 岗位情景模拟 4-1

情景描述　今天仓库到了两批货，一批是医药公司 X 从药品生产企业 A 采购的药品，一批是医药公司 X 销售给市立医院的因破损被要求退货的药品。仓库收货员按照企业的收货操作规程要求进行收货作业。

讨　　论　1. 对采购到货药品和销售退货药品应如何进行收货操作？

2. 在对采购到货药品进行收货时中发现，有一个药品在《随货同行单》上有，但是计算机系统里没有采购记录，这时该如何处理？

答案解析

98

一、药品收货的定义

药品收货是指药品经营企业对到货药品，通过票据的查验、货源和实物检查核对、运输方式和运输条件的检查，将符合条件的药品按照其特性放置相应待验区的过程。

二、药品收货的类型

根据收货药品的来源，可以分为采购到货收货和销后退回收货。企业通过收货环节对采购渠道及退货渠道进行把关，防止假劣药品流入企业。

采购到货收货是根据药品采购记录，核对供货单位的《随货同行单》，审核药品来源。目的是核实采购渠道。

销后退回到货收货是依据销后退回的相关审批手续，核对退货记录，审核药品退回来源。目的是核实退回渠道。

三、药品收货的流程 📱微课1

根据 GSP 的要求，药品收货的一般流程包括票据核对、到货检查、通知验收等环节，药品收货程序如图 4-1 所示。

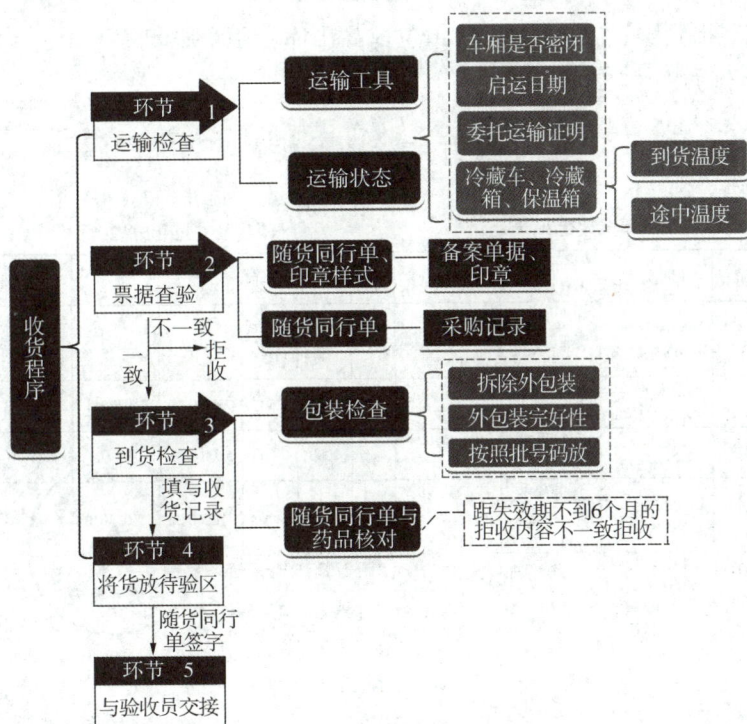

图 4-1　药品收货程序

（一）运输工具和运输状况检查

1. 运输工具检查　药品到货时，收货人员首先要检查运输工具是否密闭，特别是一些有特殊要求的药品，比如冷藏、冷冻药品需要对运输工具进行详细检查。一旦发现运输工具内有雨淋、霉变、腐蚀、污染等可能影响药品质量的现象，及时通知采购部门，并报质量管理部门做进一步处理。

同时，收货场所应配备搬运器具、温度采集和记录仪、清洁工具、拆箱工具等设备工具，并能正常运行。特殊管理的药品（麻醉药品、一类精神药品、毒性药品、放射性药品），收货场所应具备物理隔离和安全措施。

2. 运输状态核查 除了检查运输工具外，还应检查运输单据中所载明的启运时间，计算在途运输时间长度，并核实是否在协议约定的最大在途时限范围内。一旦超出最大时限范围，立即报质量管理部门处理，并留存相应的运输凭证。

供货方委托运输药品的，企业采购部门要提前向供货单位索要委托的承运方式、承运单位、启运时间等信息，并将上述情况提前通知收货人员；收货人员在药品到货后，要逐一核对上述内容，内容不一致的，通知采购部门，并报质量管理部门处理。

（二）票据的查验

1. 药品到货时，收货人员应当将《随货同行单》与本企业备案的《随货同行单》式样进行核对，并将《随货同行单》上的药品出库专用章与本企业备案的印章式样进行核对。《随货同行单》与本企业备案的《随货同行单》式样不一致的、《随货同行单》上的药品出库专用章与本企业备案的印章式样不一致的应当拒收，并通知质量管理部门处理。

2. 收货人员应当将《随货同行单》内容与计算机系统中药品采购记录进行核对。《随货同行单》应当包括供货单位、上市许可持有人、生产厂商、药品的通用名称、剂型、规格、批号、数量、收货单位、收货地址、发货日期等内容，并加盖供货单位药品出库专用章原印章。

《随货同行单》示例如图 4-2 所示。

诺康医药有限公司随货同行单

单据编号：XSGD00433892

购货单位：晨阳医药有限公司　　　　　　　业务员：刘志华
收货地址：山东省济南市历城区新城大街205号　　发货日期：2021年05月20日

序号	品名	规格	剂型	标准文号	上市许可持有人	生产企业	单位	数量	单价	含税金额	批号	生产日期	有效期至	质量
1	左羟丙哌嗪胶囊	9粒*60mg	胶囊	国药准字H20050641	湖南九典制药股份有限公司	湖南九典制药股份有限公司	盒	500	4.20	2100.00	210302	2021-03-03	2023-03-02	合格
2	小儿清热止咳口服液	10ml*8支	口服溶液	国药准字ZZ42021104	华润三九黄石制药厂	华润三九黄石制药厂	盒	300	2.50	750.00	21032611	2021-03-26	2023-02-28	合格
3	小儿氨酚黄那敏颗粒	11袋	颗粒	国药准字H37023557	齐鲁制药有限公司	齐鲁制药有限公司	盒	2000	2.60	5200.00	210101	2021-01-08	2022-12-31	合格
4	厄贝沙坦片	0.15g*7片	片剂	国药准字H20000513	江苏恒瑞医药股份有限公司	江苏恒瑞医药股份有限公司	盒	2000	6.00	12000.00	210330JB	2021-03-30	2023-03-29	合格

金额合计（小写）：20050.00　　　　　金额合计（大写）：贰万零伍拾元整
开票员：李丽华　　　　保管员：王英　　　　复核人：刘庆云　　　　收货人：

图 4-2　《随货同行单》

（三）到货检查

1. **包装检查**　收货人员拆除药品的运输防护包装，检查药品外包装是否完好，是否有破损、污染、标识不清等情况。

2. **票据货物核对**　收货人员依据《随货同行单（票）》逐批核对药品实物，核对内容包括药品的通用名称、剂型、规格、批号、数量、药品上市许可持有人、生产厂商等。收货过程中，对于《随货同行单》与到货药品内容不相符的，由采购部门负责与供货单位核实和处理。

（1）对于《随货同行单》内容中，除数量以外的其他内容与药品实物不符的，经供货单位确认并提供正确的《随货同行单》后，方可收货。

（2）对于《随货同行单》与药品实物数量不符的，经供货单位确认后，应当由采购部门确定并调整采购数量后，方可收货。

（3）供货单位对《随货同行单》与药品实物不相符的内容，不予确认的，应当拒收，存在异常情况的，报质量管理部门处理。

（四）单据签字

确认收货后，收货人员在《随货同行单（票）》上或客户确认单上签字，并盖"收货专用章"，交给供货单位或委托运输单位送货人员。

（五）填写收货记录

收货人员根据收货检查情况，在计算机系统中填写《收货记录》。《收货记录》内容包括收货日期、供货单位、通用名称、剂型、规格、单位、药品上市许可持有人、生产厂商、批准文号、收货数量、批号、生产日期、有效期、收货员等。

（六）码放药品

对符合收货要求的药品，收货人员按品种、批号进行托盘堆码，需将标签全部朝外，便于验收、入库上架、出库下架时对药品信息的识别。堆码完成后，将托盘转移至符合药品储存条件的待验区内。

（七）通知验收

收货人员将《随货同行单（票）》、检验报告单等随货同行文件转交给验收人员。

四、冷链药品的收货 微课2

冷链药品包括冷藏、冷冻药品，是具有高风险的药品，要求对其全过程冷链储存，运输情况应具有可追溯性，保证冷藏、冷冻药品的运输符合温度要求，避免因温度超标影响药品质量。运输冷藏、冷冻药品的冷藏车及车载冷藏箱、保温箱应当符合药品运输过程中对温度控制的要求。按照GSP要求，冷藏、冷冻药品到货时，应当对其运输方式及运输过程的温度记录、运输时间等质量控制状况进行重点检查并记录。不符合温度要求的应当拒收。

（一）运输工具的检查

1. 冷藏车的检查　冷链药品到货时，首先核实运输工具是否符合要求。运输冷藏、冷冻药品应使用密闭的冷藏车运输，冷藏车具有自动调控温度、显示温度、存储和读取温度监测数据的功能。同时，为了防止冷藏车途中出现故障，建议采取相应的预防措施，比如使用的冷藏车采用2台制冷机，其中一台连接汽车发电机，正常情况下带动进行制冷；另一台制冷机单独配置发电机，如出现异常情况可直接启动此备用制冷机工作。

2. 保温箱的检查　在使用冷藏车统一配送的情况下，对于急送的冷链药品以及冷藏线路未延伸到的偏远地区，或者小批量的药品采用保温箱配送，保证冷链运输设备符合要求。冷藏箱及保温箱具有外部显示和采集箱体内温度数据的功能。

（二）运输过程中温度记录核查

1. 查验到货温度 查看冷藏车或冷藏箱、保温箱到货时温度数据并记录。如果使用保温箱或冷藏箱运输的，要查看蓄冷剂是否直接接触药品，温度监测记录系统的温度探头是否在药品附近等。

2. 查验运输过程温度 采用冷藏车配送的，应向运输人员索取在途温度，当场打印温度记录；采用冷藏箱或保温箱配送的，收货人员应立即将其转移到冷库待验区，打开冷藏箱或保温箱，取出温度记录仪，关闭开关，导出温度记录仪中的在途温度记录，并打印保存，确认运输全过程温度状况是否符合规定。

知识链接

保障实时温度记录的具体措施

不是所有的冷藏车都适合运输药品。例如，疫苗的运输温度需要控制在 2～8℃，这就需要冷藏车的制冷功能要好，不仅在短时间内能达到预定温度，还能在运输过程中保持温度稳定。按照国家对冷藏车的技术标准要求，冷藏车应具有自动调控温度、显示温度、存储和读取温度监测数据的功能，因此，冷藏车内需配备 GPRS 定位系统及温度监测设备，车厢内安装的温度测点终端数量不得少于 2 个，可实时采集、显示、记录、传送运输过程中的温度数据，并具有远程及就地实时报警功能，可通过计算机读取和存储所记录的监测数据，实现就地打印温度数据功能。保温箱温度数据做到实时记录上传，并做到5 分钟记录一次和实时打印。当监测的温湿度超出规定范围时，系统应当至少每隔 1 分钟记录一次实时温湿度数据。

在运输过程中，药品质量更容易受到外界诸多因素的影响，尤其是冷链药品，环境中温湿度的影响更为明显。因此，每一位收货人员都必须树立强烈的药品质量和规范从业意识，始终以药品质量为中心，对冷藏、冷冻药品运输过程中的温度数据进行重点检查，对不符合温度控制要求的药品坚决拒收，严守药品经营过程质量安全的每一道防线。

（三）收货缓冲区的要求

冷藏、冷冻药品收货必须在与药品存储温度要求相同的库区内进行，收货区应设置冷藏库或阴凉处，不得置于阳光直射或其他可能会提升周围环境温度的位置。如在其他温度条件下收货的应有明确的时间规定。冷藏药品从收货转移到待验区的时间不宜过长。

冷链到货时应有专用缓冲区，可直接与冷藏车门对门进行卸货工作，缓冲区控制温度在 15℃以下，卸货完成后立即转移至冷库内，保证冷链全程不断链。没有门对门卸货平台的企业，采用保温车或者保温箱进行药品收货的转移工作。

（四）票据的要求

冷藏药品收货时，应索取运输交接单，做好实时温度记录，并签字确认。有多个交接环节，每个交接环节的都要签收交接单。计算机系统控制必须填写收货时间、运输方式、到货温度等冷链信息方可完成收货。

即学即练 4 - 1

冷藏、冷冻药品到货收货时，应当对其（　　）等质量控制状况进行重点检查并记录。

A. 运输方式　　　　　B. 运输过程的温度记录　　　　　C. 启运温度

D. 运输时长　　　　　E. 检验报告书

答案解析

五、销后退回药品的收货

销后退回的药品，由于经过流通环节的周转，其质量已经脱离本企业质量管理体系的监控，在外部运输储存环节面临巨大的质量风险，因此在退回过程中，应该严格按照销售退回程序进行申请和审批，并在退回收货环节严格按照收货流程操作。收货人员要依据销售部门确认的退货凭证或通知对销后退回药品进行核对，确认为本企业销售的药品后，方可收货并放置于符合药品储存条件的待验场所。

（一）销售退货申请程序

1. 开票员查阅"销售记录"系统内容，确认销售客户的品种、批号、销售时间。

2. 销售员填写《销后退回药品申请单》，一式三联（销售经理、开票员、收货员留存），并签字。

3.《销后退回药品申请单》依次经过销售主管审核、销售经理批准并签字，其中一联由销售经理留存。

4. 开票员凭批准的《销后退回药品申请单》开具《销后退货单》，将一联《销后退回药品申请单》留存。

（二）销售退回收货程序

计算机系统将《销后退货单》自动生成《销后退回药品通知单》，收货员凭借《销后退回药品通知单》执行严格的收货程序。依据《销后退回药品通知单》中的信息与到货药品进行核对，确认为本企业销售的药品后，将其放置于退货区，进行收货检查，填写收货记录，通知验收员进行验收。销售退回收货程序如图 4 - 3 所示。

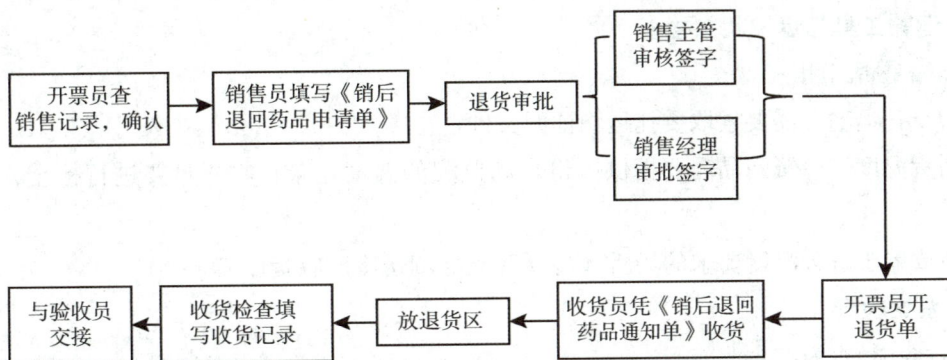

图 4 - 3　销售退回收货程序

对于销后退回的冷冻、冷藏药品，一般由供货企业用冷藏车或冷藏箱带回，退货单位应当提供药品售出期间储存、运输质量控制说明，确认符合规定储运条件的方可收货。如不能提供证明或超出温度控制要求的，按不合格药品处理。

六、特殊管理规定药品收货

特殊管理规定药品包括麻醉药品、精神药品、医疗用毒性药品、放射性药品、药品类易制毒化学品。特殊管理规定药品收货需在特殊药品规定的区域内双人完成收货工作，在一般药品收货流程基础上还有以下要求。

1. 收货人员在检查运输工具和运输情况时，应检查是否有专人押运、是否有中途停车过夜现象。

2. 麻醉药品和第一类精神药品到货时，承运单位与收货单位双方共同对货物进行现场检查，现场交接药品及资料。委托运输麻醉药品和第一类精神药品的，收货人员应向承运单位索取其市级药品监督管理部门发放的《麻醉药品、第一类精神药品运输证明》副本，检查运输证明的有效期（麻醉药品和第一类精神药品运输证明有效期为 1 年，不跨年度），并在收货后 1 个月内将运输证明副本交还发货单位。

实训 11 采购到货收货

【实训目的】

通过本次实训，让学生掌握采购到货操作程序及收货记录的填写方法。

【材料准备】

1. 全班分成 8 个组，6～7 人/组，人数少的班级 5～6 人/组。

2. 若干药品。

3. 药品卡片。

4. 《随货同行单》（两联）。

5. 计算机。

6. 计算机软件系统练习账套（8 套）、正式账套（8 套）。

7. 无计算机系统，准备到货通知单。

【实施步骤】

步骤一 运输工具与运输状态检查

1. 检查车厢是否封闭。

2. 如果为委托运输，需要索取委托运输证明文件。

3. 记录到货温度，冷藏药品需要提供一份自动监测的温度记录，收货员要进行检查，并把温度记录保留好。

4. 将药品放置于符合温度要求的场所（冷藏药品立刻送冷库收货区）。

步骤二 票据检查

1. 客户名称：是否为本企业。

2. 《随货同行单》是否项目完整齐全、清晰可辨。《随货同行单》应有供货单位、药品的通用名称、药品上市许可持有人、生产厂商、剂型、规格、批号、数量、收货单位、收货地址、发货日期等内容。

3. 印章检查：是否盖有供货单位药品出库专用章原印章，如单据不合格，不得收货，并通知采购部门处理。

步骤三 票据核对

1. 收货员在计算机软件系统调出采购记录。

2. 在调出的采购记录中找到与来货一致的单据。

3. 把《随货同行单》与采购记录进行核对：供应商、品名、规格、数量。

4. 核对一致的收货，不一致时，根据具体情况进行不同处理。

步骤四 《随货同行单》内容和药品核对

1. 核对 7 个项目：品名、规格、药品上市许可持有人、生产企业、数量、批号、有效期至。

2. 如果距失效期不到 6 个月的拒收，内容不一致拒收。

步骤五 药品包装检查

主要看药品外包装是否破损。

步骤六 《随货同行单》签字

在《随货同行单》上签字，把拒收的药品标明拒收，签好字给供应方配送员一联，自己留下一联。

步骤七 填写收货记录

步骤八 与验收员交接

通知验收员验收，把《随货同行单》《药品检验报告书》一起交给验收员。

【操作要点和注意事项】

1. 根据采购记录、《随货同行单》、实货和卡片，如实收货。

2. 到货温度应记录具体的温度。

3. 数量不符可以暂停收货，放置待处理区。

任务二 药品验收

PPT

药品验收是指验收人员依据国家相关法律法规和有关规定、企业验收标准对采购药品的质量状况进行检查的过程，包括查验《药品检验报告书》、抽样、查验药品质量状况、记录等。验收员应按照药品验收程序，严格对药品外观性状、内外包装、标识以及相关证明文件等进行检查，确保药品的质量。

▶▶ 岗位情景模拟 4-2

情景描述 医药公司 X 从药品生产企业 A 采购的药品和市立医院退回的药品已经完成收货检查，结果合格，收货员通知验收员验收药品。

讨　　论 1. 验收员应如何对采购到货药品和销售退货药品进行验收操作？

2. 验收员在对采购到货药品进行验收时，发现某种外用药品的包装、标签、说明书未按要求标识"外"，该如何处置？

答案解析

一、药品验收的类型

根据药品购销方式不同，药品验收分为普通购销验收和直调药品验收；根据药品来源渠道不同，药品验收分为采购到货验收和销后退货验收；根据采购药品的性质和管理要求不同，分为一般药品验收、冷链药品验收、特殊管理药品验收，一般药品是指常温和阴凉储存药品。

二、药品验收的流程 🅔 微课3

药品验收由质量管理部专职验收人员负责，药品验收的一般流程包括单据和货物核对查验、检验报告书的检查、验收抽样、验收检查、填写验收记录、入库交接等。药品验收程序如图4-4所示。

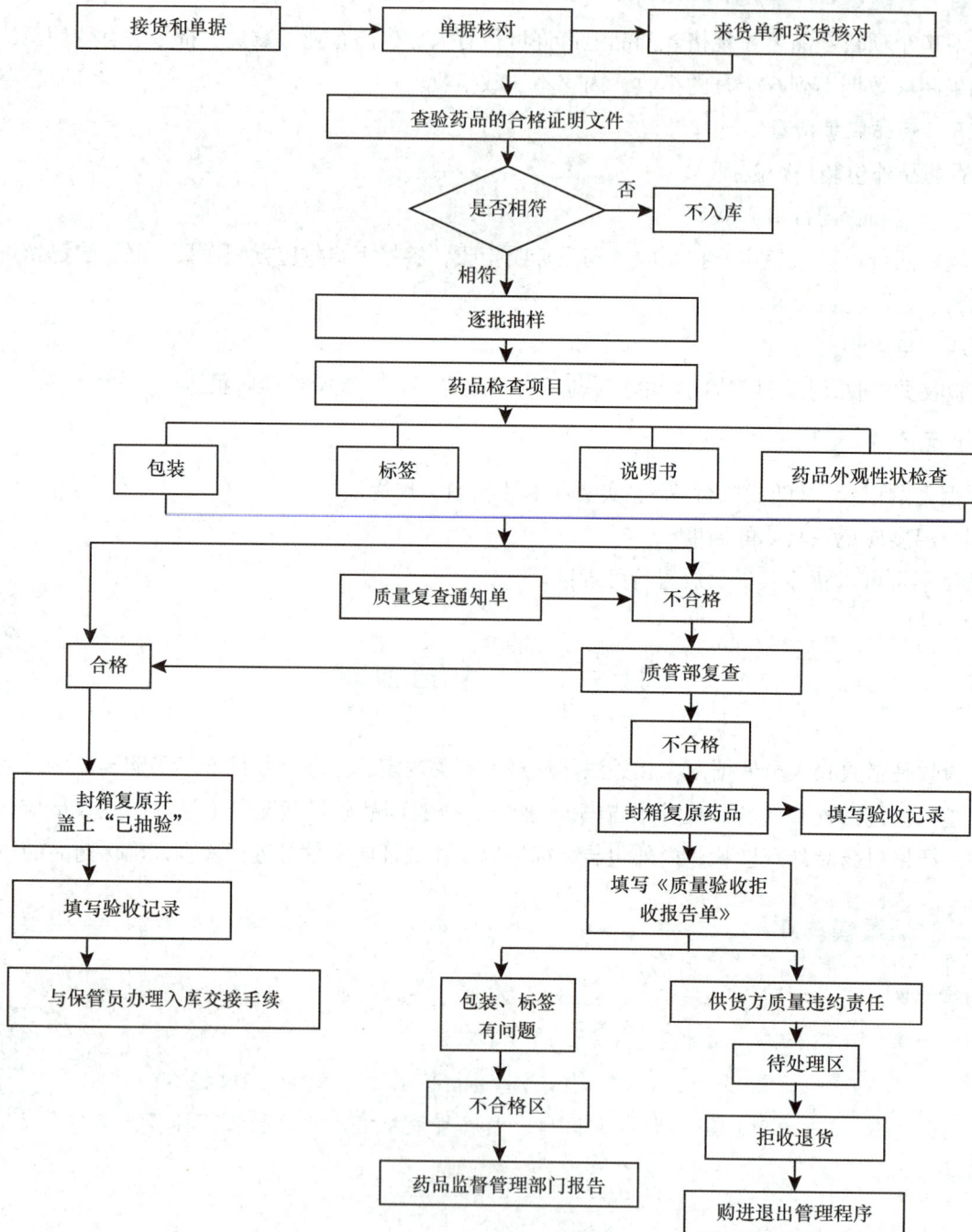

图 4-4 药品验收程序

（一）一般药品验收

1. 接收单据 验收员接过收货员交接的《随货同行单》和同批号《药品检验报告书》，到待验区进行验收，验收员应在规定时限内进行验收。

2. 核对药品　首先清点大件数量，然后根据《随货同行单》逐一核对品名、规格、数量、生产批号、有效期、药品上市许可持有人、生产企业、批准文号。

3. 查验合格证明文件　药品验收人员应按照批号逐批查验药品合格证明文件是否齐全，是否符合规定的要求。

（1）查验检验报告书　按照 GSP 要求，验收药品应当按照批号查验同批号的检验报告书。若供货单位为药品生产企业，检验报告书应加盖供货单位检验专用章或质量管理专用章原印章；若供货单位为药品批发企业，检验报告书应当加盖药品批发企业质量管理专用章原印章。

（2）查验《生物制品批签发合格证》　实施批签发管理的生物制品，需要查验其加盖供货单位药品检验专用章或质量管理专用章原印章的《生物制品批签发合格证》复印件。

（3）查验进口药品相关证明文件　进口药品需要查验其加盖供货单位质量管理专用章原印章的相关证明文件：

①《进口药品注册证》或《医药产品注册证》（如有并在有效期内，2020 年 7 月 1 日后药品批准文号的格式按照《药品注册管理办法》）。

②进口麻醉药品、精神药品以及蛋白同化制剂、肽类激素应当有《进口准许证》。

③首营品种属于进口中药材，如果是国内首次进口的要有《进口药材批件》复印件。

④首次在中国销售的化学药品要逐批强制检验，有同批号《进口药品检验报告书》。2018 年 4 月 26 日，国家药品监督管理局发布非首次在中国销售的化学药品在进口时不再逐批强制检验。

⑤进口国家规定的批签发管理的生物制品必须有批签发证明文件和《进口药品检验报告书》。

📱 **知识链接**

检验报告书的检查内容

《药品检验报告书》是药品生产企业的质量检验部门，依据质量标准，对所生产药品进行抽样检验，从而判定该批次药品质量是否合格而出具的具有法律效力的技术文件，是药品可以出厂的通行证，也是药品监督管理部门对不合格药品实施行政处罚的重要依据之一。

检验报告书内容一般包括检品名称、批号、生产企业、规格、检验目的、检验项目、收检日期、报告日期、检验依据、每个项目的检验结论、最后的整体结论。所有内容都是使用计算机规范填写，不得有手写涂改痕迹。检验依据现行版《中国药典》、国家药品监督管理局局版标准、原卫生部部版标准、《中药饮片炮制规范》及国家药品监督管理局规定的其他补充标准等。检验报告出具后，应加盖生产企业的"检验报告专用章"，有相关检验人员的手写签字。注意：检验报告书一旦出具，内容是不得涂改的。

作为药品验收人员，应当具有严谨的工作态度和强烈的责任心，严守药规，按照药品批号认真、严格审查每一批药品的检验报告书，保证其合法性和有效性；同时，作为医药行业从业者，必须养成终生学习的习惯，提高自身发现问题、解决问题的能力，把好药品质量关，当好人民群众用药的安全卫士！

4. 抽取样品

（1）抽样要求　企业应当按照验收规定，对每次到货药品进行逐批抽样验收，抽取的样品应当具有代表性。同一批号的药品应当至少检查一个最小包装，但生产企业有特殊质量控制要求或者打开最小包装可能影响药品质量的，可不打开最小包装；破损、污染、渗液、封条损坏等包装异常以及零货、拼箱的，应当开箱检查至最小包装。

（2）抽样原则和方法

① 同一批号的整件药品按照堆码情况随机抽样；非整件药品逐箱检查。

② 抽样数量。整件数量在 2 件及以下的，要全部抽样检查；整件数量在 2 件以上至 50 件（包含 50件）以下的，至少抽样检查 3 件；整件数量在 50 件以上的，每增加 50 件，至少增加抽样检查 1 件，不足 50 件的，按 50 件计。抽样数量见表 4 – 1。

表 4 – 1　抽样数量

整件数量（N）	抽样数量
N≤2 件	全抽
50≥N ＞2	3 件
N＞50，每增加 50	在 3 件的基础上 +1

③要求开箱检查。外包装及封签完整的原料药、实施批签发管理的生物制品，可不开箱检查。

④从每整件的上、中、下不同位置随机抽样检查至最小包装；每整件药品中至少抽取 3 个最小包装；封口不牢、标签污损、有明显重量差异或外观异常等情况的，应当加倍抽样检查。

⑤对整件药品存在破损、污染、渗液、封条损坏等包装异常以及零货、拼箱的，应当开箱检查至最小包装。

⑥到货的非整件药品要逐箱检查，对同一批号的药品，至少随机抽取一个最小包装进行检查。

即学即练 4 –2

验收检查时，发现封口不牢、标签污损、有明显重量差异或外观异常等情况的，应当怎样做？

A. 正常抽样检查　　　　　　B. 加倍抽样检查　　　　　　C. 三倍抽样检查

D. 全部抽样检查　　　　　　E. 退回

答案解析

5. 检查样品　为确保购进药品的质量，把好药品的入库质量关，验收人员应当对抽样药品的外观、包装、标签、说明书等逐一进行检查、核对，出现问题的，报质量管理部门处理。

（1）药品包装的检查

①检查药品外包装、中包装、最小包装等，核对相关包装信息、式样。

②检查运输储存包装的封条有无损坏，包装上是否清晰注明药品通用名称、规格、药品上市许可持有人、生产厂商、生产批号、生产日期、有效期、批准文号、贮藏、包装规格及储运图示标志，以及特殊管理的药品、外用药品、非处方药的标识等标记。

③检查最小包装的封口是否严密、牢固，有无破损、污染或渗液，包装及标签印字是否清晰，标签粘贴是否牢固。

④中药饮片的包装或容器与药品性质相适应及符合药品质量要求。中药饮片整件包装上有品名、产地、生产日期、生产企业等，并附有质量合格的标志。实施批准文号管理的中药饮片，还需注明批准文号。

⑤进口药品的包装以中文注明药品通用名称、主要成分以及注册证号。

（2）标签、说明书的检查　检查标签或说明书的项目、内容是否齐全。

①标签有药品通用名称、成分、性状、适应证或者功能主治、规格、用法用量、不良反应、禁忌、注意事项、贮藏、生产日期、产品批号、有效期、批准文号、生产企业等内容；对注射剂瓶、滴眼剂瓶等因标签尺寸限制无法全部注明上述内容的，至少标明药品通用名称、规格、产品批号、有效期等内容；中药蜜丸蜡壳至少注明药品通用名称。中药饮片的标签需注明品名、包装规格、产地、生产企业、产品批号、生产日期；实施批准文号管理的中药饮片，还需注明批准文号。

②化学药品与生物制品说明书列有以下内容：药品名称（通用名称、商品名称、英文名称、汉语拼音）、成分［活性成分的化学名称、分子式、分子量、化学结构式（复方制剂可列出其组分名称）］、性状、适应证、规格、用法用量、不良反应、禁忌、注意事项、孕妇及哺乳期妇女用药、儿童用药、老年用药、药物相互作用、药物过量、临床试验、药理毒理、药代动力学、贮藏、包装、有效期、执行标准、批准文号、生产企业（企业名称、生产地址、邮政编码、电话和传真）。

③中药说明书列有以下内容：药品名称（通用名称、汉语拼音）、成分、性状、功能主治、规格、用法用量、不良反应、禁忌、注意事项、药物相互作用、贮藏、包装、有效期、执行标准、批准文号、说明书修订日期、生产企业（企业名称、生产地址、邮政编码、电话和传真）。

④分装类药品：注明原生产企业、分装企业、分装批号。

⑤进口药品的标签以中文注明药品通用名称、主要成分以及注册证号，并有中文说明书。

⑥中药饮片的包装或容器与药品性质相适应及符合药品质量要求。中药饮片的标签需注明品名、包装规格、产地、生产企业、产品批号、生产日期；整件包装上有品名、产地、生产日期、生产企业等，并附有质量合格的标志。实施批准文号管理的中药饮片，还需注明批准文号。

⑦中药材有包装，并标明品名、规格、产地、供货单位、收购日期、发货日期等；实施批准文号管理的中药材，还需注明批准文号。

（3）**药品包装标识、警示语的检查**

①处方药和非处方药　处方药是指凭执业医师或助理执业医师处方方可购买、调配和使用的药品。

非处方药是指由国务院药品监督管理部门公布的、不需要凭执业医师或助理执业医师处方，消费者可以自行判断、购买和使用的药品。非处方药分为甲类非处方药和乙类非处方药。

处方药警示语：请凭医师处方或在药师指导下正确使用。

非处方药警示语：请仔细阅读药品使用说明书，按说明书使用或在药师指导下购买和使用。

②外用药品　检查外用药品的专有标识，外用药品专有标识为红底白字的"外"字样。

③蛋白同化制剂和肽类激素及含兴奋剂类成分的药品　蛋白同化制剂和肽类激素及含兴奋剂类成分的药品应有"运动员慎用"警示标识。

（4）**药品外观性状检查**　药品的性状，包括形态、颜色、气味、味感等，是药品外观质量检查的重要内容。不同剂型的药物检查内容有所不同，常用剂型重点检查内容如下。

①片剂　检查是否符合下面情况：形状一致，色泽均匀，片面光滑，无毛糙起孔现象，无附着细粉、颗粒，无杂质、污垢，无裂片、松片，包衣颜色均一，无色斑，且厚度均匀，表面光洁，破开包衣后，片芯的颗粒应均匀，颜色分布均匀，无杂质，片剂的硬度应适中，无磨损、粉化、碎片及过硬现象，其气味、味感正常，符合该药物的特异物理性状。

②胶囊剂　检查是否符合下面情况：胶囊剂的外形、大小一致，无瘪粒、变形、膨胀等现象，胶囊壳无脆化，软胶囊无破裂、漏油现象，胶囊结合状况良好，颜色均匀，无色斑、变色现象，壳内无

杂质。

③颗粒剂 主要检查有无潮解、结块、发霉、生虫等。

④丸剂 检查有无虫蛀、霉变、粘连、色斑、裂缝等。

⑤散剂 检查粉末气、味是否异常，有无吸潮、结块、发霉、变质等现象。

⑥溶液剂 检查是否符合下面情况：外包装严密，无爆瓶、外凸、漏液、霉变现象，无沉淀、浑浊、异物，药液颜色正常，药液气味、黏度符合该药品的基本物理性状。

⑦乳剂、膜剂、栓剂 乳剂检查有无酸败、恶臭等变质现象，膜剂检查有无受潮、发霉、变质，栓剂检查有无失水变脆、变色、变形、粘连、溶化、酸败、腐败现象。

⑧注射剂 检查是否符合下面情况：液体注射剂的包装严密，药液澄明度好（无白点、白块、玻璃、纤维、黑点），色泽均匀，无变色、沉淀、浑浊、结晶、霉变等现象。冬季应当注意检查注射剂是否有冻结情况。

⑨滴眼剂、滴鼻剂、滴耳剂 检查有无混浊、沉淀、变色、颗粒等现象。

⑩膏剂 检查均匀度、细腻度，检查有无异臭、酸败、干缩、变色、油层析出等变质现象。

检查验收结束后，应当将检查后的完好样品放回原包装箱，加封，并在抽样的整件包装上标明抽验标志，对已经检查验收的药品，应当及时调整药品质量状态标识或移入相应区域。

6. 抽样药品封箱还原 验收结束后，药品验收人员将抽样检查后的完好样品放回原包装，用专用封箱带和封签进行封箱，并在抽验的整件包装上标明抽验标志。

7. 填写验收记录

（1）填写内容 验收记录包括药品的通用名称、剂型、规格、批准文号、批号、生产日期、有效期、药品上市许可持有人、生产厂商、供货单位、到货数量、到货日期、验收合格数量、验收结果等内容。

（2）签字 验收人员应当在验收记录上签署姓名和验收日期。《药品验收记录表》如表 4 – 2 所示。

表 4 – 2 药品验收记录表

到货日期	供货单位	通用名称	商品名称	剂型	规格	数量	上市许可持有人	生产厂商	生产日期	生产批号	有效期	批准文号/注册证号	到货数量	验收合格数量	验收结论	验收员	备注

8. 入库交接 验收结束后，验收人员应当在计算机系统上对验收情况进行确认，对验收合格的药品，应当由验收人员与仓储部门办理入库交接手续。仓库管理人员应按照计算机系统的提示，将验收合格药品从待验区域转到符合要求的合格药品储存区域，在计算机系统确认后，系统自动生成库存记录。由仓储部门建立库存记录。

9. 资料整理 药品验收人员在检验报告书上加盖本企业"质量管理章"并扫描，扫描后的文件上传到计算机系统。验收人员将每日收到的《随货同行单（票）》和检验报告书等合格证明文件分别进行整理，按月装订，存档。

（二）冷链药品验收

冷链药品的验收流程与一般药品验收一致，即核对药品、查验合格证明文件、抽取样品、检查样品、填写验收记录、资料整理。除此之外，冷链药品验收还需要注意，要按照"随到随验"的原则验收，一般不超过 1 个小时，而且必须在冷库待验区内完成。

（三）特殊管理药品验收

特殊管理药品的验收流程与一般药品验收一致，即核对药品、查验合格证明文件、抽取样品、检查样品、填写验收记录、资料整理。除此之外，特殊管理药品验收还需注意以下几点。

1. 麻醉药品和第一类精神药品的验收应由专人负责，在特殊管理专库中的待验区，由双人完成，货到即验。验收时要求双人开箱，验收清点到最小包装。填写验收记录时，需要双人签字。

2. 验收人员除了按照一般药品的验收项目外，还应检查特殊管理药品的包装、标签及说明书上是否印有规定的标识。特殊管理药品专有标识：麻醉药品标识为蓝白相间的"麻"字样，精神药品标识为绿白相间的"精神药品"字样，毒性药品标识为黑底白字的"毒"字样，放射性药品标识为红黄相间的圆形图案。验收进口麻醉药品和精神药品时，供应商应提供加盖其质量管理章原印章的《进口准许证》。

3. 特殊管理药品应建立专用账册管理，保存期限应自药品有效期满之日起不少于 5 年。

《特殊管理药品验收记录表》如表 4 - 3 所示。

表 4 - 3　特殊管理药品验收记录表

××××公司特殊管理药品验收记录

收货记录编号：

序号	验收日期	到货日期	通用名称	商品名称	生产厂商	上市许可持有人	供货单位	剂型	规格	批准文号	批号	生产日期	有效期	到货数量	单位	验收合格数量	验收结果	验收不合格数量	不合格事项	处置措施	验收人1	验收人2	备注

（四）销后退回药品验收

销后退回药品的验收流程与一般药品验收流程一致，即核对药品、查验合格证明文件、抽取样品、检查样品、填写验收记录、资料整理，还需注意以下几个方面。

1. 对于整件包装完好的销后退回药品，应按照采购到货药品验收原则加倍抽样检查。

2. 对无完好外包装的销后退回药品，每件应当抽样检查至最小包装单位，零货药品应逐个包装检查，必要时应抽样送检验部门检验。

《销后退回药品验收记录表》见表 4 - 4。

表4-4　销后退回药品验收记录表
×××公司销后退回药品验收记录

收货记录编号：

序号	验收日期	退货日期	通用名称	商品名称	上市许可持有人	生产厂商	退货单位	剂型	规格	批准文号	批号	生产日期	有效期	数量	单位	退货原因	验收结果	验收人
备注																		

（五）直调药品的验收

药品直调是指药品经营企业将已采购的药品不入本企业仓库，直接发送到购货单位的一种购销方式。药品直调可以避免由于业务环节、地理位置等原因造成的不合理物流运输，有其合理性的一面，但由于药品直调票货分离的特有方式，使其容易成为"挂靠""走票"等违法行为的保护伞，因此必须强化直调药品验收，防止出现药品经营质量管理断链现象。药品直调应符合的条件为发生灾情、疫情、突发事件或者临床紧急救治等特殊情况，以及其他符合国家有关规定的情形。

直调药品可委托购货单位进行药品验收，购货单位应当严格按照要求验收药品，直调药品验收需要具备四个条件。

1. 企业应当与购货单位签订委托验收协议，明确质量责任和义务。

2. 购货单位应当指定专门验收人员负责直调药品验收工作，购货单位验收员与委托协议指定验收员确保一致性。

3. 购货单位应当在计算机系统中建立专门的直调药品验收记录，直调验收记录应具备真实性、完整性和传递及时性。

4. 购货单位在验收当日应当将验收记录相关信息传递给直调企业。

《直调药品验收记录表》见表4-5。

表 4-5　直调药品验收记录表

×××公司直调药品验收记录

收货记录编号：

序号	验收日期	到货日期	通用名称	商品名称	生产厂商	上市许可持有人	供货单位	剂型	规格	批准文号	生产批号	生产日期	有效期至	到货数量	单位	验收合格数量	验收结果	购货单位	验收人

委托验收协议：□有　□无	直调单位：
验收记录传递时间：	直调单位联系人：

三、验收异常情况的处理

（一）验收异常情况

药品验收异常情形常见以下情况。

1. 药品包装、标签、说明书的内容不符合药品监督管理部门批准的。

2. 药品的相关合格证明文件不全或内容与到货药品不符，如《随货同行单》的书面凭证与到货实物不符的、整件包装中无出厂检验合格证的药品、同批号药品无检验报告书等。

3. 包装的封条损坏，最小包装的封口不严，有破损、污染或渗液，包装及标签印字不清晰，标签粘贴不牢固。

4. 药品外观性状不符合要求。

（二）验收不合格药品的处理

验收不合格或验收过程中有质量疑问的药品，验收员应填写《药品质量复查通知单》，见表 4-6，报质量管理部进行复查。经质量管理部门确认合格的，封箱复原药品，由验收人员与仓储部门办理入库交接手续；经质量管理部门确认不合格的，封箱复原药品，填写《质量验收拒收报告单》，见表 4-7。对于不合格的药品，应当尽快处理，查明原因，分清责任，及时处理不合格药品。

1. 药品包装、标签、说明书等内容不符合药品监督管理部门批准的，将药品移入不合格药品区，不能退货，需上报药品监督管理部门进行处理。

2. 药品的相关合格证明文件不全或内容与到货药品不符，包装的封条损坏，最小包装的封口不严，有破损、污染或渗液，包装及标签印字不清晰，标签粘贴不牢固，药品外观性状不符合要求等情况，属于供货方质量违约责任，将药品移入待处理区，办理拒收退货手续。

表 4 – 6　药品质量复查通知单

品名		规格		生产企业	
生产批号		数量		存放地点	
购进日期		有效期至		供货单位	

复查原因：

验收、质量员：　　　　　年　　月　　日

质量复查结论：

质量部门：　　　　　年　　月　　日

表 4 – 7　质量验收拒收报告单

编号：

药品名称		药品通用名称			
规格		剂型		生产厂家	
供货单位		GMP 编号		GMP 证书有效期	
数量		含税单价		含税金额	
产品批号		批次码		生产日期	
有效期至		检验报告号			
拒收理由（包括内在、外观质量及包装等）			验收人员（签章）：　　　年　月　日		
业务部门意见			业务部负责人（签章）：　　　年　月　日		
质量管理部门意见			质管部负责人（签章）：　　　年　月　日		

实训 12　来货验收

【实训目的】

通过本次实训，让学生掌握来货验收操作程序。

【材料准备】

1. 全班分成 8 个组，6~7 人/组，人数少的班级 5~6 人/组。

2. 若干药品。

3. 药品卡片。

4.《随货同行单》（两联）。

5. 计算机。

6. 计算机软件系统练习账套（8 套）、正式账套（8 套）。

7. 无计算机系统，准备验收记录。

8.《药品检验报告书》。

【实施步骤】

步骤一　验收员接货

验收员接过收货员交接的《随货同行单》和同批号《药品检验报告书》，到待验区进行验收。

步骤二　验收过程

1. 单据与实货核对　首先清点大件数量，然后根据《随货同行单》逐一核对品名、规格、数量、生产批号、有效期、生产企业、批准文号。

2. 检查同批号《药品检验报告书》　品名、规格、批号，检验结论、检验报告书印章。

3. 检查的项目　包装质量检查、产品合格证、标签说明书、药品外观性状检查。

步骤三　填写验收记录

1. 验收类型分一般药品验收和特殊管理药品验收，根据药品特性选择验收记录。

2. 在记录填写"有效期至""批号"验收结论，验收员签字。

3. 如果是多批次的药品入库，则需要分批填写，在批号处右键单击。

4. 如果在验收时发现不合格产品，确认为拒收，则如实填写"合格数量"和"拒收数量"。

步骤四　验收结果的处理

1. 合格，验收员通知保管员入库。

2. 不合格，根据不同情况进行拒收处理。

3. 填写药品拒收报告单。

【操作要点和注意事项】

1. 验收是对购进药品抽样和销后退回药品进行逐批验收。

2. 药品质量检查验收包括药品外观性状检查和药品包装、标签、说明书及标识的检查。

3. 如果属于特殊管理药品，需要双人验收，并逐件验收至每一最小包装；如果是蛋白同化制剂和肽类激素（胰岛素除外），需要专人验收。

4. 验收合格与不合格都要填写验收记录。

📊 **岗位对接**

收货员岗位 ℮ 微课4

任职资格	学历与专业	高中以上文化程度
	工作经验	具有药品收货工作经验
	知识结构	药品知识，收货知识
	工作能力	计算机系统应用能力；协调沟通能力；分析判断能力
职责	负责企业采购到货收货	
	负责企业销后退回收货	

续表

工作内容	1. 指导、协助卸货人员按规定卸货、码放
	2. 按照收货程序接收进货药品和销后退回药品
	3. 检查到货的运输工具、运输状况、运输时间，对照《随货同行单（票）》和采购记录核对药品，对于冷链药品，还需检查来货温控工具、到货温度、运输过程温度记录，不符合要求的，通知采购部门或者质量管理部门处理
	4. 收货完成后将药品按品种特性放置于待验区，并在《随货同行单（票）》上签字后移交验收人员

验收员岗位 微课 5

任职资格	学历与专业	1. 药学或者医学、生物、化学等相关专业中专以上学历或者药学初级以上专业技术职称 2. 中药材、中药饮片验收员：中药学专业中专以上学历或者中药学中级以上专业技术职称 3. 直接收购地产中药材验收员：中药学中级以上专业技术职称 4. 疫苗验收员：预防医学、药学、微生物学或者医学等专业本科以上学历及中级以上专业技术职称，并有 3 年以上从事疫苗管理或者技术工作经历
	工作经验	具有药品验收工作经验
	知识结构	药品知识，验收知识
	工作能力	计算机系统应用能力；协调沟通能力；分析判断能力
职责		负责企业经营药品的验收
工作内容		1. 单据、货物核对查验
		2. 按照批号逐批查验药品的合格证明文件
		3. 按照批号逐批对药品进行抽样检查，对抽样药品的外观、包装、标签、说明书等逐一进行检查、核对
		4. 验收不合格药品处理
		5. 验收结束后将抽取的完好样品放回原包装箱，加封并标示
		6. 建立并保存真实、完整、规范的验收记录

目标检测

答案解析

一、单选题

1. 收货人员要依据销售部门确认的（　　）或通知对销后退回药品进行核对，确认为本企业销售的药品后，方可收货并放置于符合药品储存条件的专用待验场所。

A. 发票　　　　　　B. 采购单　　　　　　C. 随货同行单　　　　D. 退货凭证

2. 验收药品应当按照（　　）查验同批号的检验报告书。

A. 有效期　　　　　B. 批准文号　　　　　C. 采购日期　　　　　D. 药品批号

3. 供货单位为批发企业的，检验报告书应当加盖其（　　）。

A. 业务专用章原印章　　　　　　　　　B. 发货专用章原印章

C. 质量管理专用章原印章　　　　　　　D. 验收专用章原印章

4. 进行药品直调的，可委托（　　）进行药品验收。购货单位应当严格按照本规范的要求验收药品，并建立专门的直调药品验收记录。

A. 发货单位　　　　B. 供货单位　　　　　C. 购货单位　　　　　D. 运输单位

5. 应当对每次到货的药品进行逐批抽样验收，抽取的样品应当具有（　　），对于不符合验收标准的，不得入库，并报质量管理部门处理。

    A. 合格性　　　　　　B. 代表性　　　　　　C. 真实性　　　　　　D. 有效性

6. 药品《随货同行单》上应加盖（　　）

    A. 供货单位公章　　　　　　　　　　B. 药品质量管理章

    C. 药品出库专用章　　　　　　　　　D. 合同专用章

7. 按照药品抽样原则，若本次来货 51 件，则需要抽取（　　）件进行验收检查。

    A. 全抽　　　　　　B. 3　　　　　　C. 4　　　　　　D. 5

8. 对抽取出来的整件来货，还需至少抽取（　　）个最小包装。

    A. 全抽　　　　　　B. 3　　　　　　C. 4　　　　　　D. 5

二、多选题

1. 可不开箱检查验收的药品有（　　）。

    A. 外包装及封签完整的原料药　　　　B. 实施批签发管理的生物制品

    C. 有效期较长的药品　　　　　　　　D. 液体类药品

    E. 整包中药饮片

2. 以下应当开箱检查至最小包装的是（　　）。

    A. 破损　　　　　　B. 渗液　　　　　　C. 零货、拼箱的　　　　　　D. 封条损坏

    E. 污染

3. 以下属于收货流程的工作环节有（　　）。

    A. 核对《随货同行单》　　　　　　　B. 检查检验报告书

    C. 检查运输工具　　　　　　　　　　D. 填写收货记录

    E. 检查运输过程温度记录

4. 以下说法正确的是（　　）。

    A. 麻醉药品的专有标识是蓝白相间的"麻"字样

    B. 非处方药警示语是在医师指导下正确使用

    C. 蛋白同化制剂药品应有"运动员慎用"警示标识

    D. 精神药品的专有标识是蓝白相间的"精"字样

    E. 外用药品专有标识为红底白字的"外"字样

三、简答题

1. 简述药品收货工作流程。

2. 简述药品验收工作流程。

3. 验收进口药品时，需要哪些相关证明文件？

书网融合……

微课1　　　　微课2　　　　微课3　　　　微课4　　　　微课5　　　　习题

学习引导

药品作为一种特殊商品，在储存过程中由于内外因素的影响，随时可能出现质量问题，药品储存和养护是流通过程中控制药品质量不可缺少的重要环节之一。药品经营企业应当根据药品的质量特性对药品进行合理储存、养护，规范化管理，保证药品质量，发挥药品安全、有效的治疗作用。那么，企业该如何保证药品在储存和养护环节的质量安全？遇到异常情况该如何处理？

本项目主要介绍药品出入库、药品储存要求、药品报损和报溢处理、药品养护方法和内容、质量疑问药品处理。

学习目标

1. **掌握**　药品储存要求；药品出库复核要求；账货相符的含义；药品养护方法；药品养护内容。

2. **熟悉**　药品入库、出库程序；药品搬运、堆码要求；药品报溢、报损处理程序；质量疑问药品处理程序。

3. **了解**　库存盘点内容和方法；药品拼箱发货程序；重点养护品种范围；药品的养护措施。

任务一　药品储存管理

PPT

药品从生产出来到使用之前，大部分时间处于药品批发企业和零售企业的储存过程中，储存条件和仓储管理会对药品质量产生不可忽视的影响，药品的质量在此过程中发生变化的风险较高。因此，药品经营企业如何做好药品的储存是保证药品质量的关键。

岗位情景模拟 5-1

情景描述　医药公司 X 采购到货和销后退回药品，经验收合格，需办理入库。同时，仓储部接到销售部开具的药品销售清单，需配货出库。

讨　　论　1. 保管员该如何办理入库，并对入库的这些药品进行合理储存？

2. 复核员在出库复核过程中发现配货错误该如何处理？

答案解析

一、药品入库 ⓔ 微课1

药品入库是指药品验收合格后，保管员按照规定办理入库手续。按照 GSP 要求，企业应当建立库存记录，验收合格的药品应当及时入库登记；验收不合格的药品不得入库，并由质量管理部门处理。

药品入库包括采购到货药品入库和销售退回药品入库。药品入库程序如图 5－1 所示。

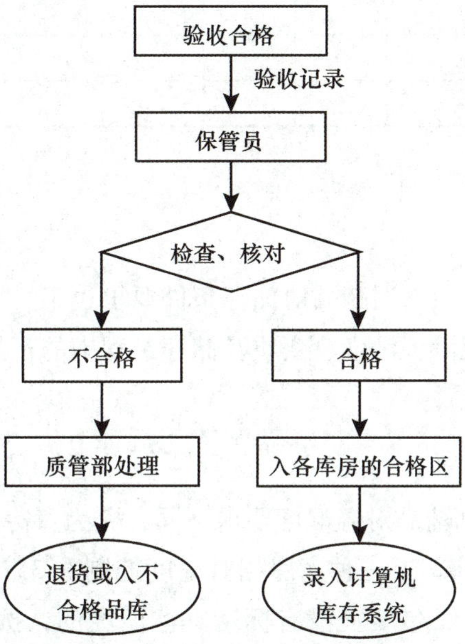

图 5－1　药品入库程序

1. 入库通知　验收员按药品特性要求，在相应待验区完成验收后，将数据录入计算机系统，确认后，计算机自动生成《药品入库通知单》。《药品入库通知单》见表 5－1。

2. 保管员核对　仓库保管员根据《药品入库通知单》核对药物，当发现货与单不符、质量异常、包装破损或不牢、标志模糊等情况与验收结论不一致时，不能入库，并报告质量管理部处理。质量管理部确认属于药品质量问题后，将药品移入不合格药品区。

保管员核对药品品名、规格、数量、批准文号、来货单位、质量等无异议时，在计算机管理系统中对《药品入库通知单》进行确认，计算机系统按照药品的管理类别及储存特性自动分配储存库区。

3. 移入合格品库（区）　保管员按照提示的库位信息，确认药品的库别及货位，将药品从待验区转移到符合储存要求的合格品库（区）。保管员在计算机系统中确认后，系统自动生成《采购入库单》。

4. 生成库存记录　采购员收到"采购入库"信息提醒后，在《采购入库单》中对药品入库信息进行审核。审核时，采购员可以根据采购业务的调整，对价格信息进行改动调整，药品入库数量、药品批号是不能改动的。采购员在计算机系统中审核签字后，即可实现数据的真实入库，系统自动生成库存记录。

表 5 – 1　药品入库通知单

药品名称	规格	剂型	批准文号	上市许可持有人	生产企业	仓库名称	货位号	生产日期	批号	有效期至	单位	入库数量	签字	日期

二、药品在库储存

药品品种繁多、功能剂型各异，不同药品对储存条件要求也不一样，药品储存应当按照药品特性分类进行合理储存，防止因差错、混淆、污染、变质及储存过程中的不规范操作对药品质量造成影响。因此，如何对药品进行合理储存至关重要。

（一）储存的分类与分区

1. 按库房温度不同划分　根据药品对温湿度要求不同，分为：冷库，温度 2 ~ 10℃；阴凉库，温度不超过 20℃；常温库，温度 10 ~ 30℃。三种库房相对湿度控制在 35% ~ 75%。药品按包装标示的温度要求存放在冷库、阴凉库或常温库，包装上没有标示具体温度的，按照《中国药典》规定的贮藏要求进行储存。

> **即学即练 5 – 1**
>
> 某药品包装上注明的贮存条件为：密封，在 20℃以下保存，则该药品在入库时应入（　　）。
> 答案解析　A. 常温库　　　B. 阴凉库　　　C. 冷库　　　D. 不合格品库　　　E. 均可

2. 按药品储存状态划分　根据药品质量管理状态分为合格库（区）、不合格库（区）、待验库（区）、待处理药品库（区）、退货库（区）、待发货库（区），并悬挂有明显的标识。

3. 根据药品包装状态不同划分　根据药品是否拆箱，分为整库（区）、零（库）区。

📱 知识链接

《中华人民共和国药典》（2020 年版）凡例

二十　贮藏项下的规定，系为避免污染和降解而对药品贮存与保管的基本要求，以下列名词术语表示：

遮光系指用不透光的容器包装，例如棕色容器或黑纸包裹的无色透明、半透明容器。

避光系指避免日光直射。

密闭系指将容器密闭，以防止尘土及异物进入。

密封系指将容器密封，以防止风化、吸潮、挥发或异物进入。

熔封或严封系指将容器熔封或用适宜的材料严封，以防止空气与水分的侵入并防止污染。

阴凉处系指不超过 20℃。

凉暗处系指避光并不超过20℃。

冷处系指2~10℃。

常温（室温）系指10~30℃。

除另有规定外，贮藏项下未按规定贮藏温度的一般系指常温。

（二）色标管理

为杜绝库存药品的存放差错，防止出现混淆或误发等情况，在人工作业的库房中，需要对处于不同质量状态的药品进行明显的色标管理，色标应当醒目清晰。如果是全机械自动作业的立体库或区域，储存场所可以不设色标，在计算机系统中显示出药品所处的不同质量状态。

1. 绿色标识 发货区、合格品储存区为绿色。

2. 红色标识 不合格区为红色，破损、过期、确认质量不合格等药品必须放置于红色色标标识的区域。

3. 黄色标识 待验区、退货区、待处理区为黄色，有质量疑问、质量不明确等状态待确定的药品，应当放置于黄色色标标识的待处理药品区域。

（三）防护措施

除温度、湿度要求以外，库房应根据实际情况采取有效的避光、遮光、通风、防潮、防虫、防鼠设施。有避光要求的药品，应将药品储存于阳光不能直射的地方；有遮光要求的，应采用窗帘、遮光膜或黑纸包裹等措施；应有促进空气流通的通风设备，如空调、换气扇等；应有防潮设施设备，如除湿机、地垫、货架、门帘、风帘等；应有防止昆虫、鸟类、鼠类进入库房的设备，如纱窗、灭蝇灯、电子猫、挡鼠板、捕鼠笼、粘鼠胶等。

（四）搬运和堆码

药品搬运和堆码应按照操作规程进行操作，堆码要遵循安全、方便、经济的原则。

1. 药品堆码应尽量做到合理、牢固、定量、整齐，其基本原则是安全、方便、节约；堆码要做到"三不倒置"，即轻重不倒置，软硬不倒置，标志不倒置；堆码要求保持"三条线"，即上下、左右、前后成线，并且严格按照外包装标示要求规范操作，如堆码高度要符合包装图示要求，应轻拿轻放，避免损坏药品包装，药品外包装标识如表5-2所示。

2. 药品按品种、批号堆码，便于先产先出、近期先出、按批号发货，近效期药品应有明显标志。不同批号的药品不得混垛。

3. 药品货垛与仓间地面、墙壁、顶棚、散热器之间应有相应的间距或隔离措施，设置足够宽度的货物通道，防止库内设施对药品质量产生影响，保证仓储和养护管理工作的有效开展。

4. 垛间距不小于5cm，与库房内墙、顶、温度调控设备及管道等设施间距不小于30cm，药品应置于地垫、货架上，与地面间距不小于10cm。冷库内制冷机组100cm范围内，以及高于冷风机出口的位置，不得码放药品。冷藏车厢内，药品与厢前板距离不小于10cm，与后板、侧板、底板距离不小于5cm，药品码放高度不得超过制冷机组出风口下沿，确保气流正常循环和温度均匀分布。

表 5-2　药品外包装标识

分类	药品外包装标识
方向类	 向上　向上　向上
防雨防晒	
易碎轻放	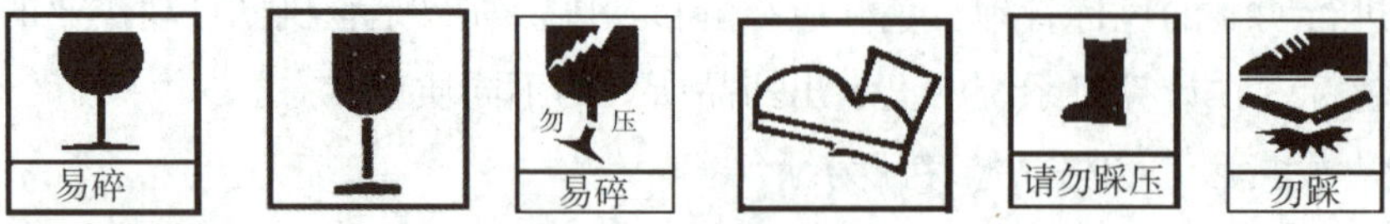 易碎　易碎　勿压　请勿踩压　勿踩
限制类	 堆码重量极限　堆码层数极限　"最大…千克"

5. 药品堆码之前要对药品进行垫垛，有与地面之间的隔离设备，如地垫、货架，保持药品与地面间距离不小于 10cm，防止药品受到侵蚀。药品库房地垫及货架的材质应选金属、木质或复合材料等，具备一定强度，不得对药品质量有直接或间接影响。

（五）分类储存要求

为防止药品污染、差错、混淆，药品分类储存要求如下：外用药品、精神药品、放射性药品、麻醉药品、甲类非处方药、乙类非处方药、毒性药品外包装标识见图 5-2。

1. 药品与非药品分开存放，药品与保健品、医疗器械等分开存放，严禁存放员工生活日用品、食品等物。

2. 外用药单独存放，与其他药品分库或分区储存。

3. 中药饮片应分库存放。对于易虫蛀、霉变、泛油、变色的品种，应设置密封、干燥、凉爽、洁净的库房；对于经营量较小且易变色、挥发及融化的品种，应配备避光、避热的储存设备，如冰箱、冷柜。

4. 拆零药品由于在储存过程中容易遗漏、造成混乱，同一品种、同批号的拆零药品需集中储放，放置于零货区，并有明显标识。

5. 容易串味、性质相互影响的药品应分开存放。品名、外包装相似，容易混淆的药品需分开存放。

外用药品　乙类非处方药　甲类非处方药

麻醉药品　毒性药品　精神药品　放射性药品

图 5-2　药品外包装标识

（六）特殊管理药品储存要求

1. 麻醉药品、一类精神药品应当设立专库，实行双人双锁管理，有防盗、防火、监控设施以及报警系统，并与公安部门报警系统联网。

2. 第二类精神药品在库房中设立独立的专库或者专柜，专柜应当使用保险柜，由专人管理。

3. 医疗用毒性药品和药品类易制毒化学品，设置专库或专柜存放。

4. 放射性药品设置专库或专柜存放，必须采取有效的安全、防护措施。

5. 蛋白同化制剂（胰岛素除外）、肽类激素应设立专区存放。

6. 特殊管理药品应专账记录，记录保存期限应当自药品有效期满之日起不少于 5 年。

（七）其他要求

储存药品的货架、托盘等设施设备应当保持清洁，定期维护，保证无破损，不能堆放药品以外的杂物。

未经批准的人员不得进入储存作业区，储存作业区内的人员不得有影响药品质量和安全的行为。制定储存作业区人员出入管理制度，储存作业区人员不能有就餐、洗漱、打闹、吸烟、饮酒等影响药品质量的行为。

药品储存作业区内不得存放与储存管理无关的物品，如食物、衣物、生活用品等。

三、药品出库

药品出库是根据计算机系统发出的出库（发货）指令，将库存药品从相应库房合格品区发出的过程。药品出库包括药品销售出库、采购退货出库、报损出库等。通过对出库药品的信息（药品通用名、规格、药品上市许可持有人、生产厂商、批号、有效期等）和药品质量状况的核对，确保出库药品信息准确、质量合格，防止货单不符的药品、不合格药品出库。

（一）药品出库要求

1. 核对　对拟出库的药品信息、数量、购货单位等内容进行认真核对。

2. 不同情况的出库，复核的重点不同

（1）销售出库　重点核对药品信息（药品通用名、规格、药品上市许可持有人、生产厂家、批号、有效期）、销售数量、质量状况、包装情况等，防止质量异常药品的出库销售。

（2）采购退货出库　重点核对药品信息（药品通用名、规格、药品上市许可持有人、生产厂家、批号、有效期）、数量、质量状况、包装情况等，货单不符的不得出库。

（3）报损出库（含抽检）　核对药品信息（药品通用名、规格、药品上市许可持有人、生产厂家、批号、有效期）、数量等。

3. 发现以下情况不得出库，报质量管理部门处理

（1）药品包装出现破损、污染、封口不牢、衬垫不实、封条损坏等问题。

（2）药品包装内有异常响动和液体渗漏。

（3）药品内外标签脱落、字迹模糊不清或者标识内容与实物不符。

（4）药品已超过有效期。

（5）其他异常情况的药品。

4. 直调药品出库 直调药品是指已采购的药品不入企业仓库，直接从供货单位发送到购货单位。一般日常经营不可采用直调方式，只有当发生灾情、疫情、突发事件或者临床紧急救治等特殊情况以及其他符合国家有关规定的情形，才可采用直调方式购销药品，且必须建立专门的采购记录，保证有效的质量跟踪和追溯。

直调药品出库时，由供货单位开具两份盖有企业出库专用章原印章的《随货同行单（票）》，分别发往直调企业和购货单位。《随货同行单（票）》内容除包括供货单位，药品上市许可持有人，生产厂商，药品的通用名称、剂型、规格、批号、数量，收货单位，收货地址，发货日期，销售金额等内容外，还应标明直调企业名称。

5. 冷藏、冷冻药品的出库 冷藏、冷冻药品的装箱、装车等作业，应当由经过冷链训练、操作熟练的专门人员负责，并符合以下要求。

（1）车载冷藏箱或者保温箱在使用前应当达到相应的温度要求，车载冷藏箱在使用前经过预冷处理，达到规定温度后放置在冷藏复核区域待用；保温箱需要放置充分蓄冷的冷链物料（如冰袋、冰排等），待箱内温度达到要求后才能装箱。

（2）应当在冷藏环境下完成冷藏、冷冻药品的装箱、封箱工作。

（3）装车前应当检查冷藏车辆的启动、运行状态，达到规定温度后方可装车。

（4）启运时应当做好运输记录，内容包括运输工具信息、启运时间、启运温度等。应记录车载冷藏箱、保温箱的预冷时间，蓄冷剂放置的数量，开启预冷时间，温度达到时间以及室外温度状况，设备运转等。

6. 特殊管理药品的出库

（1）特殊管理药品的出库复核应在符合规定的专库内进行。

（2）麻醉药品、一类精神药品、医疗用毒性药品、药品类易制毒化学品出库时应双人复核签字；第二类精神药品、蛋白同化制剂、肽类激素应专人复核。

（3）计算机系统应当建立单独的特殊管理药品出库复核记录。

（二）药品出库复核程序

药品出库复核的目的是核实、确定出库药品的正确性及质量状况，确保出库准确、质量合格。药品出库复核流程如图 5-3 所示。

1. 配货 保管员根据开票员所开具的《药品销售单》，将单据上所列的每一个品种从相应货架上拣选出来，并与《药品销售单》仔细核对，确保所发药品的基本信息、批号、数量与单据信息一致。

2. 质量检查 保管员对药品的外观质量、内外包装、标签及其他标识进行检查。如发现药品质量有疑问，应停止配货和发货，并报质量部。核对无误后，将药品放置到出库复核区。

3. 复核 复核员对照药品出库复核记录逐项与药品实物进行核对。核对内容包括药品购货单位、品名、剂型、规格、数量、批号、有效期、药品上市许可持有人、生产厂商、质量情况等。

4. 出库复核记录 复核完成后，复核员在计算机系统中签字确认，系统自动生成《出库复核记录》。《出库复核记录》如表 5-3 所示。

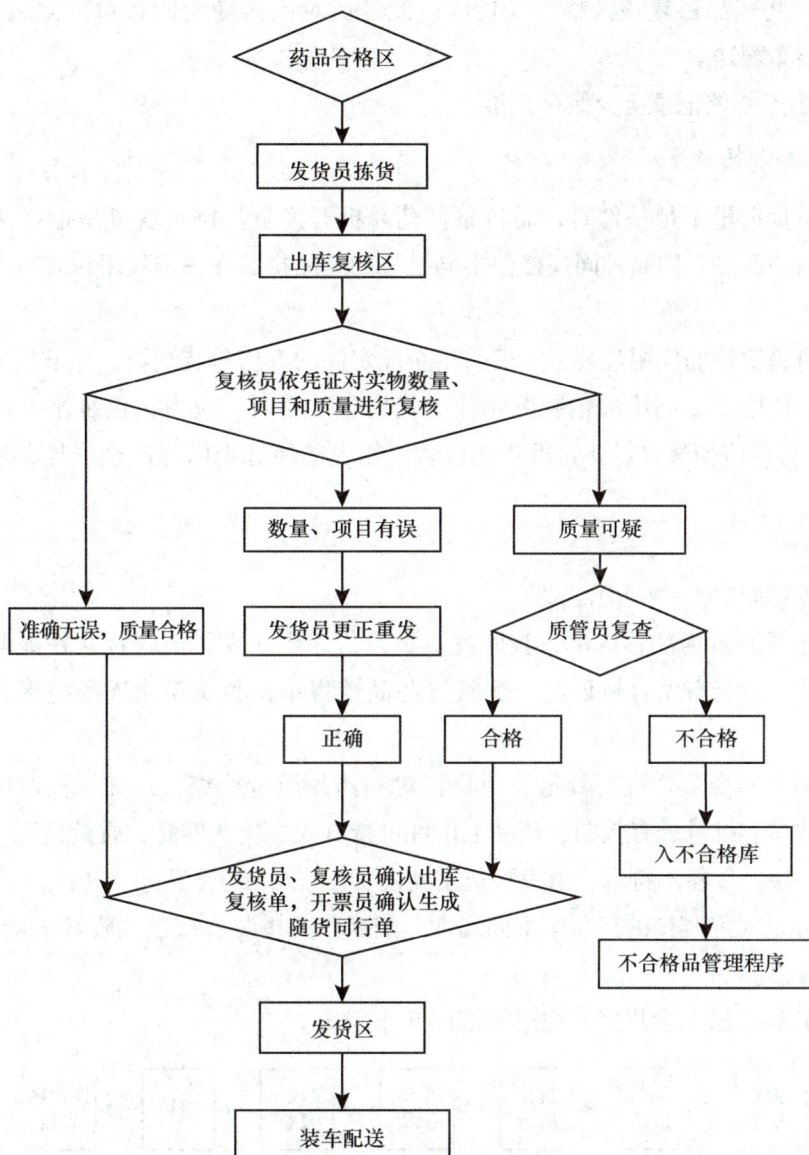

图 5-3　药品出库复核流程图

表 5-3　出库复核记录

药品名称	规格	剂型	数量	批号	有效期至	上市许可持有人	生产厂商	质量状况	购货单位	出库日期	有效期至	发货人	复核人	备注

5. 打印《随货同行单》　复核无误，装箱完成后，在计算机管理系统中提交药品出库，系统自动生成《随货同行单》，打印《随货同行单》。《随货同行单》应注明供货单位、药品通用名称、药品上市许可持有人、生产厂商、剂型、规格、批号、数量、收货单位、收货地址、发货日期等内容，并加盖企业药品出库专用章原印章。

6. 移至发货区　将药品由复核区移至发货区，配送员对照《随货同行单》对发货药品进行核对。核对无误后，准备装车配送。

7. 保存期限　出库复核记录至少保存 5 年。

（三）拆箱和拼箱发货

拆箱是指药品发货数量不足一件时，需将整件药品拆开发货。拼箱发货是指将两种或两种以上药品、同品种不同规格的药品、同品种同规格但不同批号的药品拼装在一个代用包装内，发往同一个购货单位。

企业进行零货拼箱发货的代用包装，一般采用企业定制的专用包装纸箱、标准周转箱、重复利用的回收包装纸箱等。当使用重复利用的包装纸箱作为代用包装箱时，应当在包装箱上加贴可明显识别的"药品拼箱"标识，标识应当醒目，防止因代用包装纸箱上的原标识内容产生误导，造成药品混淆、错发事故。

1. 拼箱发货流程

药品拼箱发货流程如图 5-4 所示。

（1）移库　开票员开具内部移库单，整库发货员发货。零库发货员收货，并提取到整件药品至拆零工作区，拆开包装，检查有无合格证明，按照《药品销售单》拣货至出库复核区，填写出库复核记录中的出库信息。

（2）复核　复核员对照实物进行数量、项目核对和药品质量检查，并确认核对药品购货单位、品名、剂型、规格、数量、批号、有效期、药品上市许可持有人、生产厂商、质量情况、出库日期、发货人等。复核无误，签字；复核不符合，由发货员重新发货。

（3）拼箱　复核员对经复核的药品按不同属性、剂型归类拼装、打包，放好《随货同行单》，并贴上颜色鲜明的拼箱标志。

（4）发货　拼箱药品送至发货区，交运输部门装车配送。

整库发货 → 零库收货 → 拆箱检查 → 零库发货 → 复核区复核 → 拼箱 → 发货区发货

图 5-4　药品拼箱发货流程

2. 拼箱发货注意事项

（1）拼箱的代用包装箱上应有醒目的拼箱标志，注明拼箱状态，防止混淆。

（2）应按照药品的质量特性、储存分类要求、运输温度要求进行拼箱，药品与非药品分开，特殊管理药品与普通药品分开，冷藏和冷冻药品与其他药品分开，外用药品与其他药品分开，液体与固体制剂分开。

（3）拼箱冷藏、冷冻药品的温度要求应一致。

（4）拼箱药品应防止在搬运和运输过程中因摆放松散出现晃动或挤压，可采用无污染的纸板或泡沫等进行填充。

实训 13　药品入库

【实训目的】

通过本次实训，让学生掌握药品入库程序和药品分区分类存放的方法。

【材料准备】

1. 全班分成 8 个组，6~7 人/组，人数少的班级 5~6 人/组。
2. 计算机储存管理软件系统。
3. 若干药品包装盒和卡片（设计不同类别的药品）。
4. 《随货同行单》（来货）。
5. 模拟库房场地（分区）。

【实施步骤】

步骤一　核对药品和入库通知单

1. 保管员核对药品和入库通知单。
（1）一致，无质量问题收货。
（2）如果票货不符，包装不牢或有破损、标志模糊、其他可疑质量问题，拒收。

步骤二　入合格区

1. 储存条件标识为密封，阴凉处或凉暗处，入阴凉库合格区。
2. 储存条件标识为密封或遮光，密闭保存，入常温库合格区。
3. 储存条件标识为遮光，密闭，在冷处保存或遮光，密闭，2~8℃ 保存或密封，10℃ 以下贮存，入冷库合格区。
4. 一类、二类精神药品入精神药品合格区，双人保管。

步骤三　分类存放

1. 整库　按照药品剂型分区，对每个货区中存放药品的货位按顺序进行统一编号。
2. 零库　按照药品功能分区，对每个货区中存放药品的货位按顺序进行统一编号。

步骤四　填写入库通知单

填写药品储存的仓库、货位号。

【操作要点和注意事项】

1. 保管员要对照单据核对药品，检查药品外包装，这是把好药品入库质量的最后一关。
2. 在各组的库区，要根据药品特性要求入不同库房、库区。
3. 堆码要求
（1）药品搬运和堆垛应轻拿轻放，勿倒置，防止造成外包装破损或药品损坏。
（2）药品按品种、批号相对集中堆放，并分开堆码，不同品种或同品种不同批号不得混垛，防止发生错发、混发事故。
（3）外包装相似、易混淆的药品，货垛应分开一定的距离，防止混药。
（4）包装箱的品名、批号等内容朝外放，易于观察和识别。

PPT

任务二　药品养护管理

　　药品养护是在药品储存过程中所进行的保养和维护，是依据药品在存储过程中所发生的变化规律，以科学的质量管理和技术手段为核心对药品进行全面、合理的管理与控制。药品养护是药品经营企业保证药品在存储期间保持质量完好的一项重要举措，也是在工作中减少损耗、确保经济效益的重要手段。因此，药品储存养护工作应贯彻"预防为主"的原则。

> ### 岗位情景模拟 5 - 2
>
> 　　**情景描述**　GSP 软件管理系统提示：今天有需要养护的品种，并显示了需要养护的品种。养护员在药品养护过程中，发现了有质量疑问品种。
>
> 　　**讨　　论**　1. 养护员需要采取哪些措施对药品进行养护？
>
> 　　　　　　　　2. 养护员在库养护发现的有质量疑问药品，该如何处理？
>
> 答案解析

一、药品养护工作内容　微课2

　　药品养护工作是一项涉及质量管理、仓储保管、业务经营等方面的综合性工作，需要各相关岗位相互协调与配合，保证药品养护工作的有效开展。养护组织或人员在质量管理部门的技术指导下，具体负责药品储存中的养护和质量检查工作。

（一）日常工作

　　1. 指导仓库保管员对药品进行合理储存与作业，对保管员不规范的储存与作业行为给予纠正，并督促持续改进。

　　2. 检查并改善药品储存条件、防护措施、卫生环境等。

　　3. 有效监测、调控库房温湿度

　　（1）检查温湿度监测系统中各测点终端实时数据的采集、传送和记录是否正常，并检查数据的备份情况。

　　（2）检查温湿度报警功能是否正常。

　　（3）检查计算机温湿度实时数据查询和历史数据查询功能是否正常，能否在计算机中备份。

　　（4）对库房温湿度进行有效监测和管理。

　　4. 按照计算机系统生成的养护计划，对所列药品进行养护。发现有问题的药品应当及时在计算机系统中锁定和记录，并通知质量管理部门处理。

（二）每月工作

　　1. 对重点养护品种、近效期药品、有特殊管理要求的药品进行检查。

　　2. 打印《近效期预警表》并及时报送采购部、销售部。

（三）每季度工作

　　1. 每季度对在库的所有药品进行至少一次的全面检查。

2. 每季度养护员将养护记录汇总，做出评价分析，评估产品养护情况，总结分析库房的温湿度、不合格品、设备运行等重点情况，提出改进措施。

（四）每年一次的工作

1. 分析养护信息　对一年的养护信息进行分析，分析内容包括经营周期内经营品种的结构、数量、批次等项目；养护过程中发现的质量问题及产生原因、比率、改进措施及目标。分析结果便于质量管理部门和业务部门及时、全面地掌握储存药品质量信息，合理调节库存药品的数量，保证经营药品符合质量要求。

2. 制订下一年度养护计划　养护员根据本年度养护工作分析，制订下一年度的养护计划，确定重点养护品种。

二、药品养护工作实施

药品养护具体工作包括药品储存指导、仓库的温湿度管理、设备管理、卫生管理、药品检查处理、效期管理、安全管理等内容。

（一）药品储存的合理性

药品养护员在日常管理过程中，对在库药品的分类储存、货垛码放、垛位间距、色标管理等工作内容进行巡查，及时纠正发现的问题，确保药品按 GSP 要求合理储存。

1. 是否按照药品的储存管理要求分库或分区，标识是否明显。

2. 药品储存的温湿度是否符合要求。

3. 药品是否按批号堆码，不同批号药品有无混垛，垛间距，药品与内墙、顶、温湿度调控设备及管道间距、与地面间距是否符合规定。

4. 药品是否有倒置。

5. 储存人员放置药品是否轻拿轻放。

6. 在药品零售门店，药品必须按照包装标示的温度进行分类陈列，对有不同温度要求的药品应陈列在相应温度环境下；药品放置于货架（柜），摆放整齐有序，避免阳光直射；按剂型、用途以及储存要求分类陈列，并设置醒目标志，类别标签字迹清晰、放置准确；处方药、非处方药分区陈列，非处方药需有专用标识；处方药不得采用开架自选的方式陈列和销售；外用药与其他药品分开摆放；拆零销售的药品集中存放于拆零专柜或者专区；第二类精神药品、毒性中药品种和罂粟壳不得陈列；中药饮片柜斗谱的书写应当用正名正字；装斗前应当复核，防止错斗、串斗；应当定期清斗，防止饮片生虫、发霉、变质；不同批号的饮片装斗前应当清斗并记录；经营非药品应当设置专区，与药品区域明显隔离，并有醒目标志。

（二）药品仓储条件的监测与控制

1. 仓库的温湿度管理

（1）温湿度条件　湿度应保持在 35% ~ 75%；温度：常温库为 10 ~ 30℃，阴凉库不超过 20℃，冷库为 2 ~ 10℃。

（2）温湿度调控　若温湿度超标，立即进行调控。每天上、下午定时检查存储区的温湿度自动监控系统，检查仓库温湿度是否处于规定范围内，发现库房温度、湿度接近临界值或超出规定范围的数据时，应及时排查原因，采取相应措施，使库房温湿度保持在正常范围内，并予以记录。

（3）复查、记录　采取调控措施后，距第一次记录时间 2 小时后，复查一次，并做好记录，同时注明记录的时间。

（4）每周下载温湿度数据曲线图进行备份，并对温湿度数据进行分析汇总，指导保管员做好库内储存环境与条件的控制。

（5）药品批发企业还需对冷库、储运温湿度监测系统以及冷藏运输等设施设备进行使用前验证、定期验证及停用时间超过规定时限的验证，并形成报告，应当根据验证确定的参数及条件，正确、合理使用相关设施设备。

2. 仓库设施设备管理

（1）对设备登记、编号，建立设备管理台账，重点养护设备，如空调、温湿度自动监测系统、测定探头等，建立设备档案。

（2）重点养护设备由专人负责管理、操作（使用），每天登记养护设备运行（使用）记录。记录的内容应包括记录日期、工作起止时间、运行（使用）情况、操作人等。

（3）养护工作所用的各种检验仪器设备、计量工具必须有计量检定部门的有效检定合格证。计量器具应每年由计量部门进行检定。

（4）定期对消防器材进行检查、更换，防止失效。消防通道保持畅通，对消火栓、消防门、灭火器以及其他消防器材等要安全使用和定期维护保养。

（5）照明设施应按安全用电的要求进行维护，不能存在安全隐患。

（6）防鼠、防虫网、蚊蝇诱灭器等设施需经常检查，有问题及时维修更换。

3. 卫生管理

（1）卫生管理是指规范库区商品卫生与环境卫生，保持仓库作业环境、办公环境的整齐整洁。

（2）开展仓库 5S 管理，5S 管理是指整理、整顿、清扫、清洁、素养五个项目。

（3）卫生管理范围包括仓库园区、月台、待验区、退货区、不合格品区、合格品区、复核区、发货区、办公生活区、设施设备、门窗、走廊、楼梯、卫生间、停车棚、停车场卫生以及个人卫生等。其中，需要对卫生死角、纸皮垃圾清理、工具归位、货架商品、作业台面等进行重点关注。

（三）库存药品质量的检查

1. 制订养护计划 药品经营企业会依据药品的性质及其变化规律、市场流转情况、药品质量动态，并结合季节气候、贮存环境和时间长短等因素，将库存药品分为常规养护品种和重点养护品种两种类型。每年年底，养护员根据本年度养护工作分析，确定重点养护品种和常规养护品种，制订下一年度养护计划。计算机管理系统根据数据设置，自动做出所有在库品种的养护计划。养护员每天登录计算机系统，查看当天需要养护的品种列表。

2. 确定重点养护品种的原则 重点养护品种一般包括主营品种、首营品种、质量不稳定药品、特殊管理药品、冷藏冷冻药品、蛋白同化制剂肽类激素、效期 12 个月的品种、储存时间较长的品种、中药饮片、近期内发生过质量问题的品种及药监部门重点监控的品种等。重点养护品种应由养护员按年度制订及调整，报质量管理部审核后实施。计算机系统自动生成重点养护计划。

3. 检查时间和方法 药品质量检查的时间和方法，大致可分为以下四种。

（1）"三三四"检查 即每个季度的第一个月检查 30%，第二个月检查 30%，第三个月检查 40%，使库存药品每个季度能全面检查一次。药品入库储存后，计算机系统根据入库时间自动生成每个月需要养护的品种。常规养护品种采用"三三四"检查方法。

（2）按月检查 按月定期检查。每个月选择需要养护的品种，在计算机系统中录入养护的起始日期和结束日期，在《重点药品质量养护品种记录》中录入养护员、养护重点、备注等信息。重点养护品种采用按月检查方法。

（3）定期检查 一般上、下半年对库存药品逐堆、逐垛各进行一次全面检查，特别对受热易变质、吸潮易引湿、遇冷易冻结的药品要加强检查。对近效期药品、重点养护的品种、麻醉药品、精神药品、医疗用毒性药品、放射性药品等特殊管理的药品，要重点进行检查。

（4）随机检查　一般是在汛期、雨季、霉季、高温、严寒或者发现有药品质量变质苗头的时候，临时组织力量进行全面或局部的检查。

> **即学即练 5-2**
>
> 以下哪些品种应按月进行养护检查？
> A. 效期 12 个月的药品　　　B. 疫苗　　　C. 效期 24 个月的药品
> D. 黄芪饮片　　　E. 首营品种
>
> 答案解析

4. 药品检查内容　养护时，药品检查的内容包括药品有无倒置现象，外观性状是否正常，包装有无损坏等。在检查中，要加强对质量不够稳定、出厂较久的药品，以及包装容易损坏和规定有效期的药品的查看和检验。

对陈列的药品进行检查时，要对拆零药品和易变质、近效期、存放时间较长的药品以及中药饮片进行重点检查。

5. 养护记录　养护检查结束后，养护员需要在计算机系统中对药品质量状况进行准确的记录。常规养护品种由计算机系统生成《普通养护药品质量养护记录》，重点养护品种由计算机系统生成《重点药品质量养护品种记录》。在养护检查过程中发现有问题的药品，养护员应当及时在计算机系统中锁定和记录，并通知质量管理部门处理。

养护记录的内容包括检查日期、品名（通用名）、规格、单位、库存数量、药品上市许可持有人、生产厂家、生产批号、有效期、质量情况、质量情况和处理意见等。要求边检查，边整改，发现问题，及时处理。一般企业要求按季度对检查情况进行综合整理，写出质量汇总分析报告，作为分析质量变化的依据和资料。同时，还要结合检查工作，不断总结经验，提高养护工作水平。

6. 药品养护档案　药品养护档案是记录药品养护信息的档案资料。药品养护档案是在一定的经营周期内，对药品贮存质量的稳定性进行连续观察与监控，总结养护经验，改进养护方法，积累技术资料的管理手段。其内容包括药品基本信息、观察周期内对药品贮存质量的养护记录、养护分析、有关问题的处理情况等。药品养护档案的品种应根据业务经营活动的变化，及时调整，一般按年度调整确定。

📱 **知识链接**

常见的养护违规情况

浙江省药品 GSP 飞行检查及处理情况公告（2020 年第 6 期）显示，某药品经营企业存在多项药品养护相关的一般缺陷项目：①在药品阴凉库零货区发现 5 盒银黄片外包装严重变形，1 盒归脾片包装破损；②在常温库区发现 7 箱吲达帕胺片放置于外用药品区；③归脾片（批号 180907，有效期至 2020 年 9 月）三月份以后无养护记录。最终，综合本次飞行检查发现的问题，结论是责令企业限期整改。到期仍不符合要求，则按照相关规定给予相应处罚。

养护工作是药品在库期间质量安全的重要保障，药品经营企业应重视养护工作，不要流于形式，药品养护人员应按照养护操作规程进行作业。若对养护环节放松警惕，则不能及时发现药品质量问题或药品分区分类存放问题，不仅可能会让企业遭受经济损失，而且将增加不合格药品出库风险，造成问题药品流入市场，直接威胁人民群众的用药安全。因此，药品养护员作为药品经营企业质量控制关键岗位工作人员，应明确岗位任务，认真落实各项职责，爱岗敬业，在工作中踏实、认真、细心、耐心才能把本职工作做好，守好药品质量关！

（四）养护中发现质量问题的处理

药品养护中发现的问题一般包括技术操作、设施设备、药品质量等方面的内容，养护员应对发现的问题进行认真分析，及时上报质量管理部核实、处理，按照质量管理部的要求采取措施，对质量管理过程实施改进，从而有效地控制药品贮存质量。

养护员在养护过程中发现药品质量问题时，应当及时在计算机系统中进行锁定和记录，悬挂醒目的黄色标牌，暂停发货，并上报质量管理部进行处理。

三、质量疑问药品控制

（一）破损药品的控制

在日常或定期的养护检查中，发现药品因破损而导致液体、气体、粉末泄漏时，应当迅速采取安全处理措施，防止对储存环境和其他药品造成污染。

1. 将破损药品进行隔离，并有明显标志。

2. 将储存环境中的其他药品尽量搬离泄漏药品环境，防止被泄漏药品污染。

3. 对泄漏的药品采取稀释、清洗、通风、覆盖、吸附、除尘、灭活等方法进行处置，防止其对储存环境造成污染。

4. 对于被污染的药品，养护员应当在计算机系统中进行锁定，不得销售、出库，并报质量管理人员处理。

（二）质量可疑药品的控制

质量可疑的药品是指在经营管理过程中发现可能存在质量问题，但还未经质量管理部门确认的药品。确认存在质量问题的药品可以界定为不合格药品，按照不合格药品处理程序进行处理。

1. 在药品验收、养护、出库、销后退回等经营各环节发现的有质量疑问的药品，应当由相关环节人员在计算机系统中进行锁定，限制其入库、销售和出库，报告质量管理部门，由质量管理部门负责不合格药品的确认，并对不合格药品处理过程实施监督。

2. 存在质量问题的药品应当存放于不合格药品库（区），有明显标志并符合色标管理的要求。不合格药品区应设置有效的物理隔离措施，防止与合格药品混淆，应当由专人对不合格药品进行管理，建立不合格药品台账。

3. 对发现的假药和存在质量问题的特殊管理药品，应当及时报告药品监督管理部门处理。

4. 对质量可疑药品的处理过程应有完备的手续和记录。

（三）不合格药品的处理

1. 不合格药品的范围界定

（1）不合格药品是指药品内在质量、外在质量和包装标识不符合《药品管理法》《中国药典》和其他有关法律、法规规定的药品。

（2）药品验收入库、保管养护、出库复核时发现的外观质量不符合法定质量标准的药品以及包装、标签和说明书破损、污染、模糊、脱落、渗液、封条损坏的药品。

（3）国家或各级药品监督管理部门发文通知禁止销售的品种，或质量公报中的不合格药品。

（4）法定的药品检验机构报告书所示的不合格药品。

2. 不合格药品的报告与确认 企业在经营过程中所有涉及不合格药品的问题应立即填写相关材料报质量部，由质量管理部门予以确认。如验收人员在验收时发现的外观质量、包装质量及包装标识不符合规定，检验报告书内容存在问题；养护检查中发现质量不合格的在库药品；零售药店在经营过程中发现过期、裂片、霉烂变质、被污染、包装破损的药品；药店营业员或销售部门发现质量问题或有疑问的药品等。不合格药品报告与确认程序如图 5-5 所示。

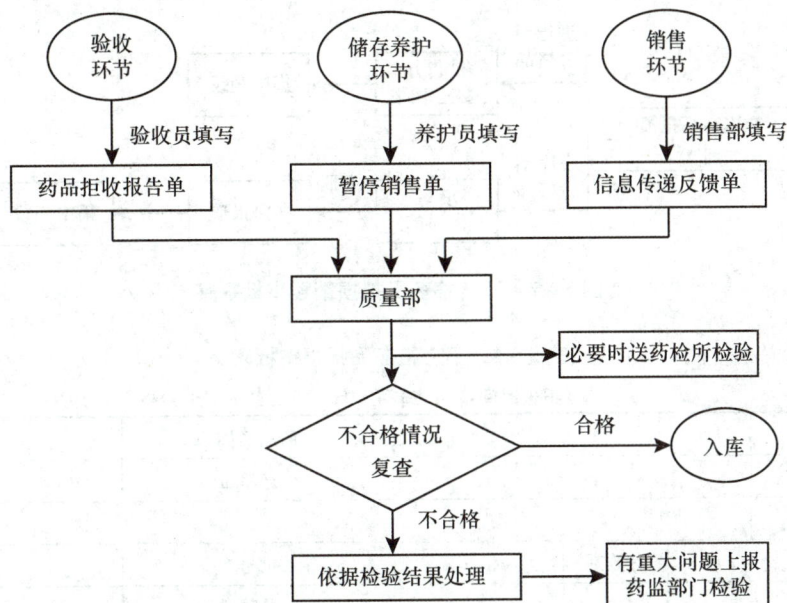

图 5-5 不合格药品报告与确认程序

3. 不合格药品的标识与处理 在验收入库、在库储存养护、销售三个环节发现的不合格药品标识与处理如图 5-6 所示。

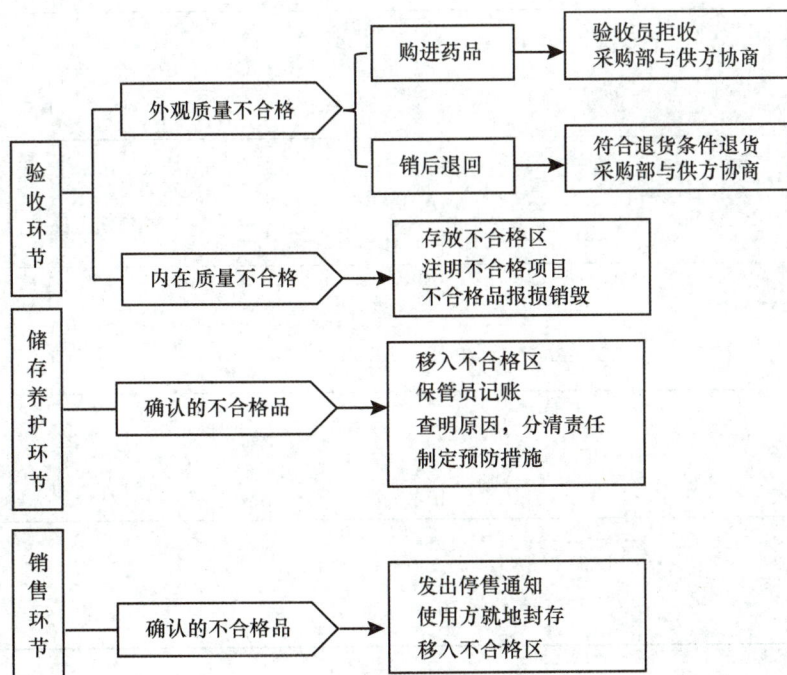

图 5-6 不合格药品标识与处理示意图

4. 不合格药品的报损销毁

（1）报损销毁的不合格药品包括因企业在库储存保管与养护不善而导致质量变化的不合格药品以及属于药品供货方在药品生产环节或储运环节的质量隐患而导致质量不合格且供货方同意并委托本公司进行销毁的不合格药品。

（2）进货环节确认的不合格药品和在库不合格药品的报损销毁审批程序是不同的。不合格药品报损销毁审批程序如图 5-7 所示，不合格药品报损审批表见表 5-4。

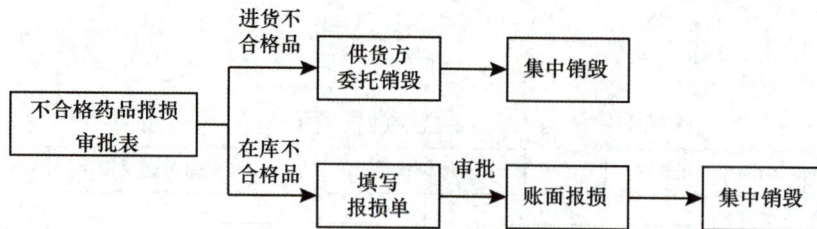

图 5-7　不合格药品报损销毁审批程序

表 5-4　不合格药品报损审批表

编号：　　　　　　　　　　　　　报告时间：　　年　　月　　日

通用名称		商品名称	
上市许可持有人		生产单位	
供货企业			

规格		有效期		批号	
单价		数量		总额	

不合格原因：

报告人：　　　　　年　　月　　日

仓储负责人签字：　　　　　　　　　　保管员签字：

业务部门意见：

年　　月　　日

质量管理部门意见

年　　月　　日

财务部门意见

年　　月　　日

企业负责人审批意见：

年　　月　　日

备注	

四、药品的效期管理

药品的有效期是药品质量的基本属性之一，药品的性质和剂型不同，有效期时限也不一致。《药品管理法》规定，药品的有效期最长不能超过 5 年。药品效期管理是保障药品质量、安全及减少或避免社会资源浪费的重要环节。

1. 药品有效期的概念　药品有效期是指药品在规定的贮存条件下能保持其质量的期限，药品的有效期从生产日期开始算起。

近效期药品通常是指有效期为 5 年，其有效期距失效期小于等于 1 年半的药品；有效期大于等于 2 年，其有效期距离失效期只有 1 年的药品。

2. 药品效期表示方法　药品标签中的有效期应当按照年、月、日的顺序标注，年份用四位数字表示，月、日用两位数表示。其具体标注格式为"有效期至×××年××月"或者"有效期至××××年××月××日"；也可以用数字和其他符号表示为"有效期至××××.××"或者"效期至××××/××/××"等。

预防用生物制品有效期的标注按照国家药品监督管理局批准的注册标准执行，治疗用生物制品有效期的标注自分装日期计算，其他药品有效期的标注自生产日期计算。

有效期若标注到日，药品可以使用到标注日期当天；若标注到月，药品可以使用到所标明月份的最后 1 天。例如：有效期至 2020 年 7 月，则表示该药品可以使用到 2020 年 7 月 31 日。再如：有效期至 2020/07/08，则该药品可使用至 2020 年 7 月 8 日。超过有效期的药品按劣药处理，不能再使用。

3. 药品效期管理措施

（1）采购管理　合理的、科学的采购计划是防止药品过期失效的首要环节、关键环节。采购部门要掌握客户销售动态，并根据上一年或上一期药品销售情况，做好本期乃至下期药品需求预测，确定合理的采购计划。对效期短或季节性药品，少进勤进，以免积压过期。同时，充分发挥计算机在近效期药品管理上的作用，用计算机设定每一种药品的适当库存量，通过计算机预警为制订采购计划提供参考。

（2）入库管理　在药品入库验收时，除检查药品的一般项目外，需特别注意药品的有效期。对已超过 1/2 有效期的药品谨慎入库，对已经在 6 个月内的近效期药品，原则上不得入库（有特殊需求的除外）。在药品上架摆放过程中，同种药品按有效期远近次序分开摆放。

（3）储存管理　根据药品的有效期相对集中存放，按效期远近依次堆码，不同批号的药品不得混跺，存放在货位上的近效期药品应有近效期标志或标牌。

（4）出库管理　在药品出库时，严格按照"先产先出、近期先出、按批号发货"的原则开单、发放药品。

（5）近效期预警　在计算机系统中设置"近效期预警及超效期停销"功能，对确定了预警期限的药品，计算机系统对药品的有效期进行自动跟踪和监控。对达到近效期的药品，系统能及时预警或自动锁定停销；对超过有效期的药品，系统能自动锁定，停止销售。

（6）近效期催销　养护员在计算机系统中按月汇总、生成《近效期药品预警表》，分别传递给企业负责人、质量管理部、采购部、销售部。采购部门按《近效期药品预警表》所列品种内容，及时采取有效方式组织与厂家进行退换货，以避免药品过期造成损失；销售部门根据采购部门意见（退或继续销售），按《近效期药品预警表》所列品种内容，及时采取有效方式组织促销。

五、药品的养护措施

1. 避光措施 对光敏感的药品在养护过程中应采取相应的避光措施。药品在库贮存期间应尽量置于阴暗处,对门、窗、灯具等可采取相应的措施进行遮光,特别是一些大包装药品,在分发之后剩余部分的药品应及时遮光密闭,防止漏光,以免造成药品氧化分解、变质失效。

2. 降温措施

(1) 通风降温 当库内温度高于库外时,可开启门窗通风降温。在夏季,对于不易吸潮的药品可进行夜间通风。通风时应注意要结合湿度一起考虑,当库外温度和相对湿度都低于库内时,就可以适当通风降温。

(2) 设备降温 当采用通风自然方式仍然无法降温时,通过空调、冷风机组等设备降温方式进行降温。

3. 保温措施 一般可采用统一供暖、空调等方法,提高库内温度,保证药品安全过冬。统一供暖时应注意暖气管、暖气片与药品间隔一定距离,并防止暖气漏水情况。一些特别怕冻的药物在严寒季节也可存放在保温箱内。

4. 降湿措施

(1) 通风降湿 通风降湿要注意室外空气的相对湿度,正确掌握通风时机,一般应在库外天气晴朗、空气干燥时,才能打开门窗进行通风,使地面水分、库内潮气散发出去。

(2) 密封防潮 密封防潮是阻止外界空气中的潮气入侵库内。一般可采取措施将门窗封严,必要时,对数量不多的药品可密封垛堆货架或货箱。

(3) 人工吸潮 吸潮是利用物理或化学方法,将库内潮湿空气中的部分水分除去,以降低空气湿度。目前,吸潮的主要方法是吸潮剂吸潮和机械吸潮,吸潮方法见表5-5。

表 5-5 吸潮方法

名称	方法介绍
生石灰	生石灰吸湿性强,吸潮速度快。使用时把生石灰捣成10cm以下的小块存于竹篓或木箱中,不能装满,木箱不能放在垛底,也不能离商品太近
氯化钙	氯化钙吸湿性强,效果明显。使用时将它放在竹筛上,下接瓦盆等容器,吸湿后的氯化钙会逐渐稀释成液态,可反复使用
硅胶	硅胶具有良好的吸湿性,吸湿后仍为固体,不潮、不溶、不污商品,烘干后可重复使用,无腐蚀性,但价格较贵。性能稳定,可长期使用,一般用于高级贵重商品的吸湿
机械吸潮	利用制冷装置,将潮湿空气冷却到露点温度以下,使水气凝结成水滴排出,冷却干燥的空气再送入库内。吸湿率高,效果显著,成本低,操作简便,无污染

5. 升湿措施 升湿一般采用使用加湿器或者用湿拖把拖地等方法。

6. 防鼠措施 认真观察,堵塞一切可能窜入鼠害的通道;库内无人时,应随时关好库门、库窗(通风时例外),特别是夜间;加强库内灭鼠,可采用电猫、鼠夹、鼠笼等工具;加强库外鼠害防治,仓库四周应保持整洁,不要随便乱堆乱放杂物,同时要定期在仓库四周附近投放灭鼠药,以消灭害源。

7. 防火措施 在库内四周墙上适当的地方要挂有消防用具和灭火器,并建立严格的防火岗位责任制。对有关人员进行防火安全教育,进行防火器材使用的培训,使这些人员能非常熟练地使用防火器材。库内外应有防火标记或警示牌,消防栓应定期检查,危险药品库应严格按危险药品有关管理方法进行管理。

8. 中药饮片的养护 中药饮片由于其形态、成分、性能的多样性及复杂性特点，在储存过程中发生质量变异的概率相对较大。按照不同品种养护要求和季节的变化，在养护过程中采取有针对性的合理措施。为防止霉变腐败，可采取晾晒、通风、干燥、吸湿、熏蒸、盐渍及冷藏等方法；为防止虫害，可采取曝晒、加热、冷藏、药物熏蒸等方法；为防止药性的挥发，可采取密封、降温等方法；为防止变色、泛油，可采取避光、降温等方法。

随着现代科学技术的不断发展，在药品养护中对新技术、新方法的应用也日益广泛，主要有降氧、远红外干燥、微波灭虫、电离辐射等方法。

实训 14 不合格药品的处理

【实训目的】

通过本次实训，让学生能够对不同环节发现的不合格药品进行报告、确认、处理。

【材料准备】

1. 全班分成 8 个组，6~7 人/组，人数少的班级 5~6 人/组。
2. 计算机储存管理软件系统。
3. 不合格药品明细表，注明不合格药品来源和报告人。
4. 不合格药品拒收报告单。
5. 《药品质量信息反馈单》。
6. 《药品质量复查通知单》。
7. 《药品停售通知单》。
8. 《不合格药品报损审批表》。
9. "暂停销售"黄牌。
10. 阅读材料：《药品经营质量管理规范》。

【实施步骤】

步骤一 不合格药品报告与确认

1. 根据在不同环节发现的不合格药品，组织讨论如何报告。
2. 组长分配好任务，以不同角色分别填写相关报告单。
3. 以质量部负责人的角色接受不合格品报告单。
4. 根据不合格情况描述，对不合格品情况进行确认。

步骤二 不合格药品标识与处理

1. 分析不合格品的确认结果。
2. 对不同确认结果分别标识和处理。

步骤三 不合格药品报损

1. 分析不合格品的来源。
2. 填写《不合格品报损审批表》和《报损单》。

【操作要点和注意事项】

1. 本项目涉及的岗位多，在岗位工作流程熟练掌握的基础上，分清不同岗位的职责。

2. 在进行每一个操作步骤时，都要明确本操作的任务，避免操作混淆。

3. 保管员要进行不合格药品台账记录操作。

4. 注意检查合格库和不合格库数量的变化。

任务三　药品盘点管理

PPT

药品账货管理是仓库管理工作的基本要求，可以为企业提供准确的库存药品数量、质量状况等信息，可以发现仓库管理工作存在的问题，保证药品质量，防止不合格药品混入仓库，及时控制不合格药品流通。

▶▶ 岗位情景模拟 5-3

　　情景描述　到了季度末，医药公司 X 的仓库保管员按照公司质量管理制度要求，需要对库存药品进行盘点。

　　讨　　论　1. 请问保管员可以使用什么方法盘点？

　　　　　　　　2. 盘点后，发现出现账货不相符情况，该如何处理？

答案解析

一、药品账货相符的含义

按照 GSP 要求，企业应当对库存药品定期盘点，做到账货相符。账货相符是指计算机系统库存中的药品品名、规格、生产企业、批号、数量等信息与库存实物完全一致。

二、库存盘点内容

为加强药品资产管理，真实反应库存状况，提高管理水平，企业应该定期、不定期对库存药品进行盘点，保证账货相符。

1. 盘点范围　盘点库存药品，包括合格品库（区）、待验库（区）、待处理药品库（区）、不合格品库（区）的全部库存，分别记录盘点情况。

2. 盘点内容　盘点时应全面核对药品通用名称、批号、规格、药品上市许可持有人、生产厂家、数量等信息，以保证药品来源的可追溯性。盘点发现差异时，应及时查找原因，采取纠正和预防措施，盘点差异的调查、确认和处理应有记录。

三、盘点方法　🇪 微课 3

企业应当对库存药品定期盘点，结合企业实际情况，选取适合的盘点方法。常用盘点方法如下。

1. 动碰货盘点　动碰货盘点是指对于购进、销售、退货的药品进行针对性核对，不论入库还是出库，凡是动一动、碰一碰都要盘点，此种盘点方法一般适用于当日对贵重货物的盘点，即只要有进出库业务的都要进行盘点。这种盘点方法效率高，但是盘点不够全面，业务量少的品种容易被忽视。

2. 对账式盘点　对账式盘点是指对实货有选择性地进行盘点，将盘点后的数量与计算机系统内的库存数量进行核对。这种盘点方法比较全面，操作性强，但是对账外商品无法控制。

3. 地毯式盘点　地毯式盘点是根据货物的摆放位置逐一清点数量，再与计算机系统的库存数量逐一核对，盘点完全，无遗漏。这种盘点方法耗时长，人工成本高，需彻底清点数量、核对账目时才采用这种方法。

在盘点过程中，如果存在计算机系统中库存数量与实货有差异，立即进行复查。若复查后，盘点数量确实与计算机系统库存数量有差异，需要填写《报损单》或《报溢单》，按照实货数量对计算机系统中的库存数量进行调整，做到账货相符。

四、报损报溢处理

（一）报损报溢含义

在商品盘点过程中，如果实货多于计算机系统库存数量，需要进行报溢处理。报溢业务执行后，商品库存数量及库存金额将相应增加。

如果实货少于计算机系统库存数量，或者有破损、过期失效、质量有问题等情况时，需进行报损处理。报损业务执行后，商品库存数量及库存金额将相应减少。

（二）报损报溢程序

在药品库存管理过程中，出现账货不符情况，保管员需要认真查找原因，及时处理，报损报溢处理过程记录要完整。

1. 填报报损/报溢单　实货多于计算机库存账的药品，保管员填写《药品报溢单》（表5-6）；实货少于计算机库存账的药品，保管员填写《药品报损单》（表5-7）。

> **即学即练 5-3**
>
> 盘点时，保管员发现某品种库存账为 200 盒，实物为 195 盒，此时应如何处理？
> A. 报损处理　　　　B. 报溢处理　　　　C. 不处理
> D. 退货处理　　　　E. 移库处理
>
> 答案解析

2. 审批　药品报损/报溢单统一交由仓储部负责人审查，有质量问题的经质量部负责人审核签字，企业分管领导或者企业负责人审批签字。

3. 处理　审批通过后，保管员依据企业分管领导或者企业负责人批准的报损/报溢审批单，在计算机库存管理系统中，选择需要报损或报溢的药品，填写报损或报溢数量等信息后，确认保存。

报损品种移入不合格品区，登记不合格药品台账，由仓储部会同有关部门集中销毁，并做好销毁台账记录。

表 5-6　药品报损单

填表人：　　　　　　　　　　　　　　填报日期：　年　月　日　　　　　　　　NO：

序号	品名	规格	单位	上市许可持有人	生产企业	批号	有效期至	单价	数量	金额（元）	原因

续表

序号	品名	规格	单位	上市许可持有人	生产企业	批号	有效期至	单价	数量	金额（元）	原因
合计金额（元）											

仓储部负责人：　　　　　　　　质量部负责人：　　　　　　　　企业负责人：

表 5-7　药品报溢单

填表人：　　　　　　　　　　填报日期：　年　月　日　　　　　　NO:

序号	品名	规格	单位	上市许可持有人	生产企业	批号	有效期至	单价	数量	金额（元）	原因
合计金额（元）											

仓储部负责人：　　　　　　　　质量部负责人：　　　　　　　　企业负责人：

实训 15　报损报溢处理

【实训目的】

通过本次实训，让学生掌握商品报损报溢处理方法。

【材料准备】

1. 全班分成 8 个组，6~7 人/组，人数少的班级 5~6 人/组。
2. 当月库存报表。
3. 当月库存盘点表及盘点质量状况说明。
4. 药品报损单、报溢单。

【实施步骤】

步骤一　填报报损报溢单

1. 保管员将账货不符的商品整理出来。
2. 报溢单：盘点实货数量多于库存账填报报溢单。
3. 报损单：
（1）盘点实货数量少于库存账：保管员直接填报报损单。
（2）来货破损：经采购部门同意，必须报损的由验收员确认后，保管员才可填报。
（3）在库质量问题：保管员与业务部门联系，确定报损的方可填报。

（4）过期失效：保管员直接填报报损单。

步骤二 审批

1. 报损报溢单统一交由仓库主任审查，有质量问题的经质量负责人签字。

2. 所有填报单据交业务经理审批后才可生效。

步骤三 调整库存

根据报损报溢数量，调整库存。

【操作要点和注意事项】

1. 盘点实货数量多于库存账填报报溢单，盘点实货数量少于库存账填报报损单。

2. 凡账货不符，必须查找出原因。

3. 报损报溢单经过审批后才会生效。

4. 对不同环节需要报损处理的，要经过相关人员签字确认。

岗位对接

药品保管员岗位 微课4

任职资格	学历与专业	高中以上学历
	工作经验	物流或仓储相关经验
	知识结构	物流管理知识，药品知识
	工作能力	沟通表达能力；独立工作能力；组织协调能力
职责	1. 对药品入库、存储工作的规范性负责	
	2. 对药品的入库、在库、出库数量的准确性负责	
	3. 对入库、在库、出库药品的质量负相应责任	
	4. 对在库药品的合理存储条件负责	
工作内容	1. 严格执行与本岗位相关的质量管理制度和工作程序，做好药品的入库、存储、出库、复核等各个环节的工作	
	2. 依据验收员的验收结论和按有关规定办理药品入库手续，正确合理分库、分类存放药品，实行色标管理	
	3. 严格遵守药品外包装图示标志，正确搬运和堆垛药品，做到不错放、乱摆与倒置	
	4. 严格按先进先出、按批号发货的原则办理药品出库，并做好药品出库复核记录	
	5. 负责药品保管账卡管理，按批正确记载药品进、出、存动态，保证账货相符，及时分析、反馈药品库存结构及适销情况	
	6. 发现质量有问题的药品应挂黄牌暂停发货，及时通知质量管理人员检验处理，依据处理意见及时处理	
	7. 做好库房温湿度的监测、调控、记录工作，采取防鼠、防虫、防霉、防尘、防火等相应措施，保证在安全合理的条件下储存药品	
	8. 做好仓库及库存药品的清理卫生工作，经常保持库区内外的清洁卫生	
	9. 负责对仓储设施设备进行维护、保养，确保所用设施设备运行良好，并做好相应记录	

药品养护员岗位 微课5

任职资格	学历与专业	应当具有药学或者医学、生物、化学等相关专业中专以上学历或者具有药学初级以上专业技术职称 从事中药材、中药饮片养护工作的，应当具有中药学专业中专以上学历或者具有中药学初级以上专业技术职称
	工作经验	有质量管理经验，经过专业培训
	知识结构	熟悉药品知识，对药品养护过程中发现的问题能及时做出正确的判断和处理
	工作能力	分析问题能力；语言表达能力
职责		1. 对药品入库、存储工作的规范性负责
		2. 对药品入库、在库、出库数量的准确性负责
		3. 对入库、在库、出库药品的质量负相应责任
工作内容		1. 根据 GSP 有关规定，指导保管员正确分库（区）、分类、合理存放药品，实行色标管理，纠正药品存放中的违规行为
		2. 坚持"预防为主"的原则，依据药品流转情况、季节变化和市场药品质量动态确定药品养护方案，拟定药品养护计划
		3. 依据养护计划对库存和陈列药品进行质量检查，依据药品的特性采取正确的方法进行科学养护
		4. 每月汇总、分析和上报养护检查、近效期或长时间陈列和存储的药品等质量信息
		5. 填写并上报有效期商品报表和各类质量信息报表
		6. 定期对企业的养护用仪器设备、温湿度监控仪器等进行检查维护，确保设施设备和监控仪器的正常运行

目标检测

答案解析

一、单选题

1. 某药品包装项下未对储存条件做出说明，该药品应储存于（　　）。

　　A. 冷库　　　　　　B. 常温库　　　　　　C. 阴凉库　　　　　　D. 冷冻库

2. 有一批销售退回药品，收货员检查合格后，将药品放置于（　　），通知验收员验货。

　　A. 红色标识的不合格区　　　　　　B. 黄色标识的待验区

　　C. 绿色标识的发货区　　　　　　　D. 黄色标识的退货区

3. 仓库存有名贵中药饮片，保管员采用（　　）盘点方式。

　　A. 动碰货盘点　　B. 对账式盘点　　　　C. 地毯式盘点　　　　D. 季度末盘点

4. 药品在库养护的原则为（　　）。

　　A. 以养为主　　　B. 以防为主　　　　　C. 以检查为主　　　　D. 以保管为主

5. 在汛期、霉季、雨季或发现质量变化苗头时，临时组织力量进行全面或局部的检查为（　　）。

　　A. 三三四检查　　B. 定期检查　　　　　C. 随机检查　　　　　D. 上级检查

6. 某药品有效期至 2017 年 6 月，则表示该药品可以使用到 2017 年（　　）。

　　A. 5 月 31 日　　B. 6 月 1 日　　　　　C. 6 月 30 日　　　　D. 7 月 1 日

二、多选题

1. 下面每组药品中，需要分库储存的有（　　）。

A. 中药饮片和中成药　　　　　　　B. 口服药和外用药

C. 麻醉药品和普通药品　　　　　　D. 麻醉药品和一类精神药品

E. 处方药和非处方药

2. 在零售药店，下列哪些药品不能陈列（　　）。

A. 罂粟壳　　　　B. 注射剂　　　　C. 含麻制剂　　　　D. 安定

E. 生马钱子

3. 下面属于不合格药品的有（　　）。

A. 假药　　　　　　　　　　　　　B. 劣药

C. 超过有效期药品　　　　　　　　D. 距有效期 2 天的药品

E. 最小包装破损药品

三、简答题

1. 简述药品入库工作流程。

2. 简述报溢报损药品处理程序。

3. 简述库存药品质量的检查方法和内容。

书网融合……

微课1　　　微课2　　　微课3　　　微课4　　　微课5　　　习题

学习引导

对药品经营企业来说，药品只有销售出去才能实现经济效益；对药品来说，经销售到达患者手中被使用了才能体现其使用价值。药品销售和售后服务涉及药品经营企业和客户两个主体，那么，药品经营企业如何审核客户的合法资质并为客户提供售后服务？如何对所销售的药品质量负责，确保药品销售过程的合法性、合规性，以保证医药消费者的用药安全、有效？

本项目主要介绍药品批发销售管理、药品零售销售管理的要求及程序，以及退货、质量投诉、药品追回、药品召回和药品不良反应报告等药品售后管理的内容。

学习目标

1. **掌握**　药品销售管理的要求；客户资质审核内容；开票工作内容。
2. **熟悉**　销售客户资质审批程序；药品销售的工作流程。
3. **了解**　药品售后管理的主要内容；售后管理的方法和程序。

任务一　药品批发销售管理

PPT

药品批发企业在药品流通过程中起着承上启下的作用，药品批发企业需要将药品销售给合法的购货单位，如药品零售企业、其他药品批发企业、医疗机构等。同时，要为购货单位客户提供合法票据，做好销售记录，保证药品销售流向真实、合法。

岗位情景模拟 6－1

情景描述　医药公司 X 的业务员，经过前期市场调查和大量工作，成功开发了药品零售连锁企业 C 客户，C 客户同意从医药公司 X 采购药品。

讨　　论　1. 销售人员需要向 C 客户索取哪些资料，才能证明其合法性？

2. 根据 C 客户的订单，如何在规定时间内完成销售开单并送货？

答案解析

一、药品销售人员职责与要求

药品批发企业销售人员是指直接从事药品批发业务的工作人员，是药品经营企业的形象大使，代表着企业的形象和信誉，是企业的流动名片。药品销售人员要向客户传递药品信息，是药品经营企业和客户之间的载体，良好的信息传递可促进药品的销售。由于药品的特殊性，要求药品经营企业必须要有一支专业化、高素质的销售人员队伍。

（一）药品销售人员的工作职责

药品销售人员的基本工作职责是用其专业的医药学知识及销售技能，通过对所销售药品的特性进行推广与宣传，将合格的药品销售给合法的客户，实现销售的目标。

具体职责是建立并维护企业的良好形象；通过专业化的市场推广手段推广企业的药品；通过专业化拜访等手段鼓励客户不断采购本企业的药品；为客户提供帮助、解决问题、清除障碍；收集企业药品的市场销售信息及市场反映情况；收集医生以及患者对药品的反馈信息；收集竞争品种信息及市场销售信息。

（二）药品销售人员的相关要求

1. 具备相关疾病知识、所销售药品及竞争品种的知识　药品销售人员负责所销售药品的推广和介绍，需要具备丰富的专业知识。专业知识包括相关的医学知识和药学知识。

2. 基本的销售知识及消费心理知识　药品销售人员还需要有一些销售管理的知识储备，如市场分析、市场的总体把握能力，产品的销售技巧、谈判技巧，客户档案建立与客户关系的维护等。消费心理也是需要药品销售人员知道并能熟练运用的，这样可以通过更好地把握对方的心理活动来实施销售。

3. 医药行业法规及其他相关法规知识　药品销售人员所从事的销售活动，首先是一种经济活动，要受到国家各项法律规范的约束，如经济法、税法、公司法等。其次，由于药品销售人员的经济活动是针对医药行业的，因此还受到药事法律法规的约束，例如《药品管理法》《药品经营质量管理规范》《药品流通监督管理办法》《处方药与非处方药分类管理办法》等，都是需要药品销售人员熟悉的。

4. 良好的职业道德　药品质量和用药安全与广大人民群众的健康和生命息息相关。从事药品经营活动的药品销售人员不仅要严格执行国家有关的法律、法规，还应具备良好的职业素质和职业伦理观，诚实守信，自觉规范自身的行为。

二、购货单位的审核

按照 GSP 要求，企业应当将药品销售给合法的购货单位，并对购货单位的证明文件、采购人员及提货人员的身份证明进行核实，保证药品销售流向真实、合法。企业应当严格审核购货单位的生产范围、经营范围或者诊疗范围，并按照相应的范围销售药品。因此，药品批发企业销售药品前，必须要严格审核购货单位的资质，制定能够符合法规要求的资质审核程序，以确保药品流向的真实性和合法性，并如实填写《购货单位资质审核表》。购货单位资质审核流程图如图 6-1 所示。《购货单位资质审核表》如表 6-1 所示。

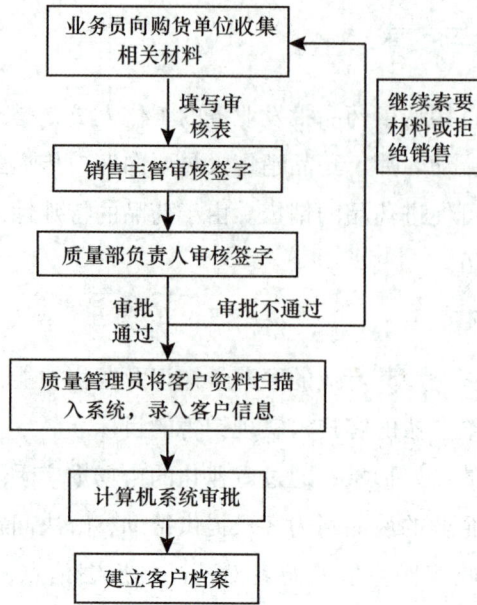

图 6 - 1　购货单位资质审核流程简图

表 6 - 1　购货单位资质审核表

基本情况	客户名称		客户档案编号	
	类　别		法定代表人	
	注册地址		业务联系人	
	E - mail		邮政编码	
	传　真		联系电话	
	收货电话		收货人	
	收货地址			
许可证	许可证名称		发证日期	
	许可证号		有效期限	
	许可范围		发证机关	
营业执照	注册号		经济性质	
	经营范围		经营方式	
	注册地址		注册资金	
	发照机关		年检年度	
开户银行			银行账号	
回款方式			回款周期	
业务员意见				
			申请人：　　　日期	
销售部门审核意见				
			签字：　　　　日期	
质量管理部审核意见				
			签字：　　　　日期	
质量负责人审批意见				
			签字：　　　　日期	

（一）购货单位合法资格的审核

销售部门负责索要并审核客户合法资质证明文件。药品批发企业可以将药品销售给药品上市许可持有人、药品生产企业、药品经营企业（含批发和零售）、医疗机构、科研机构等。不同类型的购货单位需要提供的资料有所不同。

1. 药品经营企业资质证明文件　若客户为药品批发企业或零售企业，应提供《药品经营许可证》复印件、《营业执照》复印件以及采购人员及提货人员的身份证复印件、签字样式、购货单位法定代表人授权书原件等。

2. 药品生产企业资质证明文件　若客户为药品上市许可持有人、药品生产企业，应提供《药品生产许可证》复印件、《营业执照》复印件以及采购人员及提货人员的身份证复印件、签字样式、购货单位法定代表人授权书原件。

3. 公立医院资质证明文件　若客户为公立医院，应提供《医疗机构执业许可证》复印件以及业务联系人法人委托书原件、身份证复印件。军队所属医疗机构，应提供军队主管部门批准的对外服务证明复印件。

4. 社区医疗服务机构、诊所的资质证明文件　若客户为社区医疗服务机构、诊所，应提供《医疗机构执业许可证》复印件、《营业执照》复印件以及采购人员及提货人员的身份证复印件、签字样式、购货单位法定代表人授权书原件。

5. 大专院校、科研机构采购药品应有相关证明

以上所有复印件均应加盖购货单位公章原印章，印章复印无效，必要时可查看原件。

审核上述文件时，审核的内容主要包括证件的发放机构，证件的一致性，包括单位名称、地址、法定代表人是否一致，证件的有效期限，购货单位的生产范围、经营范围或诊疗范围是否与所采购药品相适应，购货单位证照核准的经营项目是否与实际经营行为相符。普通商业企业如超市、商场等经营乙类非处方药的企业不得购入处方药和甲类非处方药，无处方药经营范围的药品零售企业，不得购入处方药。

即学即练 6 – 1

公立医疗机构采购药品时，需要向供应商提供哪些资质证明文件？
A. 《医疗机构执业许可证》复印件　　B. 《医疗机构制剂许可证》复印件
C. 《营业执照》复印件　　　　　　　D. 采购人员身份证复印件
E. GSP 认证证书

答案解析

（二）购货单位采购人员和提货人员的审核

购货单位采购人员是指经购货单位法定代表人授权，负责向本企业洽谈采购业务及处理相关事宜的人员。购货单位提货人员是指经购货单位法定代表人授权，代表购货单位上门提取所采购药品并履行签收手续的人员。

1. 购货单位上门自提药品的，应当核实购货企业采购人员和提货人员的身份证明、签字样式、购货单位法定代表人授权书原件等。

2. 供货方直接将药品送达购货单位仓库的，不需要提供提货人员的相关材料。

3. 通过第三方物流配送，需要购货单位到物流公司自行提取药品的，供货方应当向物流配送企业提供经过审核的购货单位提货人员的相关资质证明复印件进行备案，避免发生意外事件。

（三）建立购货单位档案

以上证明文件应当分类归入客户档案。建立购货单位档案信息，需要详细记录购货单位基本情况、证件情况、信誉度情况等。前文中的客户资质审核表作为购货单位档案的主要依据。《购货单位信誉度情况记录表》见表 6 - 2。

表 6 - 2 购货单位信誉度情况记录表

客户名称		客户档案编号		
客户信用等级				
开户银行		银行账号		
回款方式		回款周期		
客户成立日期		是否有违法行为	违法行为详细情况	
与本企业建立业务往来日期		是否有逾期回款现象	最长预期期限	

知识链接

药品批发企业违规销售药品案例

2020 年 3 月 3 日，贵州省药品监督管理局收到一则案件移送函，显示息烽县辖区无《医疗机构执业许可证》和《药品经营许可证》的个人李某，私自销售药品给患者，其购买的药品疑似为国药控股贵州 XX 医药有限公司所销售。贵州省药品监督管理局 2020 年 3 月 9 日开始调查，发现该企业存在将药品销售给既无《医疗机构执业许可证》又无《药品经营许可证》的个人的行为。

进一步调查发现，本案件为国药控股贵州 XX 医药有限公司负责息烽片区药品销售的业务员利用工作之便，在 2019 年 4 月至 2020 年 1 月期间，以公司名义擅自将药品销售给息烽县养龙司乡既无《药品经营许可证》又无《医疗机构执业许可证》的个人共计 110 批次，金额为 5850.05 元。

本案件中，李某属于无证经营，按照新修订《药品管理法》规定，应没收违法销售的药品和违法所得，并处违法销售的药品（包括已售出和未售出的药品）货值金额十五倍以上三十倍以下的罚款；货值金额不足十万元的，按十万元计算。而国药控股贵州 XX 医药有限公司属于未严格审核购货单位资质、违规销售药品，应责令限期改正，给予警告。

可以看出，新修订《药品管理法》实施后，各级药品监督管理部门更加坚决贯彻药品安全"四个最严"要求，进一步加大了对违规销售药品的监督检查力度，督促企业经营行为持续合规，依法严厉查处各类违法违规行为，切实维护广大人民群众的用药安全。作为药品销售人员，应熟悉相关法律法规，指导自身依法合规销售药品。

三、药品批发销售流程

药品批发企业在药品销售活动过程中，需要根据 GSP 要求制定药品销售程序。药品批发销售流程简图如图 6 – 2 所示。

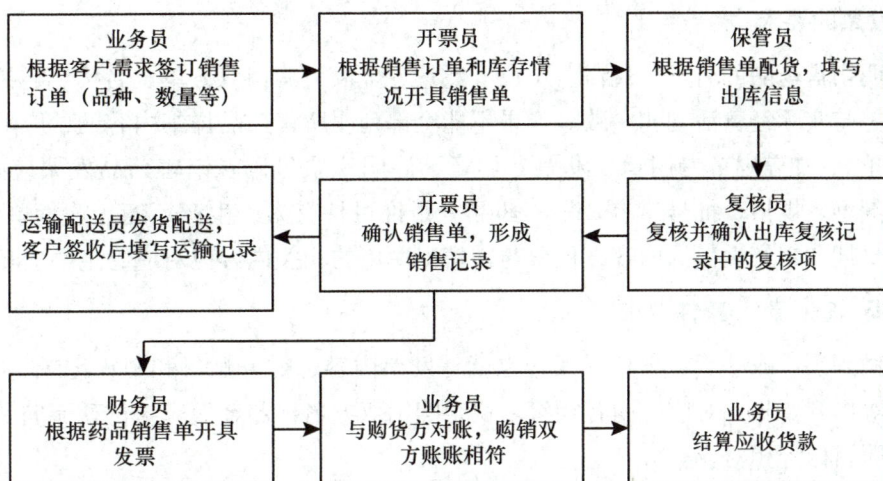

图 6 – 2　药品批发销售流程简图

1. 业务员签订销售订单　业务员与客户沟通洽谈，签订销售合同。

2. 开票员开具《药品销售单》　开票员根据销售合同要求，在计算机销售管理系统中开具《药品销售单》。在开票过程中，开票员如果有疑问，需要及时与业务员或者购货单位沟通协调。开票时要遵循近效期药品先出的原则，近效期 3 个月的药品原则不能开出；近效期 6 个月的药品应征求销售人员同意才能开出。《药品销售单》内容包括药品的通用名称、规格、剂型、批号、有效期至、药品上市许可持有人、生产厂商、购货单位、销售数量、单价、金额、销售日期。

3. 保管员拣货　《药品销售单》在计算机系统中自动生成发货指令，保管员根据发货指令拣货，拣选药品，要确保货单一致。

4. 复核员复核　复核员对照出库复核记录中的复核项，对保管员拣好的药品进行逐一复核，并确认签字。

5. 开票员确认　出库复核任务完成后，开票员对《药品销售单》确认，计算机系统自动生成销售记录，并根据销售记录生成《随货同行单》。《随货同行单》通常一式四联：第一联为存根联，作本公司财务记账用；第二联为仓库联，作发货凭证和出库复核记录用；第三联为随货同行联，作与购货单位药品交接用；第四联为客户联，为客户购货原始凭证。

6. 财务人员开具销售发票　财务人员根据《药品销售单》如实开具销售发票，做到票、账、货、款一致。

7. 运输配送员发货配送　运输配送员根据《随货同行单》发货配送，并在客户签收后，将签字的《随货同行单》交回公司储运部门存档。

8. 业务员与购货方对账　业务员做好售后服务工作，定期与购货方核对账目，如果有问题，及时办理退换货手续，确保购销双方账账相符。

9. 业务员结算　业务员按照销售协议规定，定期结算应收货款。

四、开具发票　微课 1

发票是指增值税专用发票和增值税普通发票。按照 GSP 要求，企业销售药品应当如实开具发票，做到票、账、货、款一致。

（一）开具发票的要求

发票上应列明销售药品的名称、规格、单位、数量、金额、购销双方单位名称、购销双方的开户行及账号等内容，并与实际经营活动相一致。如果不能全部列明所售药品详细内容的，应附《销售货物或提供应税劳务清单》，加盖财务专用章或发票专用章，注明税票号码。销售药品发票应附销售出库单，包括通用名称、剂型、规格、批号、有效期、药品上市许可持有人、生产厂商、购货单位、出库数量、销售日期、出库日期和销售金额等内容，税票与销售出库单的相关内容应对应，金额应相符。

（二）票、账、货、款一致性要求

药品销售要做到票、账、货、款相一致，也就是发票内容、财务账目和销售记录、实际销售药品、货款流向及金额等内容要相互对应、内容相符。税票购销双方名称及金额应与付款流向及金额一致，并与各自相关财务账目内容相对应。

药品经营企业必须做到以上要求，以确保其经营行为的真实性、合法性，实现药品流通过程质量的有效追溯和追踪，保证药品质量。

（三）票据管理

药品销售凭证的印刷、领用、保管要规范化、制度化，确保凭证迅速、准确、畅通地传递，防止丢失。药品经营企业应建立明确的制度保证销售凭证的流转程序和交接手续。

五、建立药品销售记录

按照 GSP 要求，药品批发企业应当做好药品销售记录。销售记录应当包括药品的通用名称、规格、剂型、批号、有效期、药品上市许可持有人、生产厂商、购货单位、销售数量、单价、金额、销售日期等内容。按规定进行药品直调的，应当建立专门的销售记录。

中药饮片销售记录应当包括品名、规格、批号、产地、生产厂商、购货单位、销售数量、单价、金额、销售日期等内容。

销售记录保存不得少于 5 年。药品销售记录见表 6 – 3。

表 6 – 3 药品销售记录

编号：　　　　　　　　　　　　　　　　　　　　业务员：

销售日期	通用名称	商品名称	剂型	规格	批号	有效期	数量	上市许可持有人	生产企业	购货企业	单价	金额合计	备注

六、销售特殊管理药品要求

按照 GSP 要求，特殊管理药品的经营活动必须符合国家有关规定，不得使用现金结算，保证药品的合法、安全、合理使用，防止其流入非法渠道。

（一）销售特殊管理规定的药品

药品经营企业销售特殊管理药品，在其《药品经营许可证》上必须有对应的经营范围。

1. 麻醉药品、精神药品的销售管理　国家对麻醉药品和精神药品实行定点经营制度，实行政府定价。药品经营企业不得经营麻醉药品原料药和第一类精神药品原料药。但是，供医疗、科学研究、教学使用的小包装的上述药品可以由国务院药品监督管理部门规定的药品批发企业经营。

全国性批发企业可以向区域性批发企业，取得麻醉药品、第一类精神药品使用资格的医疗机构，以及《麻醉药品和精神药品管理条例》批准的其他单位销售麻醉药品和第一类精神药品。全国性批发企业向取得麻醉药品和第一类精神药品使用资格的医疗机构销售麻醉药品和第一类精神药品，应当经医疗机构所在地省、自治区、直辖市人民政府药品监督管理部门批准。

区域性批发企业可以向本省、自治区、直辖市行政区域内取得麻醉药品和第一类精神药品使用资格的医疗机构销售麻醉药品和第一类精神药品；由于特殊地理位置的原因，需要就近向其他省、自治区、直辖市行政区域内取得麻醉药品和第一类精神药品使用资格的医疗机构销售的，应当经国务院药品监督管理部门批准。

麻醉药品目录中的罂粟壳只能用于中药饮片和中成药的生产以及医疗配方使用。

从事第二类精神药品批发业务的企业，应当经所在地省、自治区、直辖市人民政府药品监督管理部门批准。第二类精神药品定点批发企业可以向医疗机构、定点批发企业和符合规定的药品零售企业以及《麻醉药品和精神药品管理条例》批准的其他单位销售第二类精神药品。

教学和科研单位需要麻醉药品的，必须凭药品监督管理部门批准的证明文件限量供应。

销售麻醉药品、第一类精神药品应建立购货方档案。医疗机构的供药档案应包括《麻醉药品和第一类精神药品购用印鉴卡》，药品批发企业应当将药品送至医疗机构，医疗机构不得自行提货。

2. 医疗用毒性药品销售管理　毒性药品的收购、经营由各级药品监督管理部门指定的药品经营企业负责。药品经营企业依法取得医疗用毒性药品经营资格后，方可经营医疗用毒性药品，并按规定销售给具有合法资质的单位。教学和科研单位需要医疗用毒性药品的，必须凭药品监督管理部门批准的证明文件限量供应。

3. 放射性药品的销售管理　放射性药品的生产、供销业务由能源部统一管理。放射性药品的生产、经营单位和医疗单位凭省、自治区、直辖市卫生行政部门发给的《放射性药品生产企业许可证》《放射性药品经营企业许可证》，医疗单位凭省、自治区、直辖市公安、环保和卫生行政部门联合发给的《放射性药品使用许可证》申请办理订货。

（二）销售国家有专门管理要求的药品

1. 销售蛋白同化制剂、肽类激素药品　依照《药品管理法》的规定取得《药品经营许可证》的药品批发企业，具备下列条件，并经省、自治区、直辖市人民政府药品监督管理部门批准；方可经营蛋白同化制剂、肽类激素：①有专门的管理人员；②有专储仓库或者专储药柜；③有专门的验收、检查、保管、销售和出入库登记制度；④法律、行政法规规定的其他条件。

药品批发企业只能向具有合法资质的医疗机构、其他药品批发企业供应蛋白同化制剂、肽类激素。药品批发企业可以向药品零售企业销售肽类激素中的胰岛素。

药品批发企业应跟踪核实药品送货交接情况，核实记录应当保存至超过药品有效期2年，但不得少于5年。

2. 销售含特殊药品复方制剂　含特殊成分复方制剂是指含麻黄碱类复方制剂、复方甘草片、含麻醉药品和曲马多口服复方制剂等。

药品批发企业禁止使用现金进行含特殊药品复方制剂交易。对个体诊所、单体零售药店不具有银行账户，在购买此类药品时不能实现转账结算时，可以使用银行卡进行结算。此银行卡必须是个体诊所、单体零售药店负责人的银行卡，并同时提供与银行卡同名的身份证复印件备查。

销售含特殊药品复方制剂时，如发现购货方资质可疑的，应立即报请所在地的药品监督管理部门协助核实；发现采购人员身份可疑的，应立即报请所在地县级及以上公安机关协助核实。

3. 销售终止妊娠药品（不含避孕药品）　药品批发企业不得将终止妊娠药品销售给未获得实施终止妊娠手术资格的机构和个人。

实训 16　审核购货单位资格

【实训目的】

通过本次实训，让学生掌握购货单位资格审核程序和审核方法。

【材料准备】

1. 全班分成 8 个组，6~7 人/组，人数少的班级 5~6 人/组。

2. 计算机。

3. GSP 管理软件系统：教师演示账套，8 个学生组账套。

4. 购货单位全套资料（药品经营企业、医疗机构）。

5. 购货单位资质审核表。

【实施步骤】

步骤一　索取客户资料

1. 索取不同类型购货单位资料，对照资料目录及要求检查资料。

2. 小组提交资料检查结果。

步骤二　购货单位资料审批

1. 对照发放的购货单位样本资料如实填写《购货单位资质审核表》（电子版）。

2. 相关责任人审核签字。

3. 将审批表交给指导教师。

步骤三　购货单位信息建立（在计算机软件系统中操作）

1. 在基本信息——往来单位中建立购货单位信息。

2. 调出"往来单位"，购货单位资格审批。

步骤四　建立购货单位档案

将《购货单位资质审核表》、购货单位资料等有关资料存档。

【操作要点和注意事项】

1. 要注意药品经营企业、公立医院和私人诊所收集资料内容不同。

2. 《购货单位资质审核表》填写的准确性。

3. 购货单位资料的审核要注意许可证、《营业执照》的一致性，以及证件有效期。

4. 购货单位的生产范围、经营范围或者诊疗范围要输入计算机管理系统中，销售药品不能超其经营范围。

5. 《购货单位资质审核表》应按照发放的样本资料如实填写。

任务二 药品零售销售管理

PPT

药品零售是营业人员与顾客沟通，了解顾客需求，直接提供质量合格的药品和开展药学服务的过程。在提供药品和服务过程中，集中体现药品零售企业的经济效益和社会价值。药品零售企业应以消费者为中心，诚信经营，严格遵守国家法律、法规和有关规定，履行有关管理制度和服务规程，确保公众用药安全、有效。

▶▶ 岗位情景模拟 6-2

情景描述 某零售药店新进一名员工，经过培训，考核合格。实习期满后，上岗。某日，该员工接待了一名到药店指名购买 3 盒复方甘草片的顾客。

讨　论 1. 该员工应如何按照 GSP 要求销售复方甘草片？

　　　　　2. 在药品销售过程中，需要做哪些记录？

答案解析

一、药品零售销售基本要求

（一）悬挂证照

按照 GSP 要求，药品零售企业应当在店堂显著位置悬挂《药品经营许可证》《营业执照》及《执业药师注册证》等有关资质证件，作为药品零售企业合法经营的重要标志。《药品经营许可证》所载明的行政许可事项应与企业实际情况一致，包括企业的名称、企业法定代表人、企业负责人、质量管理负责人、经营方式、经营范围、注册地址、仓库地址（包括增减仓库）、许可期限。许可事项各项内容不能擅自变更，许可证应按规定在效期到期前依法定程序履行换证手续。

药品经营范围是依法核准经营的药品种类。《营业执照》上载明的工商管理部门核准的企业名称、地址、人员等信息应与《药品经营许可证》对应一致。《执业药师注册证》注册的执业单位应与执业药师实际执业企业一致，并在执业期限内执业。

（二）挂牌执业

药品零售企业相关岗位人员应明确岗位职责，定期接受相关培训，强化岗位职责与责任。

营业人员应佩戴有照片、姓名、岗位等内容的工作牌，明示岗位和技术资质情况，如值班经理、收银员、调剂员、营业员等。执业药师和药学技术人员还应当标明技术资质，如执业药师、主管药师、药师、药剂士，工作牌上应有本企业的统一标识。企业对工作牌发放情况应登记存档，工作牌的内容应与人员档案中的相应内容保持一致。

执业药师应在岗，不得兼职。营业场所应挂牌明示执业药师在岗或不在岗。

二、药品零售销售原则

（一）处方药的销售

按照 GSP 要求，处方药应经执业药师审核后方可调配；对处方所列药品不得擅自更改或代用，对有配伍禁忌或超剂量（处方一般不得超过 7 日用量，急诊处方一般不得超过 3 日用量）的处方，应拒绝调配，但经处方医师更正或重新签字确认的，可以调配；营业员调配处方后，应经其他营业员或执业药师核对方可售出处方药。

处方审核、调配、核对人员应在处方上签字或盖章，并按照有关规定保存处方或其复印件。普通处方保存期限不低于 1 年，医疗用毒性药品、二类精神药品处方保存期限不低于 2 年，麻醉药品（仅限罂粟壳）处方保存期限不低于 3 年。处方保存期满后，经主要负责人批准、登记备案，方可销毁。

销售近效期药品应向顾客告知有效期，应告知顾客在有效期内使用。

（二）非处方药的销售

非处方药是不需要凭执业医师或执业助理医师处方，消费者即可自行判断、购买和使用的药品。非处方药一般用于治疗不严重的小病小伤，按说明书使用安全性好，疗效可靠，说明书通俗易懂，药品使用方便，质量稳定，易于储存。

1. 非处方药的分类　根据不同非处方药的安全性差异，非处方药分为甲类非处方药和乙类非处方药两种。

（1）甲类非处方药　在执业药师或药师指导下购买和使用，可在医院药房、药店销售。

（2）乙类非处方药　相对于甲类而言安全性更高。乙类非处方药除可在医院药房、药店销售外，还可在所在地的省级药品监督管理部门或其授权的药品监督管理部门批准的超市、宾馆、百货商店等处销售。零售乙类非处方药的商业企业无须配备执业药师，但必须配备专职的、具有高中以上文化程度、经专业培训并考核合格的销售人员。

2. 非处方药的零售管理　在零售药店，非处方药必须按 GSP 要求陈列于货架之上。非处方药不得采用有奖销售、附赠药品或礼品等销售方式。普通商业企业销售乙类非处方药时，应设立专门货架或专柜，并按规定摆放药品。

销售药品要严格遵守有关法律、法规和制度，正确介绍药品的性能、用途、禁忌及注意事项。药店营业员在介绍非处方药时，必须准确、如实介绍并解答顾客的问题，不得夸大药品的功效，不得隐瞒药品的不良反应。

（三）中药饮片的销售　📱微课 2

销售中药饮片应做到计量准确，戥秤应经计量管理部门检定合格。中药饮片称量应按重量选用量程合适的戥秤，做到计量准确。

调配中药饮片应遵守有关调剂规程，处方中应先煎、后下、包煎、烊化、另煎、冲服及鲜药品种，应按剂单包并注明用法，每剂调配后应经复核人员复核无误后方可发给患者，并详细告知煎服方法及注意事项。提供中药饮片代煎服务的，应符合国家有关规定。

（四）拆零药品的销售

药品零售企业应当建立相关的拆零药品管理制度、操作规程及岗位职责，对负责拆零销售的人员进行岗前培训，内容包括相关法规、药品拆零管理制度、药品拆零程序、药品拆零销售记录及有关销售知识，要有培训记录和档案。

1. 有药品拆零的专用工作台或区域　药品拆零工具应保持清洁、卫生。对不同品种拆零时，应对拆零场所、工具进行清洁，防止交叉污染。多品种药品拆零销售时，不应同时操作，每个品种操作结束应进行清场，内容包括核对药品原包装、拆零药品包装、拆零药品数量与拆零记录是否相符，多余的拆零包装应按规程管控。

2. 药品拆零要有销售记录，并做到真实、完整、准确、可追溯　拆零销售记录内容应包括拆零起始日期、药品的通用名称、规格、批号、生产厂商、有效期、销售数量、销售日期、分拆及复核人员等。

3. 有药品拆零销售专用包装　拆零销售专用包装应洁净、卫生，不得污染拆零药品。拆零销售专用包装上应注明药品名称、规格、数量、用法、用量、批号、有效期以及药店名称等内容。

4. 拆零销售药品时，应向顾客提供药品说明书原件或复印件　拆零销售期间，应保留拆零药品的原包装和说明书。

（五）特殊管理及国家有专门管理要求药品的销售

按照 GSP 要求，销售特殊管理的药品和国家有专门管理要求的药品，应严格执行国家有关规定。

1. 管理依据　销售特殊管理的药品和国家有专门管理要求的药品，应严格执行《麻醉药品和精神药品管理条例》《医疗用毒性药品管理办法》《反兴奋剂条例》《处方管理办法》《处方药与非处方药分类管理办法》《关于做好处方药与非处方药分类管理实施工作的通知》（国食药监安〔2005〕409 号）《关于切实加强部分含特殊药品复方制剂销售管理的通知》（国食药监安〔2009〕503 号）《关于加强含麻黄碱类复方制剂管理有关事宜的通知》（国食药监办〔2012〕260 号）等国家有关规定。

2. 不得零售的药品类别　麻醉药品、放射性药品、一类精神药品、终止妊娠药品（包括含有"米非司酮"成分的所有药品制剂）、蛋白同化制剂、肽类激素（胰岛素除外）、药品类易制毒化学品（单方制剂和小包装麻黄素）、疫苗、罂粟壳（中药材）、中药配方颗粒、医疗机构制剂、A 型肉毒素，以及我国法律法规规定的其他禁止零售的药品，不得在零售企业出售。

3. 限制出售的药品类别　医疗用毒性药品、二类精神药品、按兴奋剂管理的药品（其他列入兴奋剂目录的药品单方制剂，一律按处方药销售；对含兴奋剂药品复方制剂，按处方药和非处方药分类管理制度执行）、含麻醉药品的复方口服溶液等，必须凭处方销售，并将处方保存 2 年备查。禁止超剂量或无处方销售第二类精神药品，不得向未成年人销售第二类精神药品。

含可待因复方口服溶液、含麻黄碱类复方制剂、复方地芬诺酯片、复方甘草片一次不得超过 2 个最小包装，登记购买者的姓名和身份证号码；单位剂量麻黄碱类药物含量大于 30mg（不含 30mg）的含麻黄碱类复方制剂，必须凭处方销售。

药品零售企业不得开架销售含麻黄碱类复方制剂，应当设置专柜由专人管理、专册登记，登记内容包括药品名称、规格、销售数量、药品上市许可持有人、生产企业、生产批号、购买人姓名、身份证号码等。

药品零售企业发现超过正常医疗需求，大量、多次购买含麻黄碱类复方制剂的，应当立即向当地药品监督管理部门和公安机关报告。

即学即练 6 - 2

药品零售企业不得销售的药品有哪些?

A. 麻醉药品　　　　B. 二类精神药品　　　　C. 终止妊娠药品

答案解析　　D. 处方药　　　　E. 非处方药

三、药品零售销售凭证

(一) 销售凭证

药品零售企业要有药品销售票据管理制度或规程,为确保消费者权益和销售药品的可追溯性,按照GSP要求,企业销售药品应当开具销售凭证,内容包括药品名称、药品上市许可持有人、生产厂商、数量、价格、批号、规格等。

(二) 销售记录

企业应做好药品销售记录。销售票据应当依据计算机系统基础数据生成,销售凭证打印后,系统自动生成销售记录。销售记录内容包括药品的通用名称、规格、剂型、批号、有效期、药品上市许可持有人、生产厂商、销售数量、单价、金额、销售日期、销售人员等。国家专门管理药品的销售记录内容还应有顾客身份证号码、姓名、联系电话等。

中药材销售记录内容应包括品名、规格、产地、销售数量、单价、金额、销售日期、销售人员等。

中药饮片销售记录内容应包括品名、规格、批号、产地、生产厂商、销售数量、单价、金额、销售日期、销售人员等。实施批准文号管理的中药饮片还应记录批准文号。

销售记录应保存至药品有效期后 1 年,不得少于 5 年。

📱 知识链接

"互联网 + 药店" 打破药品零售边界

随着社会技术和科学技术的快速发展,"互联网 + 药店" 的药品零售业的电商模式应运而生。

为加强药品网络销售监督管理,规范药品网络销售行为,国家药品监督管理局发布了《药品网络销售监督管理办法 (征求意见稿)》,明确了药品网络销售者、第三方平台的义务及网络销售的各项要求。

药品网络销售者应当完整保存供货企业资质证明文件、购销记录、电子订单、在线药学服务等记录,销售处方药的药品零售企业还应当保存电子处方记录。相关记录保存期限不得少于 5 年,且不少于药品有效期后 1 年。同时,第三方平台应建立并实施保证药品质量安全的制度;建立药品质量管理机构,承担药品质量管理工作;建立交易记录保存、投诉管理和争议解决、药品不良反应信息收集等制度;建立并实施配送质量管理制度。

互联网药品零售业的发展是符合时代发展规律的,其前景是光明的,我们必须重视它。互联网药品零售业可以通过发挥连锁药店的主导作用、树立品牌意识、引进和培养人才来推动医药电商的发展。政府也应大力支持与引导,制定相关政策,为互联网药品零售业的发展保驾护航。

任务三　药品售后管理

PPT

售后管理是指药品销售后围绕药品质量所做的全部工作，是企业对售出药品进行质量信息收集和处理的过程，目的是最大限度地防范药品质量问题或安全隐患，确保用药安全、有效。药品经营企业应定期或不定期地进行客户访问，广泛征求用户对药品质量和服务质量的意见和建议，做好用户意见的反馈和处理，并做好记录，定期汇总分类，向有关部门通报。

药品经营企业除了进行客户访问外，还需接待客户查询与处理质量投诉，处理退货药品，追回已售出有严重质量问题药品，协助药品上市许可持有人履行药品召回义务，开展药品不良反应监测和报告等，这些都属于药品售后管理的范畴。药品经营活动中，除去药品本身为患者带来的重要性，售后管理的价值正变得越来越重要。

药品质量、服务质量征询意见书见表6-4。

表6-4　药品质量、服务质量征询意见书

药品质量方面的意见（包括外观、内在、包装质量，并请具体列出品名、数量、规格、批号、产地、厂名、进货日期、具体情况等）：

工作质量方面的意见（包括供应情况、运输问题处理、服务态度等）：

建议与要求：

反映日期：　　　年　　月　　日　　　　反映单位（盖章）：

岗位情景模拟6-3

情景描述　C客户从医药公司X采购了某注射剂，在使用过程中，发现注射剂变黄。C客户投诉并要求退货。

讨　　论　1. 医药公司X如何处理C客户的质量投诉？

　　　　　　2. 医药公司X如何处理这批退货药品？

答案解析

一、客户质量查询

质量查询是企业在正常的业务经营活动中，针对药品质量问题进行的信息检索、问题咨询、质量确认等，质量查询可以向上级供货方、药品监督管理部门提出，可以采用书面信函、电话咨询、电子函件等方式进行。药品经营企业应热情接待客户的质量查询，做好记录并妥善解答。接待顾客的药品质量查询记录表如表6-5所示。

表 6 – 5　药品质量查询记录表

编号：　　　　　　　　　　　　　　　　　　　查询时间：　　年　　月　　日

药品通用名称		商品名	
剂型		规格	
有效期		数量	
生产厂家		批号	
供货单位			
查询方姓名		联系电话	
地址			

查询（投诉）方意见或建议：

记录人：　　　　年　　月　　日

质量管理部处理意见：

经办人：　　　　年　　月　　日

处理结果及客户反馈意见：

经办人：　　　　年　　月　　日

填表人：

　　企业应对以上各类质量查询分类管理并做好汇总，并将汇总结果填入下表。药品质量查询汇总表如表 6 – 6 所示。

表 6 – 6　药品质量查询汇总表

序号	日期	查询单位	文件编号	查询内容	情况核实	处理结果	责任人	记录人	备注

二、药品质量投诉管理

　　企业应当按照质量管理制度的要求，制定投诉管理操作规程，内容包括投诉渠道及方式、档案记录、调查与评估、处理措施、反馈和事后跟踪等。按照 GSP 要求，企业应当配备专职或者兼职人员负责售后投诉管理，对投诉的质量问题查明原因，采取有效措施及时处理和反馈，并做好记录，必要时应当通知供货单位及药品生产企业。企业应当及时将投诉及处理结果等信息记入档案，以便查询和跟踪。

　　药品经营企业的客户对企业的质量投诉包括药品质量投诉和服务质量投诉两个方面。企业应认真对待各类质量投诉，对质量投诉的内容和问题进行分析，提出明确的反馈意见及处理措施。确属药品本身质量问题的，企业应按照有关规定承担责任，造成经济损失的还应负责赔偿；属客户的失误造成质量问题的，要热情给予解释并给予指导和帮助，帮助其解决问题。客户投诉受理卡如表 6 – 7 所示。

表6-7 客户投诉受理卡

编号：

投诉者姓名		性别		年龄		联系电话	
工作单位或家庭住址							

投诉内容：

受理投诉人： 受理日期： 年 月 日

处理情况	处理意见及措施：	
		受理人签字： 年 月 日
	质量管理部意见：	主管领导意见：
	负责人签字： 年 月 日	负责人签字： 年 月 日
处理结果		执行人： 年 月 日
备注		

三、药品销后退回管理

在药品销售过程中，销售出去的药品被退回的情况时有发生，退回的原因一是因为药品质量情况发生，如产品召回、不良事件等；二是因为自身销售不力发生，如新品推广难度大、旧品种更新换代等；三是因为管理不善产生，如运输途中发生破损、未按先进先出销售、品种繁多未定期养护等。按照 GSP 要求，企业应当加强对退货的管理，保证退货环节药品的质量和安全，防止混入假冒药品。具体应做到以下几点。

1. 有药品退货管理制度和操作规程。

2. 退回药品必须由销售部门出具退货凭证或退货通知，形式可以为纸质或电子数据，内容包括退货单位、品种信息、退货数量、退货原因、通知日期等。

3. 收货员应依据退货凭证或退货通知，核查销后退回药品的销售记录，确认为本企业销售的药品方可收货；销后退回药品必须符合销售记录，批号一致，数量不得大于该批号的总销售数量，不符合退回条件的拒绝退货。

4. 销后退回药品应放置于符合药品储存条件的相应待验区域，有特殊储存要求的药品应放置于相应待验区。

5. 经确认不符合退货条件的药品在退回退货单位前也应按药品储存要求暂时存放，且必须悬挂明显标识。

6. 按照药品验收制度、程序、验收比例验收退回药品，出现小包装污染、标有字迹、药品内外批号不一者按不合格论。

7. 销售退回冷藏、冷冻药品，收货时应验明到货时温度，并在收货单上记录到达时间、到达温度，确保退货药品运输的温度要求。同时验证退货单位是否出具了在退货单位储存期间电子温度合格证明。合格后放入冷库退货区。

8. 建立销售退回药品验收记录，并做到完整，不可出现记录缺项。

药品零售企业销售药品，除药品质量原因外，药品一经售出，不得退换，以防止企业对售出退回的难以保证质量安全的药品进行再销售，避免用药安全隐患。

即学即练 6 – 3

答案解析

可以办理退货的情况有哪些？

A. 药品召回　　　　B. 新产品滞销　　　　C. 运输途中破损

D. 旧品种更新换代　　E. 药品过期

四、药品追回管理

按照 GSP 要求，企业发现已售出药品有严重质量问题，应当及时采取措施追回药品并做好记录，同时向药品监督管理部门报告。

药品严重质量问题是指内部或外部信息发现的可能对公众用药安全造成严重后果的情形。内部信息来源是指企业通过对库存药品检查、养护、出库复核、陈列检查等环节获取质量信息。外部信息主要来源于药品质量公告、监管部门公布的信息、客户投诉举报、客户通报信息等。

药品追回是药品经营企业在经营过程中发现严重质量问题而主动向销售客户追回产品的行为。企业应当建立相关的制度、程序、职责，并进行相关培训等。

发现问题药品，企业应采取以下措施。

1. 及时采取措施追回药品。

2. 立即停止销售该药品。

3. 如药品严重质量问题源于药品生产企业或者供货商，应告知其有关信息，防止问题药品继续在市场扩散。

4. 及时向药品监督管理部门报告并按其要求对问题药品实施控制。

5. 做好并保存问题药品有关进、销、存、追溯、控制的记录，配合药品生产企业和药品监督管理部门进行有关追溯和控制工作。

6. 查明造成药品严重质量问题的原因，分清责任，杜绝问题的再发生。

五、药品召回管理

药品召回是指药品生产企业（包括进口药品的境外制药厂商）按照规定的程序收回已上市销售的

存在安全隐患的药品。安全隐患是指由于研发、生产等原因可能使药品具有的危及人体健康和生命安全的不合理危险。我国《药品召回管理办法》（局令第 29 号）于 2007 年 12 月 6 日经原国家食品药品监督管理总局公布并施行。

（一）药品召回的类别

1. 根据药品安全隐患的严重程度分　药品召回分为三个级别。一级召回指使用该药品可能引起严重健康损害或者死亡；二级召回指使用该药品可能引起暂时的或者可逆的健康损害；三级召回指使用该药品一般不会引起健康损害，但由于其他原因需要收回的药品存在质量缺陷，可能或已经对本公司的信誉或经济利益造成损失。

按照规定，一级召回时限应在 24 小时以内全面展开药品召回工作，二级召回时限应在 48 小时以内全面展开药品召回工作，三级召回时限应在 72 小时以内全面展开药品召回工作。

2. 根据召回活动发起主体不同分　药品召回分为主动召回和责令召回两类。

主动召回是指药品生产企业通过信息的收集分析、调查评估，根据事件的严重程度，在没有官方强制的前提下主动对存在安全隐患的药品做出召回。

责令召回是指药品监督管理部门通过调查评估，认为存在潜在安全隐患，企业应当召回药品而未主动召回的，责令企业召回药品。必要时，药品监督管理部门可以要求药品生产企业、经营企业和使用单位立即停止销售和使用该药品。

新版《药品管理法》2019 年 12 月 1 日实施后，药品上市许可持有人是召回的责任主体。

（二）药品召回的程序

按照 GSP 要求，企业应当协助药品生产企业履行召回义务，按照召回计划的要求及时传达、反馈药品召回信息，控制和收回存在安全隐患的药品，并建立药品召回记录。

1. 由质量管理部门发出召回通知书，要求销售客户立即停止销售或使用，在一定时间内退回经营企业。

2. 销售部门根据销售记录，将通知书通知到各购货单位。

3. 由收货、验收人员做好召回药品的收货入库验收记录。

4. 召回药品应与合格药品有效隔离。

5. 做好召回药品入库后的处理记录，退回供应商，应有采购退出记录；报损销毁，应有报损单据和销毁记录。

建立药品追回处理记录和档案，应包括严重质量问题的具体内容记录、处理方式和处理结果记录、质量管理部门向销售客户发出的质量追回通知书、向药品监督管理部门报告的文件、追回药品的销售流向记录、追回药品的入库清单、追回药品入库后的处理记录等。

📖 知识链接

华海药业缬沙坦原料药召回事件

2018 年 7 月 6 日，浙江华海药业股份有限公司向国家药品监督管理局报告在用于出口的缬沙坦原料药中检出微量 N－亚硝基二甲胺（NDMA）杂质的情况，按照有关规定和要求，主动向社会披露了相关信息，立即暂停了所有缬沙坦原料药国内外市场放行和发货，并启动了主动召回的措施，至 7 月 23 日，华海药业已完成国内所有原料药召回工作。由于处理及时，处置得当，该批原料药并未对下游生产企业造成很大影响。

2020 年 10 月，国家药品监督管理局根据新修订的《药品管理法》对《药品召回管理办法》进行修订，其中明确药品上市许可持有人是控制与消除药品缺陷的责任主体，应当主动收集、记录药品的质量问题或者安全隐患、药品不良反应信息，对收集的信息进行分析，对可能存在的缺陷进行调查和评估，对缺陷药品应主动实施召回。

医药产品作为一种特殊商品，其质量的优劣直接影响患者的用药安全。药品上市许可持有人应树立高度的社会责任感，时刻把药品质量放在首位，提升对上市销售产品突发事件的应急管理水平。当销售的产品存在危害性或潜在危害时，持有人能够迅速有效地做出反应，对问题产品主动实施召回工作，消除或降低危害的程度和范围，避免事态进一步发展，保障公众用药安全。

六、药品不良反应监测和报告

药品不良反应（简称 ADR）是指合格药品在正常用法用量下出现的与用药目的无关的有害反应。对那些超剂量、错误用药，或者管理差错产生的后果，不属于药品不良反应，属于药物警戒范围。

药品不良反应监测报告制度的目的就是为了更科学地指导合理用药，保障上市药品的安全有效。药品不良反应报告制度是国际上通行的科学、规范的制度。

《药品不良反应报告和监测管理办法》规定，药品生产企业、药品经营企业和医疗机构发现可能与用药有关的严重不良反应，必须及时向当地省、自治区、直辖市人民政府药品监督管理部门和卫生行政部门报告。对已确认发生严重不良反应的药品，国务院或者省、自治区、直辖市人民政府的药品监督管理部门可以采取停止生产、销售、使用的紧急控制措施，并应当在 5 日内组织鉴定，自鉴定结论做出之日起 15 日内依法做出行政处理决定。

按照 GSP 要求，药品经营企业质量管理部门应当配备专职或者兼职人员，按照国家有关规定承担药品不良反应监测和报告工作。具体内容包括以下几方面。

1. 有药品不良反应监测和报告管理制度，按《药品不良反应报告和监测管理办法》等法规文件要求和企业实际制定药品不良反应监测和报告工作程序。

2. 由质量管理部门负责药品不良反应监测和报告工作。

3. 实现网络在线填报《药品不良反应/事件报告表》。

4. 有专职或者兼职人员负责药品不良反应监测和报告，并经过相关培训，能在规定时间内有效完成药品不良反应或药品不良事件的记录、收集、分析、调查、评价、处理、上报。

《药品不良反应/事件报告表》如表 6－8 所示。

表6-8　药品不良反应/事件报告表

首次报告□　　　　跟踪报告□　　　　　　　　　　　　　　　编码：

报告类型：新的□　　　严重□　　　　一般□　　报告单位类别：医疗机构□　　经营企业□　　生产企业□

个人□　　其他□

患者姓名：	性别：男□女□	出生日期：年 月 日 或年龄：	民族：	体重（kg）：	联系方式：

原患疾病：	医院名称：病历号/门诊号：	既往药品不良反应/事件：有□ 无□ 不详□ 家族药品不良反应/事件：有□ 无□ 不详□

相关重要信息：吸烟史□　　饮酒史□　　妊娠期□　　肝病史□　　肾病史□　　过敏史□　　其他□

药品	批准文号	商品名称	通用名称（含剂型）	上市许可持有人	生产厂家	生产批号	用法用量（次剂量、途径、日次数）	用药起止时间	用药原因
怀疑药品									
并用药品									

不良反应/事件名称：	不良反应/事件发生时间：　　年　　月　　日

不良反应/事件过程描述（包括症状、体征、临床检验等）及处理情况（可附页）：

不良反应/事件的结果：痊愈□　　好转□　　未好转□　　不详□　　有后遗症□　　表现：

死亡□　　直接死因：　　　　　　　　　　死亡时间：　　年　　月　　日

停药或减量后，反应/事件是否消失或减轻？是□　　否□　　不明□　　未停药或未减量□

再次使用可疑药品后是否再次出现同样反应/事件？　　是□　　否□　　不明□　　未再使用□

对原患疾病的影响：不明显□　　病程延长□　　病情加重□　　导致后遗症□　　导致死亡□

关联性评价	报告人评价：肯定□ 很可能□ 可能□ 可能无关□ 待评价□ 无法评价□ 签名：
	报告单位评价：肯定□ 很可能□ 可能□ 可能无关□ 待评价□ 无法评价□ 签名：
报告人信息	联系电话： 职业：医生□ 药师□ 护士□ 其他□
	电子邮箱： 签名：
报告单位信息	单位名称： 联系人： 电话： 报告日期：　年　月　日
生产企业请填写信息来源	医疗机构□ 经营企业□ 个人□ 文献报道□ 上市后研究□ 其他□
备注	

说明：1. 严重药品不良反应　是指因使用药品引起以下损害情形之一的反应：①导致死亡；②危及生命；③致癌、致畸、致出生缺陷；④导致显著的或者永久的人体伤残或者器官功能的损伤；⑤导致住院或者住院时间延长；⑥导致其他重要医学事件，如不进行治疗可能出现上述所列情况的。

2. 新的药品不良反应　是指药品说明书中未载明的不良反应。说明书中已有描述，但不良反应发生的性质、程度、后果或者频率与说明书描述不一致或者更严重的，按照新的药品不良反应处理。

3. 报告时限　新的、严重的药品不良反应应于发现或者获知之日起 15 日内报告，其中死亡病例必须立即报告，其他药品不良反应 30 日内报告。有随访信息的，应当及时报告。

4. 其他说明

（1）怀疑药品　是指患者使用的怀疑与不良反应发生有关的药品。

（2）并用药品　指发生此药品不良反应时患者除怀疑药品外的其他用药情况，包括患者自行购买的药品或中草药等。

（3）用法用量　包括每次用药剂量、给药途径、每日给药次数，例如，口服，每日 2 次。

5. 报告的处理　所有的报告将会录入数据库，专业人员会分析药品和不良反应/事件之间的关系。根据药品风险的普遍性或者严重程度，决定是否需要采取相关措施，如在药品说明书中加入警示信息，更新药品如何安全使用的信息等。在极少数情况下，当认为药品的风险大于效益时，药品也会撤市。

📊 岗位对接

销售员岗位 🅔 微课 3

任职资格	学历与专业	具有高中以上文化程度，市场营销或医学、药学专业
	工作经验	具有一定的药品销售工作经验
	知识结构	药品基本知识，营销知识，熟悉医药行业的法律法规
	工作能力	人际沟通能力；语言表达能力；解决问题能力
职责	1. 负责企业经营药品的销售推广工作	
	2. 售后服务	
	3. 负责客情维护	
工作内容	1. 与客户沟通，获取客户采购计划，做好重点品种的跟踪服务，防止客户流失	
	2. 协调开票、送货	
	3. 定期核对并回笼应收账款	
	4. 及时搜集、分析、反馈市场信息，撰写市场调研报告	
	5. 与厂商配合共同开发市场	
	6. 跟踪缺货品种，及时处理滞销品种	
	7. 做好退、换货工作	
	8. 做好药品调价、政策变动后的售后服务	
	9. 拜访客户，维持与客户的良好关系	
	10. 拜访新客户，与客户洽谈，促成交易	
	11. 索取客户资质资料，并配合调查、审核其资质	
	12. 完成上级主管交办的临时工作	

药店营业员岗位 🅔 微课 4

任职资格	学历与专业	具有高中以上文化程度或医药、药学及相关专业
	工作经验	经过培训或具有一定的药品零售经验
	知识结构	药学知识，营销学相关知识
	工作能力	沟通协调能力；语言表达能力

续表

职责及工作内容	1. 完成药店的各项经营指标
	2. 根据 GSP 要求，协助质量管理人员做好医药商品质量辅助工作
	3. 保持店堂清洁卫生，医药商品陈列合规有序
	4. 监督医药商品的效期管理
	5. 协助药店经理做好医药商品的进、销、存管理工作
	6. 按 GSP 要求陈列药品
	7. 完成上级主管交办的临时工作

目标检测

答案解析

一、单选题

1. 关于药品销售人员的定位说法不正确的是（　　）。

　A. 医药信息的传递者　　　　　　　B. 药品使用的专业指导者

　C. 医药企业的形象大使　　　　　　D. 可以兼职其他企业销售工作

2. 药品销售记录应保存至药品有效期后（　　）年，不得少于（　　）年。

　A. 1，3　　　　B. 2，3　　　　C. 1，5　　　　D. 2，5

3. 企业销售药品，应当如实开具发票，做到（　　）一致。

　A. 票、账、货、款　　　　　　　B. 票、账、货、批

　C. 票、账、货号、批号　　　　　　D. 票、单、货、款

4. 下列说法正确的是（　　）。

　A. 退货药品可直接入库，继续销售

　B. 我国所有药品都实行政府定价和政府指导价

　C. 如确认本企业的药品质量没有问题，可不进行客户回访

　D. 企业应积极接待并处理质量投诉

5. 一级召回需要在（　　）内召回药品。

　A. 24 小时　　　B. 36 小时　　　C. 48 小时　　　D. 72 小时

6. （　　）负责药品不良反应监测和报告工作。

　A. 质量管理部门　　B. 售后服务部门　　C. 销售代表　　　D. 行政主管

二、多选题

1. 下面说法正确的是（　　）。

　A. 不得将药品销售给证照不全的企业

　B. 销售药品要有完备的手续

　C. 不得夸大药品的功能

　D. 某药品有一般质量问题可以继续销售

　E. 药品批发企业只能将药品销售给医疗机构、药品零售药店

2. 药品经营企业客户需要提供的资质文件包括（　　）。

    A. 药品经营许可证　　　　　　　　B. 营业执照

    C. 药品生产许可证　　　　　　　　D. GSP 认证证书

    E. 医疗器械许可证

3. 药品批发企业将药品销售给私营医疗机构，需要审核的文件有（　　）。

    A. 医疗机构执业许可证　　　　　　B. 营业执照

    C. 药品经营许可证　　　　　　　　D. 采购人员的身份证明

    E. 提货人员的身份证明

4. 下列属于严重药品不良反应情形的是（　　）。

    A. 导致死亡

    B. 导致显著的或者永久的人体伤残或者器官功能的损伤

    C. 导致住院

    D. 导致过敏

    E. 导致住院时间延长

三、简答题

1. 简述药品批发销售工作流程。

2. 药品零售销售记录上应包括哪些内容？

3. 药品批发企业销售药品给其他药品批发企业时，应索取购货单位哪些资质证明文件？

书网融合……

      微课1   微课2   微课3   微课4   习题

学习引导

药品的运输和配送是药品经营企业经营活动的终点，是药品经营企业质量管理过程控制的最后一关。作为药品经营企业应该遵照国家有关商品运输和配送的相关规定，规范药品运输和配送行为，合理选择运输和配送的工具及设施设备，确保药品运输和配送的质量安全，及时将药品送达目的地。那么，药品经营企业应如何确保药品运输与配送过程的规范性？

本项目主要介绍一般药品运输与配送的流程及注意事项、冷链药品运输与配送的流程及注意事项、药品运输方式、药品配送的基本形式。

学习目标

1. **掌握**　药品运输、药品配送概念；一般药品运输及配送的注意事项；冷链药品运输及配送的注意事项；药品包装标示。

2. **熟悉**　药品运输与配送程序；药品运输方式、药品配送的基本形式；生物医药制品的冷链运输和配送要求。

3. **了解**　委托配送；危险品、特殊管理药品运输及配送的注意事项。

PPT

任务一　一般药品运输配送

药品运输是指用专用运输设备将药品从一个地点向另一个地点运送。药品配送是指在经济合理区域范围内，根据客户需要，对药品进行拣选、加工、包装、分割、组配等作业，并按时送达指定地点的物流活动。一般药品是指常温和阴凉储存药品，不包括冷链和特殊管理药品。

岗位情景模拟 7-1

情景描述　医药公司 X 需要为 2 家医药公司、4 家医院配送药品。其中，2 家医药公司需要委托第三方医药物流公司为其进行服务。

讨　　论　1. 医药公司 X 进行药品委托配送业务时，需要注意哪些事项？

2. 委托运输时，需要保留哪些记录？

答案解析

一、药品运输方式

运输方式主要包括铁路运输、水路运输、公路运输、航空运输和管道运输五种方式，如表 7 - 1 所示。选择哪种运输方式需要考虑运速、运量、运价、运输货物特点等因素。

表 7 - 1　五种运输方式比较表

运输方式	速度	运量	运价	适合运输货物特点	优点	缺点
航空运输（飞机）	最快	少	最昂贵	贵重、急需、时间要求紧	速度快、包装简单	运费高、有重量限制
水路运输（轮船）	最慢	最多	最便宜	大宗货物、时间宽松	价格便宜	速度慢、受天气影响大
公路运输（汽车）	较慢	较少	较贵	灵活、量少、路程短	灵活、方便、可"门到门"	装载量小、不适合长途运输
铁路运输（火车）	较快	较多	较便宜	量大、时间较紧	安全、可靠	中转作业时间长
管道运输（管道）	连续	大	便宜	气体、液体、连续性强	货损货差少、连续运输	适合产品较少

药品经营企业应当根据自身经营情况以及药品的性质，选择合适的运输方式。

1. 航空运输速度快、成本高，适合在特殊情况下运输贵重药品和急救药品，特别是有政府指令的救灾、抢险、抢救的药品。

2. 水路运输运量极大，而且运费低，但是运输速度慢，药品依托水路运输时在途时间长，而且容易受到天气和气候影响，适合运输对速度和资金周转要求不高的药品。

3. 公路运输灵活性非常强，可以实现"门到门"的便利运输，但是公路运输运量不如铁路和水路那么大，运费也相对铁路和水路高，不适宜跨省市长距离运输药品。

4. 铁路运输能力强，运输比公路和水路都快，运费比航空运输低廉，运输安全性高，风险小，受天气影响不大，在中长距离的药品运输领域应用广泛。

二、药品配送的基本形式

1. 定时配送　定时配送是一种按照固定的时间间隔进行的配送服务。一般药品采用"日配"或者"小时配"的方式，原则是从接受订单到送达不超过 24 个小时。药品定时配送示意图见图 7 - 1。

	药品配送中心	客户
日配：配送时间点	8:00	次日8:00前送达
小时配：配送时间点	10:00	当日11:00前送达

图 7 - 1　药品定时配送

2. 准时配送　准时配送是指按照客户规定的时间，双方协议配送的服务。通常准时配送不随意改动配送时间，配送的品种也不轻易改变。药品准时配送示意图见图 7 - 2。

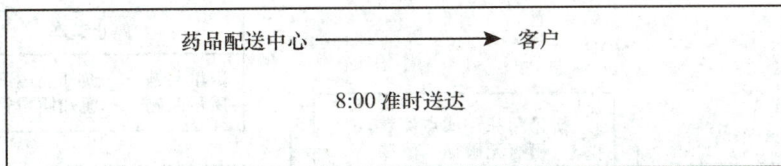

图 7 - 2　药品准时配送

3. 定时、定路线配送　定时、定路线配送是指配送的车辆每天按照固定的行车路线、固定的规定时间进行的配送服务。这种药品配送方式的服务对象一般是在繁华、交通拥挤路段的商业区药店或医院。药品定时、定路线配送示意图见图 7 - 3。

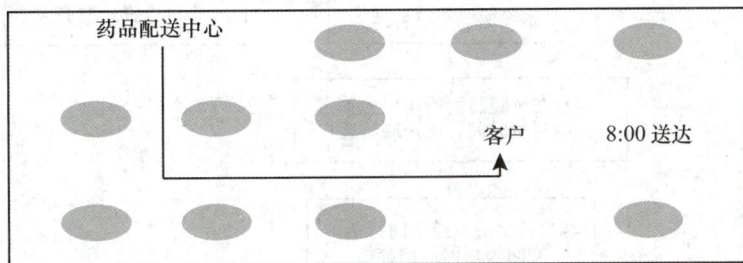

图 7 - 3　药品定时、定路线配送

注：图中（以及以下图中）圆圈代表在商业区内其他不需要配送的商户

4. 共同配送　共同配送是指在一定合理区域范围内，为使物流合理化，由若干个定期需求的货主，共同要求某一个运输企业利用同一个运输系统来完成配送的服务。药品共同配送示意图见图 7 - 4。

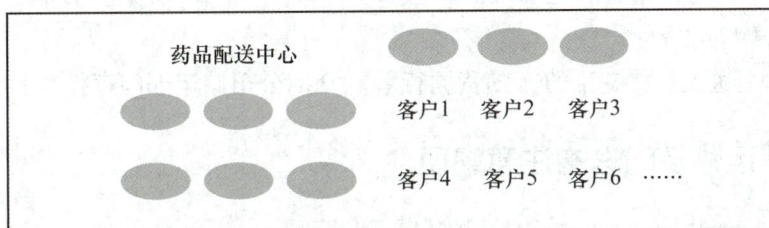

图 7 - 4　药品共同配送

三、药品运输及配送流程

药品运输和配送是由专门的药品运输和配送人员完成的。在整个运输和配送过程中，运输和配送人员在装卸搬运药品时，按要求轻拿轻放、堆码牢固，重下轻上，缓不围急。药品运输与配送流程见图 7 - 5。

1. 清点货物　装车前，运输和配送人员按照《随货同行单》清点货物，注意事项如下。

（1）对于拼箱药品需要清点件数，箱有无破损、渗漏。

（2）对于整箱药品需要核对名称，产地，批号，件数，箱有无破损、渗漏以及储存运输条件。

（3）清点过程中，若发生数量或质量问题则停止装车。

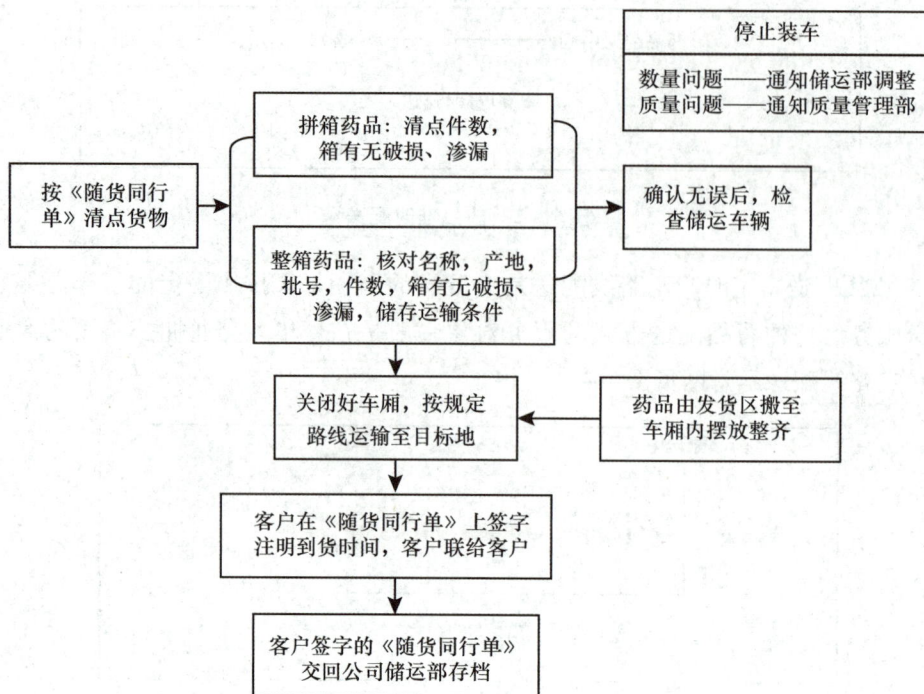

图 7 – 5　药品运输与配送流程

2. 检查确认　确认无误后，检查储运车辆的情况，而后将药品由发货区搬至车厢内摆放整齐。

3. 路线选择　关闭好车厢，按规定路线运输至目标地。运输和配送人员应选择安全适宜路线。

4. 购货单位收货验收　购货单位的收货人员检查无误后，在《随货同行单》上签字并注明到货时间，客户联留给购货单位。

5. 存档　运输和配送人员将签字的《随货同行单》交回公司储运部门存档。

四、一般药品运输及配送的注意事项

（一）药品运输及配送工具的注意事项

药品运输及配送应当使用封闭式货物运输工具。

运输及配送药品，应当根据药品的包装、质量特性，并针对车况、道路、天气等因素，选用适宜的运输工具，采取相应措施防止出现破损、污染等问题。

发货前应当检查运输工具，发现运输条件不符合规定的，不得发运。

（二）药品运输及配送包装的注意事项

企业应当严格按照外包装标示的要求搬运、装卸、运输药品。一般情况下，药品暴露在空气中易氧化、染菌，某些药物见光还会分解、变色，遇水和潮气会造成剂型破坏和变质，遇热容易挥发、软化，激烈的振动会导致制剂变形、碎裂等。药品的物理或化学性质的改变，会导致药品失效，有时不仅不治病，甚至会导致疾病。因此必要时候可以选择衬垫、防震包装、防潮包装、密封包装、真空包装和防破损包装等相应措施，同时需要根据标示进行装卸搬运药品。主要的药品包装标示如图 7–6 所示。

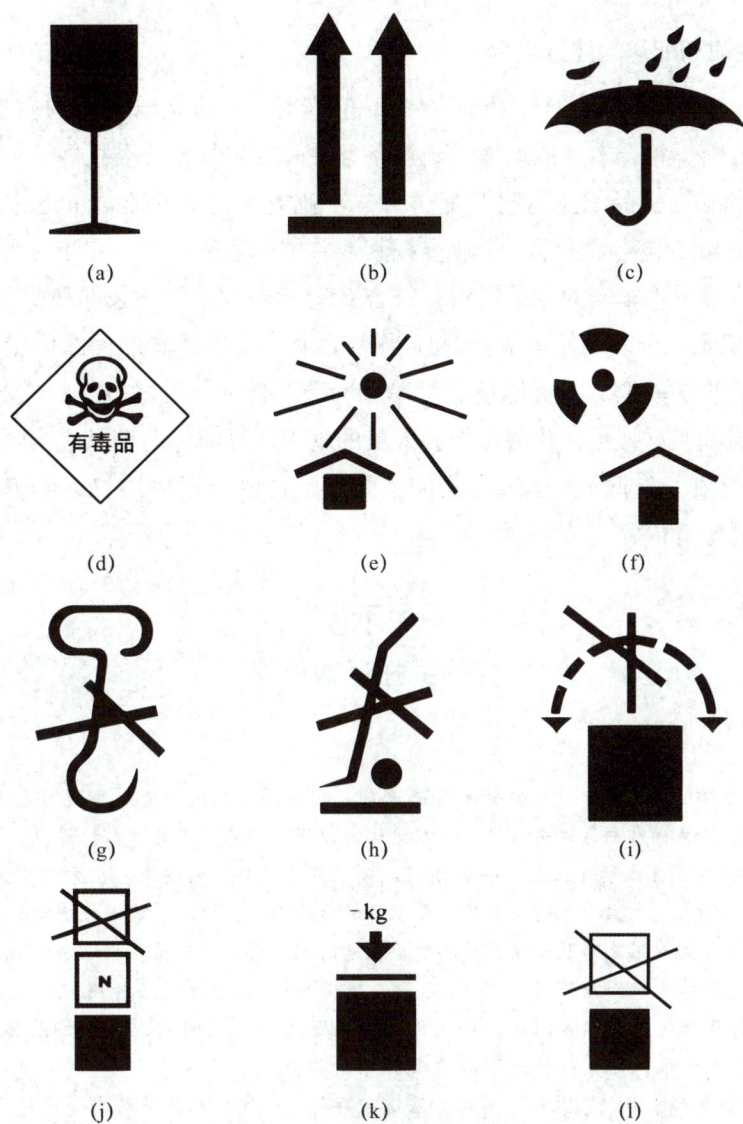

(a) 易碎物品；(b) 向上；(c) 怕雨；(d) 有毒品；(e) 怕晒；(f) 怕辐射；(g) 禁用手钩；

(h) 此面禁用手推车；(i) 禁止翻滚；(j) 堆码层数极限；(k) 堆码重量极限；(l) 禁止堆码

图7-6 药品包装标示

即学即练7-1

一般情况下，在运输过程中可能改变药品的物理或化学性质的情况有哪些？

A. 空气中氧化、染菌   B. 见光分解、变色   C. 遇水和潮气造成剂型破坏和变质

D. 遇热挥发、软化   E. 激烈振动导致制剂变形、碎裂

（三）药品运输及配送过程的注意事项

　　储存、运输设施设备的定期检查、清洁和维护应当由专人负责，并建立记录和档案。企业应当按照质量管理制度的要求，严格执行运输操作规程，并采取有效措施保证运输过程中的药品质量与安全。已装车的药品应当及时发运并尽快送达。运输药品过程中，运载工具应当保持密闭，有条件的情况下应当

对在途药品实行 GPS 跟踪定位。

（四）药品委托运输和配送的注意事项

按照 GSP 要求，企业委托其他单位运输药品的，应当对承运方运输药品的质量保障能力进行审计，索取运输车辆的相关资料，符合本规范运输设施设备条件和要求的方可委托。

1. 签订委托运输协议　药品委托运输及配送时，企业应当要求并监督承运方严格履行委托运输协议，防止因在途时间过长影响药品质量。企业委托其他单位运输药品的，应当对承运方运输药品的质量保障能力进行审计，索取运输车辆的相关资料，符合 GSP 运输设施设备条件和要求的方可委托。

2. 保留委托运输记录　企业委托运输药品应当有记录，实现运输过程的质量追溯。记录至少包括发货时间、发货地址、收货单位、收货地址、货单号、药品件数、运输方式、委托经办人、承运单位，采用车辆运输的还应当载明车牌号，并留存驾驶人员的驾驶证复印件。记录应当至少保存 5 年。

3. 明确委托运输时限　企业委托运输药品应当与承运方签订运输协议，明确药品质量责任、遵守运输操作规程和在途时限等内容。

📖 示例
药品委托运输协议

甲方（托运方）：

乙方（承运方）：

为了严格执行国家药监部门相关规定，严格规范 GSP 管理，确保药品物流安全。经过对乙方运输资质的认定，甲乙双方友好协商，就甲方委托乙方向客户运送药品事宜，双方达成以下一致意见，签署本协议以资共同遵守：

1. 乙方运输药品应当采用封闭式运输工具，并符合温湿度、卫生、安全的要求。乙方自甲方仓库提取药品，在一定期限内送至甲方指定客户的所在地。每次承运药品的数量、目的地等内容，以发货前甲方填写的物流快递单为准，一般常温储存药品运输在途时间不得超过五天，阴凉储存药品运输在途时间不得超过三天。以运输车辆出甲方库房开始计时。

2. 提货时，甲乙双方应尽共同检查药品外观的义务，确保甲方托运的药品外观包装完整，无破损、受潮等问题。如客户收货后提出药品外包装受损等问题，视为乙方运输途中产生的问题，由乙方最终承担损坏赔偿责任。损坏赔偿以所托运货品的货值为限，具体计算以甲方含税开票价格为准。

3. 提货后，乙方应严格按照药品外包装箱上图示方法进行存储、运输，确保药品安全送达。如因运输不当导致客户拒收药品，或药品损坏、灭失等情况，乙方应按照该批药品发票含税金额向甲方支付损坏赔偿金；如因运输不当导致行政部门对甲方进行处罚，或甲方因此丧失各种经营资质、代理资格，甲方有权解除合同，取消乙方承运资格，并向乙方追偿所受到的损失。

4. 提货后，乙方应及时将货物发往甲方指定地点，根据收货地区路途差异，乙方应在附件约定天数（此天数以工作日计，法定假日不计）内送达货物。药检报告及药品《随货同行单（票）》必须随货同行。

逾期送达货物的，乙方应及时与甲方沟通，说明情况，双方积极寻求解决方案，避免扩大损失。送达货物的日期以收货人签收日为准，每超过一天扣除 1/5 的运输费用，以此类推。

逾期 5 日以上仍无法送达的，甲方有权取消乙方全部或部分省份的承运资格。甲方将定期或不定期征询客户关于运输质量问题的意见，并根据反馈意见（包括客户投诉），甲方有权取消乙方全部或部分省份的承运资格。

5. 药品送达客户后，乙方应取得有客户真实有效签章的《随货同行单》（即送货回单，一式三联），并在送达货物日起 30 日内将上述回单的第一联交回甲方。

如回单未取得客户真实有效签章，或无法在 30 日内将回单交回甲方，则乙方应向甲方支付等同于该批药品发票含税金额的违约金，且由此产生的甲方与客户之间的争议对甲方所造成的全部损失由乙方向甲方承担。

6. 甲方托运的货物仅限于附件所列地区，超出上述区域的，乙方可拒绝承运，未经甲方同意，不得以任何理由将货物发往其他地域。运输价格（包括提货市内运输费、保险费及其他各种费用）详见附件。

7. 乙方应根据甲方要求将收货单位需要退回甲方的药品及时运送至甲方指定的地点，本项产生的费用参照本合同第 7 条标准结算。

8. 甲方委托运输货物中，有部分为医院紧缺、供应紧张的紧俏药品。为确保人民群众的基本用药需求，对于这部分紧俏药品，乙方在此承诺严格做到零破损送货。

甲方将在紧俏药品外包装上张贴黄色警示标志，提醒乙方谨慎运输。凡乙方未能履行前述承诺，出现破损的，应按照破损药品货值10倍向甲方支付赔偿金。一经出现紧俏药品运输破损的，甲方有权取消乙方全部或部分省份的承运资格。

9. 乙方完成每次运输业务后应将运输费发票与送货回单（《随货同行单》，第一联）交予甲方，在甲方核对客户签章并确认有效后，甲方应在该业务发生当月后的第三个自然月内付款（例：1月1日~31日发生之业务于4月30日前付款）。

为确保运输质量，自本协议签订起10日内，乙方应向甲方支付_____万元保证金，此保证金甲方应在双方终止合作后三个月内退还乙方。

甲方承诺，向乙方支付的款项中现金比例不低于50%（包括电汇等形式支付的现金）。甲方逾期付款，应按所逾期金额万分之三的标准乘以逾期天数向乙方支付违约金，逾期付款30日以上，乙方有权单方面解除本合同并要求甲方支付上述违约金。

10. 本合同自　　年　　月　　日至　　年　　月　　日有效，到期后双方可以以书面方式续签本合同，本协议相关附件应并加盖双方骑缝章。

11. 本合同一式两份，如发生争议，双方应友好协商解决，协商不成则交由甲方所在地人民法院管辖。

甲方（盖章）：　　　　　　　　　　　乙方（盖章）：

经办人：　　　　　　　　　　　　　　经办人：

签订日期：　　年　　月　　日　　　　签订日期：　　年　　月　　日

承运省份地区	承运期限（工作日）	承运价格（元/箱）

五、危险药品运输及配送的注意事项

对于危险药品的运输及配送，除要求符合一般药品运输及配送要求，还应该严格遵照交通部的《危险货物运输规则》内的相关规定。

（一）危险药品运输及配送驾驶人员要求

对于聘请的驾驶人员应符合道路运输经营条件，并与驾驶员签订安全生产责任书，将责任书内容分解到每个工作环节和工作岗位上，职责明确，责任分清，层层落实安全生产责任制。对道路运输驾驶人员要求严格做到"八不"原则，即"不超载超限、不超速行车、不强行超车、不开带病车、不开情绪车、不开急躁车、不开冒险车、不酒后开车"。驾驶人员必须保证精力充沛，谨慎驾驶，严格遵守道路交通规则和交通运输法规。驾驶人员不得违章作业，驾驶人员连续驾驶时间不超过4小时。

（二）危险药品运输及配送驾驶车辆要求

危险药品运输驾驶车辆每趟次出车前，都要对车辆的安全性能进行全面的检查，发现问题必须及时排除，不消除安全隐患不得出车。做好出车前、停车后的检查准备工作，危险药品运输驾驶车辆装载货物时，必须检查超载及危险品的情况，发现隐患要及时修复，确认无误后方可出车。根据规定，要不定时检查驾驶车辆是否符合安全管理规定。定期对危险药品运输驾驶车辆的消防器材、电路、车辆机件等进行自查自纠。建立和健全安全生产事故的相关隐患档案，吸取相应的经验教训，并且可以举一反三，组织研究并探讨新的技术应用。保持危险药品运输驾驶车辆良好的技术状况，绝对不擅自改装营运车辆。装货时严查超载和擅自装载危险品。不定期检查车辆的安全装置、灯光信号、证件等。

（三）危险药品运输及配送的包装要求

危险药品发货前，必须检查药品包装是否完好，是否符合危险货物包装表的相关规定以及《品名表》中的特殊要求，危险货物对不同材料的腐蚀作用要求相应的包装材质必须耐腐蚀。特殊管理的药品的运输应当符合国家有关规定。

危险货物的运输包装和内包装应按《品名表》及《铁路危险货物包装表》的规定确定，同时还必须符合下列要求。

1. 包装的材料、材质、规格和包装结构应与所装危险药品的性质和重量相适应。包装材料不得与所装药品产生危险反应或削弱包装强度。

2. 充装液态货物的包装容器内至少留有 5% 的余量。

3. 液态危险药品要做到气密封口。对需装有通气孔的容器，其设计和安装应能防止危险药品的流出和杂质、水分进入。其他危险货物的包装应做到严密不漏。

4. 包装应坚固完好，能抗御运输、储存和装卸过程中正常的冲击振动和挤压，并便于装卸和搬运。

5. 包装的衬垫物不得与所装危险药品发生反应而降低安全性，应能防止内装药品的移动和起到减震及吸收作用。

6. 包装表面应保持清洁，不得粘附所装危险药品和其他有害物质。

7. 包装不得重复使用（特殊包装规定的除外，如钢瓶等）。

8. 包装应有规定的危险品包装标志。

危险药品的包装应具有抗冲撞、震动、挤压和摩擦的作用，一般来说，货物性质越危险的，发生事故危害性越大，其包装强度越高。同一种危险货物，单件包装重量越大，包装强度也应越高。同一类包装运距越长、倒载次数越多，包装强度应越高。还应该查看危险药品箱外是否有危险货物的包装标志，然后再按规定办理托运以及交付的工作。进出口危险货物在国内段运输时，必须粘贴相应的中文危险货物包装标志和储运标志。

危险货物的国际运输，按照包装的强度分成三个等级，分别为Ⅰ级包装、Ⅱ级包装和Ⅲ级包装。Ⅰ级包装表示最大危险的包装，一般盛装较大危险程度的危险货物，包装强度要求高；Ⅱ级包装表示中等危险的包装，一般盛装中等危险程度的危险货物，包装强度要求较高；Ⅲ级包装表示较小危险的包装，适宜装较小危险程度的危险货物，包装强度要求一般。

（四）托运人要求改变危险货物包装的处理

托运人要求改变包装时，应填写《包装改进申请表》，并应首先向发站提出经县级以上主管部门审查同意的包装方法及包装检测部门的包装试验合格证明。

发站认为改进的包装方法符合运输要求时，报铁路分局审查，并通过铁路局批准后，在指定的时间和区段内组织试运。跨局试运的应通知有关铁路局、分局和车站。

试运时，托运人应在运单"包装"栏内注明"试运包装"字样。试运时间至少一年以上。试运结束时车站应会同托运人将试运结果报主管铁路分局、铁路局和铁道部。铁路局对试运结果进行研究后，提出对试运结果的意见，报铁道部。铁道部可根据试运结果确定全路运输条件。

六、特殊药品运输

运输和配送特殊药品必须按照《麻醉药品管理办法》《麻醉药品国内运输管理办法》《精神药品管理办法》《医疗用毒性药品管理办法》等相关规定进行办理，应当采用集装箱或者快件方式进行，能用直达运输尽量不进行中转，如需中转则尽量减少中转环节，并由专人进行中转。办理特殊药品的托管或邮寄应在货物运单上明确标出药品的具体名称，发货人需在记事栏内加盖"麻醉药品或精神药品专用章"，尽可能缩短特殊药品在车站、码头及现场的存放时间，并要求采用封闭式运输工具，铁路运输中不得使用敞篷车，水路运输不得配装至舱面，公路运输应当全部覆盖，并且严密，捆扎牢固。特殊药品运输途中如果有丢失情况，必须认真查找并且必须立即上报当地公安机关和药品监督管理部门。

药品运输采取安全管理措施，防止在运输过程中发生药品盗抢、遗失、调换等事故。企业应当在药品采购、储存、销售、运输等环节采取有效的质量控制措施，确保药品质量，并按照国家有关要求建立药品追溯系统，实现药品可追溯。

任务二　冷链药品运输配送

PPT

冷链药品是指冷藏、冷冻类温度敏感性药品，从药品生产企业出库到消费者使用前的整个储存过程都必须处于规定的温度环境下，才能保证药品质量的稳定性。

冷藏药品指对药品贮藏、运输有冷处等温度要求的药品。冷处指温度符合 $2 \sim 10℃$ 的贮藏、运输条件，生物制品应在 $2 \sim 8℃$ 避光贮藏、运输。

冷冻药品指对药品贮藏、运输有冷冻等温度要求的药品，冷冻指温度符合 $-10 \sim -25℃$ 的贮藏、运输条件。

按照 GSP 要求，冷链药品运输和配送时，应当根据药品数量、运输距离、运输时间、温度要求、外部环境温度等情况，选择适宜的运输工具和温控方式，确保运输过程中温度控制符合要求。

▶▶ 岗位情景模拟 7 – 2

情景描述　D 客户从医药公司 X 采购了一批需要冷藏储存的药品。其中，有 1 箱整件药品，10 盒零货药品。D 客户要求次日送达。

讨　　论　1. 医药公司 X 的保管员、运输员应选择什么样的运输工具进行配送？

2. 如何对冷藏药品装车，在运输和配送的过程中需要注意哪些事项？

答案解析

一、冷链运输和配送的药品类别

需要冷链运输和配送的药品主要包括以下几大类。

1. 生物制品　如重组人胰岛素及所有胰岛素制剂、重组人干扰素、重组人生长激素、刺激因子、胸腺肽、人胎盘组织液、生长激素及类似物、促红素及类似物等。

2. 血液制品　如人血白蛋白、球蛋白、人免疫球蛋白、人凝血因子、凝血酶冻干粉、冻干人纤维蛋白原等。

3. 疫苗 如破伤风抗毒素、甲乙肝疫苗等各种疫苗等。

4. 部分活菌制剂 如金双歧片、二联活菌片、乳酸菌素片、双歧杆菌四联活菌片等。

5. 部分眼用制剂 如重组牛碱性成纤维细胞生长因子滴眼液（贝复舒）、小牛血去蛋白提取物滴眼液等。

6. 部分抗肿瘤药物 如酒石酸长春瑞滨注射液、塞替派注射液、司莫司汀胶囊、亚叶酸钙注射液、依托泊苷软胶囊、注射用硫酸长春地辛、注射用硫酸长春碱、注射用硫酸长春新碱、注射用异环磷酰胺、注射用盐酸阿糖胞苷等。

7. 其他需要冷链运输和配送的药品 如鲑降钙素注射液、细胞色素 C 溶液、注射用苯磺顺阿曲库铵、注射用醋酸奥曲肽、注射用尿激酶、注射用头孢硫脒、注射用头孢哌酮钠、注射用胸腺法新等。

二、冷链药品运输工具的选择

冷链药品运输方式选择应确保温度符合要求，应根据药品数量的多少、路程和运输时间的长短、外界温度和贮藏条件的高低等情况选择合适的运输工具，宜采用冷藏车、冷冻车或者冷藏箱及保温箱运输。

（一）冷藏车

冷藏车要求具有自动调控温度、显示温度、存储和读取温度监测数据的功能，冷藏车的控制温度为 2～8℃。其配置符合国家 QC/T 449—2010 标准要求；冷藏车厢具有防水、密闭、耐腐蚀等性能，车厢内部留有保证气流充分循环的空间。冷藏车的分类方式有以下几种。

1. 按底盘承载能力不同冷藏车分为微型冷藏车、小型冷藏车、中型冷藏车、大型冷藏车。
2. 按车厢型式不同冷藏车分为内置式冷藏车和外挂式冷藏车。

冷藏车在运输途中要使用自动监测、自动调控、自动记录及报警装置，对运输过程中进行温度的实时监测并记录，温度记录时间间隔设置不超过 5 分钟/次，数据可读取，温度记录应当随药品移交收货方。

（二）冷冻车

冷冻车是用来运输冷冻或保鲜货物的封闭式厢式运输车，是装有制冷机组制冷装置和聚氨酯隔热厢的冷藏专用运输汽车，冷冻车的控制温度为 −20～8℃。

（三）冷藏箱及保温箱

1. 冷藏箱及保温箱的特点 冷藏箱、保温箱的箱体采用吸水性低、透气性小、导热系数小、具有良好温度稳定性的保温材料，保温箱需要配备蓄冷剂以及用于隔离药品与蓄冷剂的隔温装置。

冷藏箱具有自动调控温度的功能，与泡沫箱相比，具有重复利用性。

2. 冷藏箱及保温箱的要求

（1）冷藏箱及保温箱必须具有外部显示和采集箱体内温度数据的功能。

（2）保温箱应根据不同材质、不同配置方式以及环境温度进行保温性能测试，并在测试结果支持的范围内进行运输。

（3）采用保温箱运输时，应根据保温箱的性能验证结果，在保温箱支持的、符合药品贮藏条件的保温时间内送达。

即学即练 7-2

冷藏车的运输和配送温度要求是多少?

A. 2~10℃　　　B. 2~8℃　　　C. -20~8℃　　　D. 0~20℃　　　E. 10~30℃

答案解析

三、冷链药品运输及配送流程 微课 1

冷链药品的运输和配送要按照冷链药品运输配送流程进行操作,需要注意以下问题。

1. 使用冷藏车配送

(1)冷藏车驾驶员确认运输任务后,对冷藏车进行检查,确认设备正常后,启动制冷设备,对车辆进行预冷,同时打开温度记录仪,监测车厢内温度情况。待车厢内达到规定温度且稳定后,方可装车。

(2)冷藏车驾驶员在冷库发货区对药品进行核对。无误后,在《冷链药品交接单》上填写车牌号、启运日期等信息,签字确认。《冷链药品交接单》通常一式四联,一联出库复核留存,三联随车,其中两联交客户,一联收货签字后带回。同时,冷藏车驾驶员和冷库发货员还需在行车记录单上签字确认。

(3)冷库发货员迅速将冷藏药品由冷库发货区转移到冷藏车处,在门帘中间进行装车,不得将门帘掀起。装车过程中应实时监测车厢内的温度变化,当超出设定温度范围时,应及时关闭车门,直到达到要求后再进行装车操作。装车完成后,立即关闭车厢门。

(4)冷藏车驾驶员启动车辆,打开 GPS 设备,数据上传至监测系统,车辆的运输状态可以在后台系统上实时显示,包括运行路线、实时温度等。

运输过程中,冷藏车驾驶员要实时查看温度记录仪,如温度出现异常情况,应及时报告运输部经理,并按指令处置。中途卸货时不得掀起门帘,严格控制卸货时间,并随时观察温度变化。若温度超标,应立即停止卸货,及时关闭冷藏车车门,待温度达到要求后再进行卸车操作。

(5)与收货方收货人员确认后,在《冷链药品交接单》上记录到货温度、时间,按收货方要求打印在途温度,收货完成后,要求收货人员在《冷链药品交接单》和《随货同行单》上签字,带回,交给仓储部进行存档。

2. 使用冷藏箱/保温箱配送

(1)发货前,保管员根据发货药品的贮存要求,将冷藏箱放置于相应温度范围的冷库内,打开保温箱箱盖,预冷 48 小时,保证冷藏箱箱内温度达到要求的温度范围。

(2)将经预冷、释冷后的冰排放置于冷藏箱内。冰排的放置数量根据验证结论确定,主要受运输距离的远近、冷媒的性质、环境温度等因素的影响。注意,在冰排的周围放置纸板、塑料板等隔离设施,保证药品与冰排不直接接触,防止局部温度过低,影响药品质量。

(3)将核对无误的药品放入冷藏箱中央位置,如果配送多家客户,应根据运输路线按照路途远近依次由下而上放置药品。装完药品后,在药品顶部放置冰排。放置时要注意,如果药品会接触到顶部冰排,必须在药品和冰排之间加隔离设施。

(4)装箱完毕后,盖好箱盖。

四、冷链药品运输及配送的注意事项

（一）冷链药品运输和配送人员的注意事项

1. 冷藏、冷冻药品的收货、验收、养护、保管人员应符合 GSP 要求。

2. 从事疫苗配送的，还当配备2名以上专业技术人员专门负责疫苗质量管理和验收工作。专业技术人员应当具有预防医学、药学、微生物学或者医学等专业本科以上学历及中级以上专业技术职称，并有3年以上从事疫苗管理或者技术工作经历。

3. 从事冷藏、冷冻药品收货、验收、储存、养护、出库、运输等岗位工作的人员，应当接受相关法律法规、专业知识、相关制度和标准操作规程的培训，经考核合格后，方可上岗。

（二）冷链药品运输和配送设施设备的注意事项

1. 冷藏、冷冻药品的贮藏应有温度自动监测、显示、记录、调控、报警的装置设备。

2. 运输过程中，药品不得直接接触冰袋、冰排等蓄冷剂，防止对药品质量造成影响。

3. 运输和配送冷链药品的企业应当有与其经营规模和品种相适应的冷库、冷藏车、车载冷藏箱、保温箱等设施设备。运输冷藏、冷冻药品的冷藏车及车载冷藏箱、保温箱应当符合药品运输过程中对温度控制的要求。

4. 冷藏设施应配有备用发电机组或双回路供电系统。

5. 对有特殊低温要求的药品，应当配备符合其储存要求的设施设备。

6. 冷藏药品贮藏、运输设施设备应有校准方案、定期维护方案和紧急处理方案，由专人定期进行检查、校准、清洁、管理和维护，并有记录，记录至少保存3年。

7. 建立健全冷藏、冷冻药品贮藏运输设施设备档案，并对其运行状况进行记录，记录至少保存5年。

8. 企业应当按照《药品经营质量管理规范》和相关附录的要求，对冷库、冷藏车、冷藏箱、保温箱以及温湿度自动监测系统进行验证，并依据验证确定的参数和条件，制定设施设备的操作、使用规程。

（三）冷链药品发货的注意事项

1. 冷链药品应指定专业人员负责药品的发货、拼箱、装车工作，并选择适合的运输方式。

2. 冷库设置包装材料预冷、装箱发货、待处理药品存放等区域，并有明显标示。验收、储存、拆零、冷藏包装、发货等作业活动，必须在冷库内完成。

3. 装载冷链药品时，冷藏车、车载冷藏箱或保温箱应预冷至符合药品贮藏运输要求的温度。

4. 冷链药品由库区转移到符合配送要求的运输设备的时间，冷藏药品应在30分钟内，冷冻药品应在15分钟内。

（四）冷链药品温度控制和监测的注意事项

1. 冷链药品应进行24小时连续、自动的温度记录和监控，温度记录间隔时间设置不得超过30分钟/次。冷藏、冷冻药品的储存、运输设施设备配置温度自动监测系统，可实时采集、显示、记录、传送储存和运输过程中的温度数据，并具有远程及就地实时报警功能，可通过计算机读取和存储所记录的监测数据。运输过程中温度超出规定范围时，温湿度自动监测系统应当实时发出报警指令，由相关人员查明原因，及时采取有效措施进行调控。

2. 冷库、冷藏车、车载冷藏箱或保温箱内温度自动监测布点应经过验证，符合冷链药品冷藏的要求。每一独立的冷库至少安装 2 个测点终端，并均匀分布；每台独立的冷藏、冷冻药品运输车辆或车厢至少安装 2 个测点终端；每台冷藏箱或保温箱应当至少配置 1 个测点终端；对测点终端每年至少进行一次校准，对系统设备应当进行定期检查、维修、保养，并建立档案。

3. 自动温度记录设备的温度监测数据可读取存档，记录至少保存 5 年。

4. 温度报警装置应能在临界状态下报警，应由专人及时处置，并做好温度超标报警情况的记录。

5. 制冷设备的启停温度设置：冷藏建议 3~7℃，冷冻建议 –23 ~ –12℃。

6. 应按规定对自动温度记录设备、温度自动监控及报警装置等设备进行校验，保持准确完好，填写《冷链药品运输交接单》。填写《冷链药品运输交接单》如表 7 – 2 所示。

表 7 – 2　冷链药品运输交接单

日期：　　年　　月　　日

供货单位（发运单位）					
购货单位（接收单位）					
药品简要信息（应与所附销售随货同行联相对应）	序号	药品名称/规格/生产企业/生产批号		数量	备注
	1				
	2				
	3				
	4				
	5				
温度控制要求			温度控制设备		
运输方式			运输工具		
启运时间			启运时温度		
保温时限			随货同行联编号		
发货人员签字			运输人员签字		
备注					
以上信息发运时填写 以下信息收货时填写					
到达时间			在途温度		
到达时温度			接收人员签字		
备注					

注：1. "运输方式"填"客户自提、物流发货、送货上门"。
　　2. 当客户上门自提时"运输人员签字"栏应由客户签字，发货人员应当查验客户运输车辆有保证温度的相关措施，并提供泡沫箱、冰袋等保温措施。
　　3. 在采用物流发货时应签订协议，严格控制运输途中的温度和运输时间，确保药品质量。

（五）冷链药品运输和配送中的注意事项

1. 冷链药品运输和配送中应配备确保冷藏药品温度要求的设施、设备和运输工具。

2. 采用保温箱运输冷链药品时，保温箱上应注明贮藏条件、启运时间、保温时限、特殊注意事项或运输警告。

3. 采用冷藏车运输冷藏药品时，应根据冷藏车标准装载药品。冷藏车厢内，药品与厢内前板距离不小于 10cm，与后板、侧板、底板间距不小于 5cm，药品码放高度不得超过制冷机组出风口下沿，确保气流正常循环和温度均匀分布。

4. 应制定冷链药品发运程序。发运程序内容包括出运前通知、出运方式、线路、联系人、异常处理方案等。

5. 冷链药品运输和配送人员出行前应对冷藏车及冷藏车的制冷设备、温度记录显示仪进行检查，要确保所有的设施设备正常并符合温度要求。

6. 运输和配送过程中，应当实时监测并记录冷藏车、冷藏箱或者保温箱内的温度数据，要及时查看温度记录显示仪，如出现温度异常情况，应及时报告并处置。

7. 企业应当制定冷藏、冷冻药品运输过程中温度控制的应急预案，对运输过程中出现的异常气候、设备故障、交通事故等意外或紧急情况，能够及时采取有效的应对措施，防止因异常情况造成温度失控。

知识链接

山东非法经营疫苗案

疫苗是指用各类病原微生物制作的用于预防接种的生物制品，是典型的冷链药品，其生产、运输、储存和使用的全过程都应该符合冷处保存的管理要求。

2016 年 3 月，山东警方破获了一起重大非法经营疫苗案，涉案疫苗批发企业伙同其他非法经销商在 5 年间将 25 种儿童、成人用二类疫苗未经冷链存储运输销往全国 24 个省市，涉案金额高达 5.7 亿元。本案 2 名主犯庞某、孙某分别获刑 19 年和 6 年；与本案有关的刑事判决书共有 91 份，判决 137 人获刑；6 家涉案的药品批发企业被吊销《经营许可证》。这次非法疫苗案件事发后，医药流通领域迎来了一场整顿风暴：《国务院关于修改〈疫苗流通和预防接种管理条例〉的决定》中取消了药品经营企业的疫苗经营权，着力完善第二类疫苗的销售渠道、冷链储运等流通环节法律制度，建立疫苗全程追溯法律制度，加大处罚及问责力度。2019 年 6 月 29 日，十三届全国人大常委会第十一次会议表决通过《中华人民共和国疫苗管理法》，自 2019 年 12 月 1 日起开始施行。

山东非法经营疫苗案对冷链药品相关企业和从事相关工作的从业者敲响了警钟，警示大家必须重视疫苗流通过程中的每一个环节，树立强烈的规范意识，严格遵守《中华人民共和国疫苗管理法》，严格按标准流程作业。未来，疫苗的监管力度将会越来越大。确保公众健康，我们任重道远。

实训 17　普通药品运输配送

【实训目的】

通过本次实训，让学生掌握非冷链药品运输配送流程。

【材料准备】

1. 全班分成 8 个组，6~7 人/组，人数少的班级 5~6 人/组。
2. 计算机储存管理软件系统。
3. 模拟车厢。
4. 配送客户地址信息。
5. 若干药品包装箱（整件货、拼箱）。
6. 《随货同行单》。

【实施步骤】

步骤一　清点货物

1. 拼箱药品　清点件数，箱有无破损、渗漏。

2. 整箱药品　核对名称，产地，批号，件数，箱有无破损、渗漏，储存运输条件。

步骤二　检查运输车辆

1. 根据外部天气、药品储存温度要求（常温或阴凉），选择合适的运输工具。

2. 运载车辆的密闭性。

步骤三　装车运输

1. 依据《随货同行单》逐一将药品装车。

2. 药品装车依据配送线路，即按"路程最远的最先装车，距离最近的最后装车"这样的顺序进行装车。

3. 药品码放整齐。

4. 关闭好车厢，按规定路线运输至目标地。

步骤四　货物交接

1. 配送员将货物交给客户，客户收货。

2. 客户在随货同行联上签字，注明到货时间，客户联给客户。

3. 客户签字的随货同行联交回公司质量管理部存档。

【操作要点和注意事项】

1. 清点药品时，若有数量问题则通知储运部调整，质量问题则通知质量管理部。

2. 依据销售出库票据(《随货同行单》) 逐一将药品装车。

3. 药品装车时要考虑配送线路。

4. 注意交接手续完整性。客户在随货同行联上签字，注明到货时间，客户联给客户，客户签字联要交回公司储运部存档，客户签字联是客户收货的凭证，作用相当于合同，具有法律效力。

5. 以小组为单位配合完成，角色分工合理性，任务完成的流畅性。

6. 根据客户地址信息安排装车的顺序。

📊 岗位对接

配送员岗位 📱 微课 2

	学历与专业	中专以上学历
任职资格	工作经验	具有药品运输工作经验
	知识结构	药品知识，医药物流知识
	工作能力	协调沟通能力；计划组织能力；应急能力
职责	1. 负责药品的运输工作	
	2. 负责药品运输途中的质量、数量、安全管理	
	3. 负责药品在运输过程中的装卸、搬运，实现安全、准确、及时和经济的运输要求	

续表

工作内容	1. 按指定的运输工具和运输路线做好药品的运输准备工作
	2. 依据运输凭证核实所需运输药品的内容，并检查药品包装及图示标志，准确无误后在运输凭证上签名确认
	3. 装卸搬运药品需轻拿轻放，严格按照外包装图示图标要求堆码存放，不得倒置或重压药品
	4. 药品装车堆码整齐，捆扎牢靠，并采取相应的衬垫、防震等措施防止药品破损、装机、污染等，保证药品运输的质量、数量及安全
	5. 应针对药品包装和道路情况，采取相应措施，防止药品破损和混淆，运输有温度要求的药品，需要采取保温和冷藏措施，确保药品质量
	6. 运输途中必须严密覆盖药品，禁止敞篷运输
	7. 与托运部门或购货单位相关人员办理托运时应及时清点药品，并妥善保管托运凭证
	8. 与发货员办理药品运输交接手续
	9. 运输危险品时应按照《化学危险品管理条例》的规定进行
	10. 运输途中发现药品质量问题后应立即终止药品的发货，并及时上报质量管理部门处理，做好相应记录，不得自行处理后继续运送给购药单位

目标检测

答案解析

一、单选题

1. ( ) 是指用专用运输设备将药品从一个地点另一个地点运送。

　　A. 药品运输　　　B. 药品配送　　　C. 药品流通　　　D. 药品采购

2. ( ) 是指在经济合理区域范围内，根据客户需要，对药品进行拣选、加工、包装、分割、组配等作业，并按时送达指定地点的物流活动。

　　A. 药品运输　　　B. 药品配送　　　C. 药品流通　　　D. 药品采购

3. ( ) 适合在特殊情况下运输贵重药品和急救药品，特别是有政府指令的救灾、抢险、抢救的药品。

　　A. 铁路运输　　　B. 水路运输　　　C. 航空运输　　　D. 公路运输

4. 液态危险药品要做到 ( )。

　　A. 削弱包装强度　　B. 坚固完好　　　C. 保持清洁　　　D. 气密封口

5. 一般来说，药品性质越危险的，发生事故危害性越 ( )，其包装强度越 ( )。

　　A. 大、高　　　　B. 小、高　　　　C. 大、低　　　　D. 小、低

6. 冷藏冷冻药品的装箱、封箱等作业活动，必须在 ( ) 内完成。

　　A. 常温库　　　　B. 冷库　　　　　C. 阴凉库　　　　D. 任意库

7. 每台独立的冷藏、冷冻药品运输车辆或车厢，安装的温度自动监测测点终端数量不得少于 ( )。

　　A. 1 个　　　　　B. 2 个　　　　　C. 3 个　　　　　D. 4 个

8. 企业应当对测点终端每年至少进行 ( ) 校准，对系统设备应当进行定期检查、维修、保养，并建立档案。

　　A. 1 次　　　　　B. 2 次　　　　　C. 3 次　　　　　D. 4 次

二、多选题

1. 运输方式主要包括 （　　）。

　A. 铁路运输　　　　　B. 水路运输　　　　C. 公路运输　　　　D. 航空运输

　E. 管道运输

2. 一般需要冷链运输和配送的药品主要包括 （　　）。

　A. 所有的生物制品　　　　　　　　B. 所有的血液制品

　C. 所有的疫苗　　　　　　　　　　D. 部分的活菌制剂

　E. 部分的眼用制剂和部分的抗肿瘤药物

2. 冷链管理要求对 （　　）进行验证。

　A. 冷库　　　　　　　B. 冷藏车　　　　　C. 冷藏箱　　　　　D. 保温箱

　E. 温湿度自动监测系统

三、简答题

1. 简述一般药品运输和配送基本流程。
2. 简述冷链药品运输和配送基本流程。

书网融合……

微课 1　　　　　微课 2　　　　　习题

模块三
企业质量检查

项目八　评估检查

学习引导

贯彻实施 GSP 是规范药品流通秩序，提高药品经营管理和服务水平，维护公众健康权益的重要措施。企业实施 GSP 的过程既是全面质量管理过程的具体体现，同时也是一个不断评估检查、持续完善的过程。那么，药品经营企业如何保证有效实施 GSP？药品经营企业如何才能使企业质量管理活动有凭可查？

本项目主要介绍 GSP 的特征、GSP 质量控制目标、GSP 现场检查指导原则以及企业质量档案、记录凭证的整理及规范过程。

学习目标

1. **掌握**　质量档案的整理；记录凭证的整理。
2. **熟悉**　GSP 的特征；GSP 现场检查指导原则；药品批发企业、药品零售企业质量档案目录；记录凭证目录。
3. **了解**　GSP 质量控制目标。

PPT

任务一　全员学习

质量管理是对企业经营行为全过程的管理，是全员参与的活动，只有通过全体员工的共同努力，协调配合，把 GSP 要求全部细化分解落实到各部门、各岗位，才能有效实施 GSP，最终保证药品经营质量。

岗位情景模拟 8－1

情景描述　医药公司 X 的《药品经营许可证》即将到期，需要重新换证，该公司成立了以企业主要领导为首的、各部门负责人和质量管理人员参加的换证领导小组，进行全员 GSP 培训，动员全体员工积极参与 GSP 实施。

讨　　论　如何让企业每个岗位员工认识到 GSP 与人人相关，人人有责？

答案解析

185

一、GSP 的特征

（一）具有法定强制性

从事药品经营活动，必须遵守 GSP，这是经营条件之一，同时，药品监督管理部门对企业遵守 GSP 的情况进行检查，监督其持续符合法定要求。

《药品管理法》第 126 条规定：药品经营企业未遵守 GSP 的，责令限期改正，给予警告；逾期不改正的，处十万元以上五十万元以下的罚款；情节严重的，处五十万元以上二百万元以下的罚款，责令停产停业整顿直至吊销《药品经营许可证》，对法定代表人、主要负责人、直接负责的主管人员和其他责任人员，没收违法行为发生期间自本单位所获收入，并处所获收入百分之十以上百分之五十以下的罚款，十年直至终身禁止从事药品经营活动。

（二）责权统一性

1. 企业责任　企业在经营过程中需严格按照 GSP 的标准建立质量管理体系，包括质量管理体系文件、组织机构、人员资质及培训、设施设备、计算机系统等关键要素，提高药品经营企业素质、管理水平，规范药品经营行为，使企业置于 GSP 的要求和约束之下。

2. 监管责任　药品监督管理部门有责任监督企业实施 GSP，由药品监督检查机构实施检查，达到规范药品经营行为、维护药品市场秩序的目的。

3. 事中事后监督　药品监督管理部门通过法律和行政手段，对实施的过程和结果进行监管，让药品经营市场更加规范，竞争更加有序，使企业的发展能够沿着一个健康的轨道前行。

（三）许可和检查相结合

1. 两者相辅相成　新版《药品管理法》取消了 GSP 认证。开办药品经营企业时，按照《药品管理法》第 52 条的要求，强调"有保证药品质量的规章制度，并符合国务院药品监督管理部门依据本法制定的药品经营质量管理规范要求。"药品监督管理部门根据 GSP 等对药品经营企业现场验收符合要求的发放《药品经营许可证》，即二证合一。对到期换发证书的药品经营企业，再次按照 GSP 进行现场检查，做出是否准予换证的决定。

2. GSP 检查是许可证认定后的常态化监督管理　药品监督管理部门应当按照规定，依据 GSP 对药品经营企业进行持续监督检查。

3. GSP 实施应在现行法规规定上进行　GSP 是依据《药品管理法》《中华人民共和国行政许可法》等法律法规及有关政策实施的。

（四）过程性

1. GSP 强调药品经营全过程质量控制

（1）供应商选择　确定供货单位的合法资质，对药品供货单位的质量管理体系进行评价，确认其质量保证能力和质量信誉，必要时进行实地考察。

（2）药品购进　确定所购入的药品是国家批准的合法药品，对于首营企业和首营品种，必须进行重点审核，必要时进行实地考察。

（3）收货验收　企业按照规定的程序和要求对到货药品逐批进行收货、验收，防止不合格药品入库。

（4）储存保管养护出库　根据药品的质量特性对药品进行合理储存、保管和养护，确保出库药品质量合格，杜绝不合格药品的出库。

（5）药品销售　药品经营企业必须保证销售行为的合法性，实现流通过程药品质量的有效追溯和追踪，减少经营风险，保证药品质量。

（6）药品售后服务　药品售后服务是质量管理体系的重要组成部分，是质量管理体系中一项重要工作，为质量管理体系提供决策数据，监督其他质量活动。

2. 连续动态工作链过程　药品经营企业在经营过程中，必须要有的四大记录为采购记录、验收记录、销售记录、出库复核记录，保证了药品经营管理过程中物流、资金流、商流的可追溯性。

（1）采购记录　药品经营企业采购药品，必须有真实、完整的采购记录，这是为了加强药品购进环节的控制，保证购进药品的合法性，确保购进合法的药品。

（2）验收记录　验收结束后，验收人员将验收的相关信息输入计算机系统，系统自动生成验收记录，这是为了保证购进药品质量符合要求，防止不合格药品和假劣药品进入。

（3）销售记录　销售记录是企业销售药品活动的真实记录，能够确保企业药品销售行为的真实、安全和可追溯，这是为了加强销售环节的质量管理，确定将药品销售给合格的购货单位，严禁销售假劣药和质量不合格药品。

（4）出库复核记录　药品出库复核应当建立记录，包括购货单位、药品通用名称、剂型、规格、数量、批号、有效期至、药品上市许可持有人、生产厂商、出库日期、质量状况和复核人员等内容，这是为了确保销售药品符合质量标准，杜绝不合格药品流出。

（五）技术规范性

1. GSP 是保证药品质量和规范经营行为的技术规范　GSP 为药品流通过程中，针对采购、收货验收、储存、销售及售后服务等环节制定的保证药品安全性、有效性、质量可控性的管理规范。其核心是通过严格的管理规范来约束企业的行为，加强药品管理，保证药品质量，保障公众用药安全有效。

2. GSP 是一个质量管理体系　建立质量管理体系是药品经营企业实施 GSP 的基本要求，其中组织机构、人员、质量管理体系文件、设施与设备、计算机系统等五大要素是质量管理体系的基本要素。通过对组织机构和人员赋予职责，并制定相应的管理制度和岗位操作规程来约束各类人员履职和尽职。GSP 要求企业的组织机构、设施设备等要与企业经营规模和经营范围相适应，企业通过对采购、收货与验收、养护、销售、出库复核、销后退回和采购退出、运输、储运温湿度监测、不合格药品处理等全过程实施质量控制，保证经营管理活动的有效运行，使企业的经营质量得到相应保障。

3. 控制的核心是药品质量　企业全员参与质量管理，以药品质量为核心，各部门、岗位人员正确理解并履行职责，以满足质量控制的要求，保证药品质量。

二、GSP 质量控制目标

GSP 质量控制目标是药品经营过程中质量管理的标准、规则和要求，其实质就是控制药品在流通环节所有可能发生质量事故的因素，从而防止质量事故发生的一整套管理程序。质量控制指标如表 8 - 1 所示。

表 8－1　质量控制指标

指标	内容
关键岗位 人员资格	企业法定代表人、企业负责人、质量负责人、质量管理部门负责人、质量管理、验收、养护、采购、销售
质量职责	各部门及岗位职责
质量管理体系文件	质量管理制度、部门及岗位职责、操作规程、档案、报告、记录和凭证等
设施设备	办公场所、库房布局、库房规模及条件、库房设施设备、运输工具
计算机系统	质量控制功能、操作权限审核、基础数据更新
条件控制	冷库温度、阴凉库温度、常温库温度、库房湿度
过程管理	药品采购、收货与验收、储存、养护、销售、售后等环节进行过程管理控制
记录管理	记录的原则、记录管理要求、记录种类

知识链接

全员质量管理

　　全员质量管理（TQC），又称"全面质量管理"，是企业开展以质量为中心，全员参与为基础的一种管理途径。《药品经营质量管理规范》覆盖药品经营的方方面面和各环节，而这些环节都是由各部门、各岗位的人员完成的，任何一个环节出现问题都将影响企业的合规经营以及药品的质量安全。所以，树立"全员质量管理"观念是企业提高经营质量管理水平的关键。

　　随着 GSP 认证的取消，药品经营企业必须进行管理理念的转变，在全面贯彻、落实党中央有关药品安全"四个最严"要求的基础上，强化药品流通全过程管控，以人民健康为中心及出发点，建立更加科学、严格的监督管理制度，全面提升药品流通环节的管理质量。同时，GSP 飞检带来的监管压力也将督促企业向更加合规的方向发展，对于药品流通行业转型升级、企业的优胜劣汰都有着重大意义。

三、GSP 检查项目

　　GSP 检查项目是按照《药品经营质量管理规范现场检查指导原则》中包含的项目及其涵盖的内容，进行全面检查，并逐项做出肯定或否定的评定，凡属不符合的项目定义为缺陷，包括严重缺陷项目、主要缺陷项目和一般缺陷项目。出现严重缺陷项，或一般、主要缺陷数超过一定限额，则不通过检查。检查过程中有关检查项目还同时对照所对应的附录检查内容进行检查，如果附录检查内容检查中存在任何不符合要求的情形，所对应的检查项目应当判定为不符合要求。

（一）药品批发企业检查项目

　　《药品经营质量管理规范现场检查指导原则》中批发企业检查项目共 256 项。其中严重缺陷项目在条款前标识"＊＊"，有 10 项；主要缺陷项目在条款前标识"＊"，有 103 项；一般缺陷项目有 143 项。

（二）药品零售企业检查项目

　　《药品经营质量管理规范现场检查指导原则》中零售企业检查项目共 176 项，其中严重缺陷项目（＊＊）8 项，主要缺陷项目（＊）53 项，一般缺陷项目 115 项。药品零售连锁企业总部及配送中心按照药品批发企业检查项目检查，药品零售连锁企业门店按照药品零售企业检查项目检查。

（三）体外诊断试剂（药品）经营企业

《药品经营质量管理规范现场检查指导原则》体外诊断试剂（药品）经营企业检查项目共 185 项，其中严重缺陷项目（＊＊）9 项，主要缺陷项目（＊）70 项，一般缺陷项目 106 项。

即学即练 8 - 1

GSP 现场检查指导原则将质量缺陷分为哪几种？
A. 严重　　　　B. 重大　　　　C. 主要　　　　D. 一般　　　　E. 轻微

答案解析

任务二　质量档案整理

PPT

根据《药品管理法》《药品经营质量管理规范》，以及相关法律法规要求，药品经营企业应在经营管理过程中的各个环节建立并完善质量档案。质量档案是质量管理体系有效运行的证据，保证质量管理工作的真实性、规范性和可追溯性。

岗位情景模拟 8 - 2

情景描述　医药公司 XXX 全员经过 GSP 培训学习，对实施 GSP 有了更深刻的理解。在质量管理部总体协调、指导下，相关岗位人员按照 GSP 规范和公司各项质量管理制度要求，整理经营过程中的各项质量档案。

讨　　论　1. 公司综合性材料如何准备？
　　　　　　2. 仓储部需要准备哪些档案材料？

答案解析

一、资料整理工作

GSP 资料涉及药品经营企业的各个层次，除了主要的质量管理职能部门外，各相关部门和基层单位要密切配合，认真收集整理，汇总编号，审核统计。

（一）综合性材料

这部分资料主要由职能部门组织完成，作为总体材料的补充与追溯，主要是对照 GSP 和 GSP 现场检查指导原则的要求整理。资料编码应科学，便于日后检索查找。

1. 根据 GSP 现场检查指导原则的检查项目编制资料总目录，与相应档案盒序号对应。

2. 对照 GSP 现场检查指导原则逐条汇集材料和数据，如某条内容资料较多，可以编分目录，反之，则可将几条标准应备资料合一。

3. 每个资料盒内应装有一份资料目录，并贴在档案盒的内侧，盒内资料应该用文件夹按目录顺序夹好或装订成册。

4. 对照 GSP 现场检查指导原则，属于合理缺项的，如非本企业检查项目，应在总目录该条处标明"合理缺项"。

5. 基层数据资料和记录因数量较多，可存一两本于档案盒内备查，并注明其他部分的保存部门。

（二）部门自备材料

部门自备材料主要由相关部门分别自行完成，包括以下内容。

1. 各主要部门实施 GSP 工作情况。

2. 与 GSP 相关的各岗位、各环节质量工作制度、程序及职责资料。

3. 各部门与 GSP 和 GSP 现场检查指导原则相对应部分的原始记录与材料。

二、质量档案目录

（一）药品批发企业质量档案目录

药品批发企业质量档案目录举例如下。

1. 企业证件档案

2. 质量管理体系设置文件档案

3. 质量管理体系文件档案

4. 质量方针目标档案

5. 质量管理体系审核档案

6. 风险评估档案

7. 质量管理制度检查、考核档案

8. 质量教育培训及考核管理档案

9. 不合格药品管理档案

10. 质量事故档案

11. 首营企业档案

12. 合格供货企业档案

13. 首营客户档案

14. 合格销售客户档案

15. 药品购进档案

16. 进货质量评审档案

17. 卫生及人员健康档案

18. 质量信息档案

19. 药品养护档案

20. 药品出库凭证档案

21. 药品质量查询、投诉档案

22. 药品不良反应档案

23. 设施设备验证档案

24. 计量器具校准与验证档案

25. 召回药品档案

26. 首营品种档案

27. 药品质量档案

（二）药品零售企业质量档案目录

药品零售企业质量档案目录举例如下。

1. 企业资质

2. 组织机构与框图

3. ＊药品质量档案

4. 药品质量查询

5. 药品质量信息

6. 人员培训与继续教育

7. 质量管理制度

8. 质量管理制度的考核

9. 企业人员档案

10. 企业人员健康档案

11. 设备、设施档案

12. ＊首营企业及合法供货企业资质

13. ＊首营品种档案资料

14. 药品购进验收

15. 药品购进票据

16. ＊进口药品的购进验收

17. 拆零药品管理

18. 中药饮片管理

19. 不合格药品管理

20. 陈列药品质量检查

21. 库存药品质量检查

22. 药品重点品种养护

23. 仪器设备使用与保养

24. 近效期药品催销

25. 药品的退出处理

26. 温湿度调控

27. 药品销售管理

28. 药品不良反应监测

29. 顾客意见记录

说明：＊代表连锁门店可不需建立的档案内容。

实训 18　整理质量档案

【实训目的】

通过本次实训，让学生掌握质量档案整理的方法。

【材料准备】

1. 全班同学模拟一个简单的药品批发公司，分成 7 个基础部门（质管部、行政部、采购部、销售部、信息部、财务部、储运部），每个部门根据工作的需要分配工作人员。

2. 药品批发企业质量档案目录 1 套，按条款分配到各个部门。

3. 档案盒、文件夹、计算机。

4. 计算机软件管理系统。

【实施步骤】

步骤一　布置任务

1. 确认质量档案种类　组长组织召开会议，整理各部门质量档案目录。

2. 分类归档　整理已有的档案资料，补齐缺少的资料，归档。

3. 展示档案资料　展示各组分好类的档案资料。

步骤二　学生做

1. 学习规范、制度、程序文件。

2. 各部门提交整理的档案目录。

3. 各部门整理、补齐资料，交给指导老师。

步骤三　企业信息核对（在计算机软件系统中操作）

1. 在计算机系统中打开软件操作系统。

2. 点击"每个模块"，核对相应的信息。

【操作要点和注意事项】

1. 各部门整理的资料、资质证明文件、票据等是否存在虚假现象，尤其要注意资料的真实性。

2. 企业对组成质量管理活动的过程识别，是否存在明显的缺失或不合理。

3. 注意企业收集的资料是否是最新版本和更新的，注意及时更新。

4. 注意企业计算机软件中的信息与纸质版的是否一致。

PPT

任务三　记录凭证整理

岗位情景模拟 8－3

　　情景描述　医药公司×××全员经过新版 GSP 培训学习，对实施 GSP 有了更深刻的理解。在质量管理部总体协调、指导下，相关岗位人员按照 GSP 规范和公司各项质量管理制度要求，整理经营过程中的各项记录凭证。

　　讨　　论　1. 与 GSP 相关的记录凭证有哪些？

　　　　　　　2. 能够对药品经营过程进行追溯的记录凭证有哪些？

答案解析

一、记录凭证整理内容

　　记录和凭证作为质量管理体系文件的一部分，属于企业受控文件，由质量管理部门制定或指定并统一编号后，各部门下载使用。

记录凭证整理主要由相关部门分别组织自行完成，包括以下几部分。

1. 各主要部门实施 GSP 工作情况的记录表格。

2. 与 GSP 相关的各岗位、各环节质量工作制度、程序相关档案记录表格和凭证。

3. 各部门与 GSP 及其现场检查指导原则相对应部分的见证性原始记录与凭证。

二、记录凭证要求

（一）记录的类别

1. 电子记录 各部门在实施质量管理体系要求过程中形成的各种系统数据、图片及各类电子记录等证据，如验收记录、出库复核记录等。

2. 书面记录 在各种质量活动中书面填写的表格、文件，如检查记录、质量管理体系评价表等。

3. 质量凭证 在各种质量活动中留存的纸质证据等，如《随货同行单》、印章式样、增值税发票等。

（二）记录及凭证的形成

1. 电子记录是由各环节工作人员通过授权及密码登录计算机系统后，进行工作数据的录入产生的。

2. 书面记录是质量体系文件的一部分，经过批准后由各环节工作人员根据工作事实填写。

3. 凭证是收集的药品经营过程中的相关文件、证明等原始资料。

（三）质量记录的标识及存档

1. 各种质量记录的原始资料应由该质量记录的使用部门负责按规定年限保存。装订的封面应标明质量记录的名称、编号、时间范围和保存期限。

2. 电子质量记录按规定及时备份，应当至少保存 5 年。

3. 质量记录应指定专人统一妥善保管，防止损坏、遗失。

三、相关记录和凭证目录

GSP 现场检查指导原则相对应部分的见证性原始记录与资料的准备，涉及企业各个部门，现将相关联的记录表格和凭证目录归纳如下。

1. 文件修订申请表

2. 文件资料发放、收回登记表

3. 药品停售（锁定）通知单

4. 解除（解锁）停售通知单

5. 药品质量复检通知单

6. 不合格（质量可疑）药品报告单

7. 不合格药品报损审批单

8. 不合格药品销毁记录

9. 不合格药品处理情况汇总分析记录表

10. 质量管理体系内审记录

11. 质量管理体系内部评审反馈表

12. 质量管理体系内部评审报告

13. 质量体系问题改进和措施跟踪记录

14. 药品质量信息反馈单

15. 首营企业审批表

16. 首营品种审批表

17. 客户投诉处理表

18. 员工个人健康档案

19. 员工教育培训记录

20. 企业内部培训考核汇总表

21. 强制检定计量器具检定记录卡

22. 设备使用记录表

23. 设施设备检查、维修、保养记录表

24. 设施设备档案目录

25. 药品召回通知单

26. 购进凭证

27. 销售凭证

实训 19　整理记录凭证

【实训目的】

通过本次实训，让学生掌握记录凭证的整理方法。

【材料准备】

1. 全班同学模拟一个简单的批发公司，分成 7 个基础部门（质管部、行政部、采购部、销售部、信息部、财务部、储运部），每个部门根据工作的要求分配工作人员。

2. 相关记录和凭证目录 1 套，按条款分配到各个部门。

3. 档案盒、文件夹。

4. 计算机。

5. 计算机软件管理系统。

【实施步骤】

步骤一　布置任务

1. 确认记录凭证种类　组长组织召开会议，整理出各部门的记录凭证目录。

2. 分类装订归档　整理已有的记录凭证，补齐缺少的资料，装订。

3. 展示记录凭证　展示各组分类装订好的记录凭证。

步骤二　学生做

1. 学习规范、制度、程序文件。

2. 各部门提交目录。

3. 各部门整理、补齐资料，装订好交给指导老师。

步骤三　企业信息核对（在计算机软件系统中操作）

1. 在计算机系统中打开软件操作系统核对基本信息。

2. 点击"每个模块"，核对相应的记录信息。

【操作要点和注意事项】

1. 各部门整理的记录凭证文件、票据等是否存在虚假现象，尤其要注意记录的原始性、真实性和可追溯性。

2. 各部门应保管好与本部门有关的所有记录和凭证，按相关要求至少保存 5 年，重要的记录应长期保存。

任务四　撰写 GSP 自查报告

PPT

药品经营企业撰写 GSP 自查报告主要包括两个方面，一是简要介绍企业概况，二是总结本企业的 GSP 自查情况。具体内容可参考如下要求。

▶ 岗位情景模拟 8−4

情景描述　医药公司×××的《药品经营许可证》已到期，需要重新换证，企业组织了全员学习。各部门各岗位人员根据 GSP 要求，结合岗位工作，认真进行了自查，质量负责人要求先分部门撰写自查报告，再形成公司总的自查报告。

讨　　论　1. 企业如何对 GSP 质量管理的执行情况进行自查？

2. 各部门应如何进行自查总结，公司总的自查报告主要从哪几个方面进行阐述？

答案解析

一、企业概况的主要内容

1. 企业的性质、类型（如为合资或合作等类型企业，应注明投资人的出资比例）。

2. 公司成立时间、公司注册地址、仓库地址。

3. 营业场所、仓库、办公及辅助用房面积。

4. 药品经营业务的正式运行时间。

5. 企业人员概况（总员工数，各类专业技术人员的人数及其比例，其中药学专业技术人员的人数及其比例，从事药品质量管理、质量验收、养护工作人员的人数、技术职称及占员工总数的比例等）。

6. 企业经营状况（经营范围、品种、上年度销售额、利税情况）及进行 GSP 改造所用资金。

7. 企业自上次发证以来质量管理体系五大要素发生变更的情况说明。

8. 企业自上次发证以来，历经各种监督检查发现的缺陷项目和整改情况。

二、企业 GSP 质量管理体系自查总结

准备换证的企业根据本企业所制定的《质量管理体系内部审核制度》和《质量管理体系内部审核程序》的要求，对照 GSP 现场检查指导原则的项目各条内容，逐一检查企业 GSP 质量管理的执行情况，对不符合的项目及时改正、跟踪并记录。企业对以上工作的总结主要从以下几个方面阐述。

1. 质量管理体系的内审 质量管理体系五大要素包括组织机构、人员、设施设备、计算机系统、质量管理体系文件的建立情况。审核质量风险管理、体系内审、确认与验证等规定的运行情况。

2. 人员与培训 企业人员组成和基本素质；员工 GSP 培训（包括公司总体培训计划、培训内容、培训对象、培训结果）及继续教育情况的档案建立和人员实际培训效果的提问和实战；与药品直接接触的岗位工作人员健康检查情况、健康检查档案的建立。

3. 设施设备 营业场所和仓库的环境与布局；仓库温湿度自动监测系统；设施设备与经营药品品种是否相适应，冷链药品储存、运输设施设备，设备的管理与检修情况；计算机管理的设施、网络环境、数据库及应用软件功能等。

4. 药品进货管理 药品购进所涉及的各项管理情况；首营企业与首营品种审核制度的执行情况；落实质量保证协议。

5. 药品检查验收的管理 把好药品验收入库质量关，对药品按照规定验收，明确验收结论，在计算机系统自动生成验收记录，并按照规定备份，保存 5 年。

6. 药品储存、养护与陈列（零售）管理 实行色标管理，分类储存，"五距"合理，搬运规范；养护人员定期汇总、分析和上报养护检查、近效期或长时间储存的药品质量信息，养护员按照计算机系统自动生成的养护（陈列检查）计划，逐批检查养护，填写养护（陈列检查）结果，形成养护（陈列检查）记录，并按照规定保存 5 年。

7. 出库与运输管理（批发与零售连锁） 药品出库复核、装卸与运输过程的质量管理情况。

8. 销售与售后服务 药品销售记录管理；药品的质量投诉和不良反应报告管理。

9. 企业经营特殊管理的药品 如果企业经营特殊管理的药品，应该对特殊管理的药品的进、销、存等各环节的管理情况予以简述。

10. 自查情况 内容包括自查人员、自查的大概过程、自查的结果

11. 提出换证申请

📖 示例
实施 GSP 情况自查报告

××药品监督管理局：

为了规范药品零售连锁企业经营行为，加强药品质量管理，根据《药品经营质量管理规范》的检查要求，我公司对实施 GSP 情况进行了自查，认为已符合《药品经营许可证》换证检查标准，现将自查情况报告如下。

一、企业概况

××××××××有限公司是××××年××月××日正式成立的药品零售连锁企业，并于××××年××月××日办理了营业执照。经营许可证号：××××××××。营业执照号：××××××××××。经营地址：×××××。经营范围：中药饮片、中成药、化学药制剂、抗生素、生化药品、生物制品（除疫苗）。公司现有营业面积×××㎡，仓库面积×××㎡，办公及辅助面积×××㎡。公司共有员工××人，其中执业药师××人，主管药师××人，药师××人。

公司设置了质量管理部、业务部、配送中心、零售管理部、人事行政部和财务部等部门，各部门职能明确。质量管理部下设质量管理组合质量验收组，配送中心下设药品养护员、药品保管组及药品配送员；零售管理部下辖×个连锁门店，公司自××××年××月××日起正式实施连锁配送以来，各工作环节均严格按照 GSP 的要求运作，自上次换发《药品经营许可证》至今，公司质量负责人由×××变更为×××，时间是××××年××月××日（与《药品经营许可证》副本上的一致）。

自上次换发《药品经营许可证》至今，历次接受药品监督管理部门监督检查情况和整改报告（附后）。

二、实施GSP概况

公司成立之初便严格按照GSP要求筹建，并根据企业的实际情况配置了必备的设施设备，确定了质量方针和质量目标，建立了完善的质量管理体系文件，并于执行前组织全员学习，为全面实施GSP做好了准备。

为推动全体员工对此次《药品经营许可证》换证工作的重视，由公司总经理×××亲自动员，成立《药品经营许可证》换证领导小组，统一协调。小组制定了一套比较系统的GSP实施方案，做到人员到位、资金到位、职责到位，使各工作环节均严格按照GSP的要求运作。

为全面掌握GSP的实施情况，公司设立了由质量副总经理为组长的GSP自查小组，并于××××年××月对照《药品经营质量管理规范现场检查指导原则》对公司的GSP实施情况进行了全面细致的检查，根据自查结果制定合理的整改方案并逐项落实，使公司的GSP实施工作得到了巩固和提高。

三、GSP的开展情况

（一）管理职责

公司自创建以来就严格按照GSP规定设置管理机构，成立了以总经理为首的，包括质量管理机构和采购、储运、销售等部门负责人组成的"质量领导小组"。公司质量管理部下设质量管理组和质量验收组。质量管理部现有×人，其中执业药师×人，药师×人。

根据GSP要求，公司确定了质量方针和质量目标，建立了完善的质量管理体系文件，并于执行前组织全员学习。

（二）人员与培训

公司共有员工××人，药学技术人员×人，占总人数的××%，其中执业药师×人，主管药师×人，药师×人。从事质量管理、验收、养护等岗位专职人员×人，占职工总人数的××%，并保持相对稳定，企业主要负责人具有大学本科学历，熟悉国家有关药品管理的法律、法规和所经营药品的知识；质量管理负责人和质量管理机构负责人均为执业药师，能坚持原则，可独立解决经营过程中的质量问题，其他质量管理人员均为药学或相关专业大专或以上学历；验收养护人员均为药学或相关专业中专以上学历。

为了提高员工业务素质和质量意识，公司质量副总经理、质量管理部经理和质量管理员均参加了省局举办的GSP培训班，其他员工也都参加了×××市药品监督管理部门举办的从药人员培训班，并同时获得了《培训合格证书》。人事行政部也根据年度培训计划，定期对本企业员工进行质量和业务方面的培训，并建立了培训档案。

公司对直接接触药品的人员上岗前均进行岗前健康检查，并获得由×××市局核发的《健康证》，目前尚未发现体检不合格人员。

（三）设施与设备

我们按照GSP要求，结合公司的具体实际，在原有基础上继续完善了硬件设施。调整了部分库区划分，使其既符合GSP要求，又便于实际工作。公司现有办公用房×××m²，辅助用房×××m²，营业用房共计×××m²。公司仓库面积×××m²，并设立了独立中药饮片库、专管药品库。

仓库配备了符合规定的地垫、货架、消防器材、防爆灯、排风扇、空调、冷藏柜、冷库、冷藏车、温湿度自动监测系统、计算机系统、挡鼠板、粘鼠板、灭虫灯、避光保温窗帘等设施设备。验收养护室也配备了符合GSP要求的空调、自动温控探头、除湿机等仪器设备。各种设施设备均建立档案，并能够按规定对所用设施和设备进行定期检查、维修和保养。

（四）进货与验收

进货环节以"质量第一"的原则，严格执行首营企业和首营品种审核制度，认真审查供货方的法定资格，评价其质量信誉，对首营企业、首营品种资质经过质量管理部审核和质量管理负责人审核后在计算机系统生成供货企业和供货品种基础数据库；采购药品均签订了质量保证协议；质量管理部门建立了首营企业、首营品种档案，供货方业务人员档案等；采购部门人员严格按照药品采购管理制度和程序实施药品采购，采购人员按规定在计算机系统操作，自动生成采购记录，有效把好药品购进质量关。

验收环节严格执行药品验收管理制度和程序，把好药品验收入库质量关。货到仓库，由收货员接货核对数量后，暂存于待验库，通知验收员验收；验收员依据法定药品标准和合同规定的质量条款对购进药品、售后退回药品的质量进行逐批验收，明确验收结论，在计算机系统自动生成验收记录，并按照规定备份，保存 5 年。

（五）储存与养护

严格按照药品入库储存管理制度和程序办理入库转区和存放保管。保管员凭验收员签字的到货凭证和验收单收货，将验收合格的药品转入相应的合格品区保管，并在计算机系统录入，做到账、货相符；将验收不合格药品暂时转入不合格品专区，由专人保管，等待质量管理部处理；库内实行色标管理，分类储存，"五距"合理，搬运规范，不同批号药品之间留有规定的间距，近效期药品前放置标志牌。

严格按照药品养护制度和程序进行药品养护。采用温湿度自动监测系统，实时记录实时传送，并实施有效调控措施；对库存药品按季进行养护检查，按照计算机系统自动生成的养护计划进行养护，并做好药品养护记录，对近效期药品，每月编制"近效期药品催销表"。

养护人员定期汇总、分析和上报养护检查、近效期或长时间储存的药品质量信息，建立了药品养护档案。

（六）出库与配送

坚持"先产先出、近期先出"和"按批号发货"的原则出库。认真执行药品出库复核管理制度，做到不合格药品、有质量疑问的药品和未经复核的药品不准出库，并在计算机系统填写药品出库复核记录。按照规定的要求备份和保存。配送药品有专用配送箱，对需要低温保存的药品使用保温箱、冷藏车配送；药品装运过程中，采用缓冲隔垫将配送箱垫紧塞牢，以防摇晃，确保药品运输安全。配送员将药品送达门店后，与门店验收员进行交接，并经门店验收员验收签字确认后，将回执联返回至配送中心。

（七）门店环境与条件

门店采用统一商号和标志，员工着装一致；门店营业货架、柜台及拆零专柜齐全，并配有冰箱及相应的药品调剂工具和包装用品；门店各种证照均在明显位置悬挂。

（八）门店药品购进与验收

门店所有药品均由公司配送，不得自行采购药品。门店验收员依据公司配送单收货、验收，明确验收结论，在计算机系统自动生成验收记录，并按照规定备份，保存五年。药品验收合格后由门店验收员在配送单上签字。配送单"验收联"作为门店验收记录，按月装订保管。

（九）门店药品陈列与养护

门店实施处方药与非处方药分开摆放，并有 OTC 标志；药品与非药品分开陈列；内服药与外用药分开陈列；各类药品按功能主治再归类陈列；对需要冷藏保存的药品放入冰箱内陈列；拆零药品陈列于拆零专柜，保留原包装标签，且由专人负责；处方药不开架销售；中药斗前书写正名正字，饮片装斗前进行质量复核，并按规定填写记录。

门店陈列药品和斗柜中药饮片按月按照计算机系统生成的陈列药品检查计划进行质量检查，并填写质量检查记录；检查时发现有质量疑问的药品立即撤柜并暂停销售，填写药品质量复查通知单，报告公司质量管理部门复查确认，经确认不合格时，由公司统一召回，按公司不合格药品管理制度处理。

（十）门店销售与服务

销售药品严格遵守有关法律、法规和制度，正确介绍药品性能、用途、禁忌及注意事项等；严格按规定销售处方药，并做好销售记录，将留存处方保留 2 年；不得采用有奖销售、附赠药品或礼品的方式销售药品。

严格执行药品不良反应报告制度，一旦发现不良情况能立即上报质量管理部，并由质量管理部根据情况上报市药品监督管理部门，到目前为止，未发现一例患者出现不良反应。

门店设立药师咨询处，指导顾客安全、合理用药。店内明示服务公约，公布监督电话，设置了顾客意见簿。对顾客提出的意见和建议积极处理，最大限度地满足顾客要求；店内广告宣传符合国家有关规定。

四、存在问题与整改措施

尽管我们已进行了长时间的准备，但在自查中仍发现了一些问题，并针对这些问题做了相应整改。

1. 质量信息收集不够全面

整改措施：要求公司各部门注意收集外部信息，同时注意分析本部门与质量有关的数据、资料等，形成质量信息向有关部门传递。

质量管理部门每天及时收集国家药品监督管理部门发布的药品管理法律法规、质量公告、不良反应等信息，并进行信息传递。

2. 企业员工对专业知识掌握不够全面

整改措施：人事行政部今后在增加专业知识培训的基础上，针对相关人员进行单独培训。

根据以上实施 GSP 情况自查的结果，认为已基本达到《药品经营质量管理规范》要求，特向贵局换证中心提请《药品经营许可证》换证申请，我们以此次换证为契机，加强质量管理体系建设，不断提高全员素质与企业管理水平，为企业的发展壮大打好基础！

特此上报，请审！

×××××××××××××××××××

××××年××月××日

实训 20　撰写 GSP 自查报告

【实训目的】

通过本次实训，让学生掌握撰写 GSP 自查报告的方法。

【材料准备】

1. 全班分成 8 个组，6～7 人/组，人数少的班级 5～6 人/组。

2.《药品经营质量管理规范现场检查指导原则》8 套。

3. 计算机。

4. GSP 自查报告范文。

【实施步骤】

步骤一　布置任务

1. 岗位自查　各岗位对照 GSP 现场检查指导原则的检查项目逐项自查，写岗位自查报告。

2. 组内交流　组长主持，组内交流各岗位自查情况。

3. 汇总报告　组长总结本公司实施 GSP 情况。

步骤二　学生做

1. 获取资讯信息，岗位自查，分别写所在岗位自查报告。

2. 组内每个人汇报所在岗位自查情况。

3. 根据模拟企业经营实践、组内交流及组长的总结，每个人写一份所在公司的自查报告。

步骤三　组内形成统一意见

组长组织讨论，组内交流形成统一意见，对照《药品经营许可证》换证涉及《药品经营质量管理规范现场检查指导原则》检查项目条款撰写出 GSP 自查报告。

【操作要点和注意事项】

1. 确保实施 GSP 自查报告撰写顺利，应当按照 GSP 现场检查指导原则的检查项目条款所涵盖的内容对药品经营企业实施《药品经营质量管理规范》情况进行全面检查，并逐项做出肯定或者否定的评价，凡属不完整、不齐全的检查项目应判定为不合格。

2. 有关检查项目还应当同时对照所对应的附录检查内容进行检查，如果附录检查内容检查中存在任何不符合要求的情形，所对应的检查项目应当判定为不合格。

岗位对接

质量管理员岗位 微课

任职资格	学历与专业	具有药学中专或者医学、生物、化学等相关专业大学专科以上学历或者具有药学初级以上专业技术职称
	工作经验	药品质量管理工作经验
	知识结构	药品基本知识，药事管理知识，相关法律知识
	工作能力	协调沟通能力；文字表达能力；解决问题能力；计算机操作能力
职责		1. 对企业质量管理体系有效运行负责
		2. 对不合格药品的确认、处理、报损、销毁负责
		3. 对首营品种和首营企业的审核负责
工作内容		1. 协助起草企业药品质量管理制度，并指导、督促质量管理制度的执行
		2. 建立企业供应商档案以及所经营药品并包含质量标准等内容的质量档案
		3. 对质量体系中不合理的职责、流程、文件进行否决
		4. 对不适合的储存环境、不专业的服务进行确认、否决
		5. 协助开展对企业职工药品质量管理知识的继续教育或培训
		6. 负责药品召回管理、不良反应报告、质量查询和药品质量事故或质量投诉的调查、处理及报告
		7. 负责质量不合格药品的审核，提出对不合格药品的处理意见，并对处理过程实施监督
		8. 负责药品验收的管理，负责指导和监督药品保管、养护中的质量工作
		9. 负责收集和分析药品质量信息
		10. 负责指导设定计算机系统质量控制功能，负责计算机系统操作权限的审核和质量管理基础数据的建立及更新
		11. 负责组织验证、校准相关设施设备

目标检测

答案解析

一、单选题

1.《药品经营许可证》有效期是（　　）。

　　A. 5 年　　　　　　　B. 3 年　　　　　　　C. 2 年　　　　　　　D. 10 年

2. 企业（　　）参与质量管理，以药品质量为核心，各部门、岗位人员正确理解并履行职责，以满足质量控制的要求，保证药品质量。

　　A. 质量负责人　　　B. 全员　　　　　　　C. 总经理　　　　　　D. 质量管理部

3.（　　）是质量管理体系有效运行的证据，保证质量管理工作的真实性、规范性和可追溯性。

　　A. 质量风险管理　　　　　　　　　　　　B. 质量档案

　　C. 计算机信息化管理　　　　　　　　　　D. 药品冷链管理

4. 记录及凭证应当至少保存（　　）。

　　A. 2 年　　　　　　　B. 3 年　　　　　　　C. 5 年　　　　　　　D. 10 年

二、多选题

1. 药品经营企业在经营过程中，必须要有的四大记录为（　），保证了药品经营管理过程中物流、资金流、商流的可追溯性。

    A. 采购记录　　　　　　　　B. 验收记录　　　　　　　　C. 销售记录

    D. 出库复核记录　　　　　　E. 售后服务记录

2. 记录凭证的记录类别有（　）。

    A. 电子记录　　　　　　　　B. 书面记录　　　　　　　　C. 质量凭证

    D. 不合格药品销毁记录　　　E. 员工教育培训记录

3. GSP 的特性有（　）。

    A. 具有法定、强制性　　　　B. 责权统一性　　　　　　　C. 许可和检查相结合性

    D. 过程性　　　　　　　　　E. 技术规范性

三、简答题

1. 如何分解质量目标?

2. 简要描述质量档案整理过程中的操作要点和注意事项。

书网融合……

微课　　　　　习题

项目九 设施设备验证管理

学习引导

近年来，随着我国冷藏药品需求迅速增长，国家开始高度重视医药冷链物流发展，一直积极制定相关规范、标准。按照《药品经营质量管理规范》要求，企业应当对冷库、冷藏车、冷藏箱、保温箱以及温湿度自动监测系统等设施设备进行定期验证，确认相关设施设备及监测系统能够符合规定的设计标准和要求，并能安全、有效地正常运行和使用，确保冷藏、冷冻药品在储存、运输过程中的质量安全。那么，药品经营企业如何对这些设施设备进行验证呢？如何确保验证结论能对质量管理工作具有指导作用呢？

本项目主要介绍验证方案的内容、四种验证对象的验证项目及验证布点原则、验证报告内容。

学习目标

1. **掌握** 冷库、冷藏车、保温箱及温湿度监测系统的验证项目及布点原则。
2. **熟悉** 验证方案的内容；验证实施的注意事项及要点；验证报告的内容。
3. **了解** 验证数据的分析方法。

验证是指对质量控制的关键设施设备或系统的性能、参数及使用方法进行系列试验、测试，以确定其适宜的操作标准、条件和方法，确认其使用效果。

任务一 验证方案制定

PPT

验证方案是指为实施验证而制定的一套包括待验证系统或设备的简介、组织分工、验证目的、范围、可接受标准、采样方法、验证步骤、实施计划以及待填记录等内容的文件。

》》 岗位情景模拟 9-1

情景描述 某药品经营企业新购置一辆冷藏车，尺寸为 $4m \times 2m \times 2m$。按照验证管理要求，质量管理部需要组织相关人员对该车辆的性能、参数及使用方法进行验证。

讨 论 该药品经营企业应如何制定验证方案？

答案解析

一、验证目的

验证是为了确认药品经营企业相关设施设备及系统能符合规定的设计标准和要求，保证这些设施设备及系统可以安全、有效地正常运行和使用，最终确保冷藏、冷冻药品在储存、运输过程中的药品质量。通过验证一系列的测试，判断或发现设施设备可能存在的与预期使用目标不一致或不符合的缺陷、偏差，并针对性地进行调整和纠正处理。

未经验证的设施设备及监测系统，不得用于药品冷藏、冷冻储运管理。验证的目的是为企业制定或修订质量管理体系文件相关内容提供依据，企业应当根据验证确定的参数及条件，正确、合理使用相关设施设备及监测系统。

二、验证依据

1. 《药品经营质量管理规范》（根据原国家食品药品监督管理总局令第 28 号公布的《关于修改 <药品经营质量管理规范 >的决定》修正）第六节及附录 5《验证管理》。
2. 《药品经营质量管理规范现场检查指导原则》。
3. 《医药产品冷链物流温控设施设备验证性能确认技术规范》（GB/T 34399—2017）。
4. 本企业《设施与设备验证和校准管理制度》《设施设备验证操作规程》。
5. 本企业《××××年验证计划》。

三、验证人员与职责

验证小组成员由组长、副组长和组员组成，企业质量负责人任验证小组组长，相关职务及职责示例见表 9 – 1。

表 9 – 1　验证人员与职责

组长			
姓名	职务/职称	部门	职责
	质量负责人		负责验证方案和验证报告的批准。指导整个验证过程的具体实施，负责验证项目的偏差分析及预防措施的制定，做出最终的验证结论与综合评价
成员			
姓名	职务/职称	部门	职责
	质量部经理	质量管理部	负责验证方案和验证报告的审核及验证期间各部门的协调工作
	质量管理员	质量管理部	负责验证方案的起草及验证项目数据分析、测试结果及评价、验证结果汇总分析及建议
	设备部经理	设备工程部	参与验证方案及报告的起草，配合验证工作的实施
	工程师	设备工程部	负责验证用温度记录仪的校验工作，提供设备的相关参数及文件资料
	储运部经理	储运部	参与验证方案的起草，组织本部门相关人员按照验证方案对验证进行具体实施
	保管员	储运部	参与验证方案的起草及具体实施，确保验证过程能按方案规定的程序进行
	养护员	储运部	
	运输员	储运部	参与验证具体实施，确保验证过程能按方案规定的程序进行

参与验证的所有人员都需要通过 GSP 及验证知识的培训，具备从事各项验证的工作能力，并经过质

量负责人签字认可后方可进行验证工作。

四、验证项目分类

（一）使用前验证

相关设施设备及监测系统在新投入使用前或改造后需进行使用前验证，对设计或预定的关键参数、条件及性能进行确认，确定实际的关键参数及性能符合设计或规定的使用条件。

新建或改造后的设施设备经过空载及满载验证且验证合格后方可投入使用。空载是指冷库或冷藏车内未放置任何货物的情况；满载是指库房储存药品的数量达到理论最大容量的 70% 以上。

（二）专项验证

当相关设施设备及监测系统超出设定的条件或用途，或是设备出现严重运行异常或故障时，应当针对所调整或改变的情况进行专项验证，以确定各项运行参数满足使用要求。

（三）定期验证

冷链设施设备随着使用时间的延续会产生老化或磨损，因此根据设施设备及系统的具体情况进行定期验证，确保设施设备的稳定性，以做好相对应的防范措施。温湿度监测系统定期验证时间一般一年一次，冷链储存和运输设施设备每年分极冷和极热两次验证。

极热是指企业仓库所在地当地自然天气最热的情况，通常在每年的 7~8 月份；极冷是指企业仓库所在地当地自然天气最冷的情况，通常在每年的 12 月~次年 1 月份。

（四）停用时间超过规定时限的验证

企业应当根据相关设施设备的性能和系统的设计参数以及通过验证确认的使用条件，分别确定各类设施设备及系统最大的停用时间限度，超过规定的最大停用时限后需重新投入使用前，应当重新进行验证。

五、验证对象及项目

（一）冷库

冷库验证的项目至少包括以下几方面。

1. 温度分布特性的测试与分析，确定适宜药品存放的安全位置及区域。

2. 温控设备运行参数及使用状况测试。

3. 监测系统配置的测点终端参数及安装位置确认。

4. 开门作业对库房温度分布及药品储存的影响。

5. 确定设备故障或外部供电中断的状况下，库房保温性能及变化趋势分析。

6. 对本地区的高温或低温等极端外部环境条件分别进行保温效果评估。

7. 在新建库房初次使用前或改造后重新使用前进行空载及满载验证。

8. 年度定期验证时进行满载验证。

（二）冷藏车

冷藏车验证的项目至少包括以下几方面。

1. 车厢内温度分布特性的测试与分析，确定适宜药品存放的安全位置及区域。

2. 温控设施运行参数及使用状况测试。

3. 监测系统配置的测点终端参数及安装位置确认。

4. 开门作业对车厢温度分布及变化的影响。

5. 确定设备故障或外部供电中断的状况下，车厢保温性能及变化趋势分析。

6. 对本地区高温或低温等极端外部环境条件分别进行保温效果评估。

7. 在冷藏车初次使用前或改造后重新使用前进行空载及满载验证。

8. 年度定期验证时进行满载验证。

（三）冷藏箱或保温箱

冷藏箱或保温箱验证的项目至少包括以下几方面。

1. 箱内温度分布特性的测试与分析，分析箱体内温度变化及趋势。

2. 蓄冷剂配备使用的条件测试。

3. 温度自动监测设备放置位置确认。

4. 开箱作业对箱内温度分布及变化的影响。

5. 高温或低温等极端外部环境条件下的保温效果评估。

6. 运输最长时限验证。

（四）温湿度监测系统

监测系统验证的项目至少包括以下几方面。

1. 采集、传送、记录数据以及报警功能的确认。

2. 监测设备的测量范围和准确度确认。

3. 测点终端安装数量及位置确认。

4. 监测系统与温度调控设施无联动状态的独立安全运行性能确认。

5. 系统在断电、计算机关机状态下的应急性能确认。

6. 防止用户修改、删除、反向导入数据等功能确认。

六、验证工具要求

根据《药品经营质量管理规范》及附录5《验证管理》的要求，企业用于验证的温度传感器应当经法定计量机构校准，选用的温度传感器在验证的温度区间内，其温度测量的最大允许误差为±0.5℃。计量机构的资格认定证书和校准证书复印件应当作为验证报告的必要附件。计量认定证书、标准证书温度传感器分别见图9-1、图9-2、图9-3。

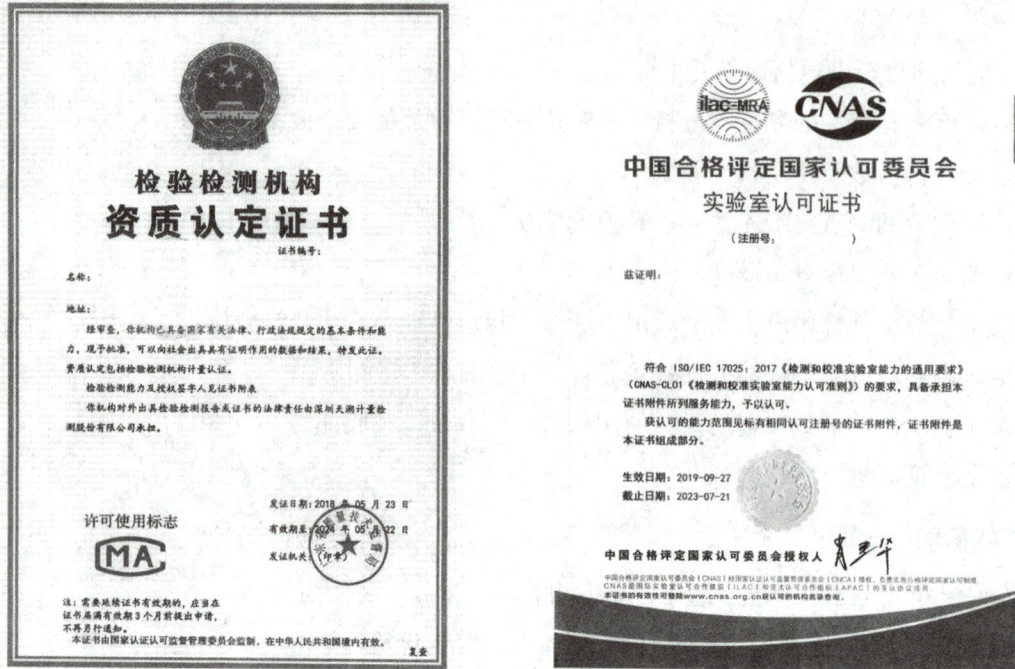

图 9-1　计量认定证书

验证使用的温度传感器校准证书编号是唯一的，而且应当适用被验证设备的测量范围。

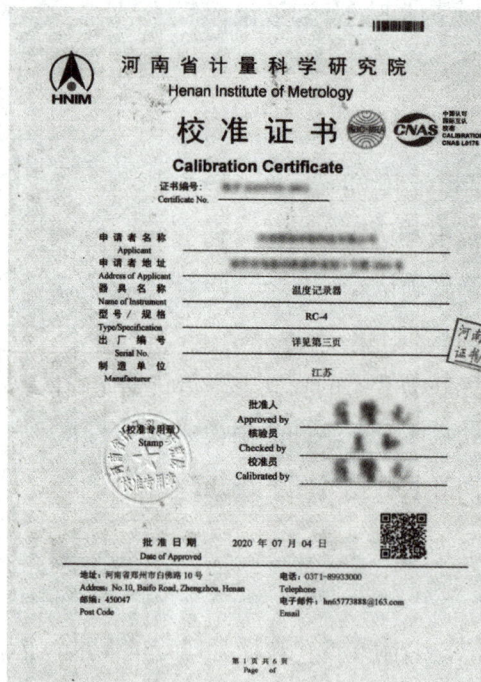

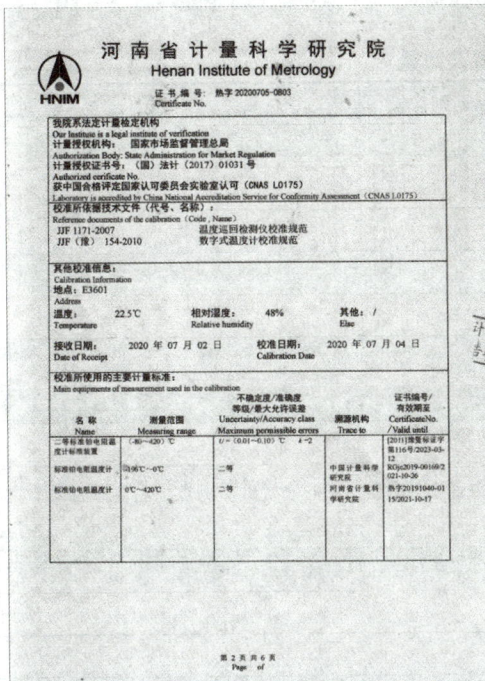

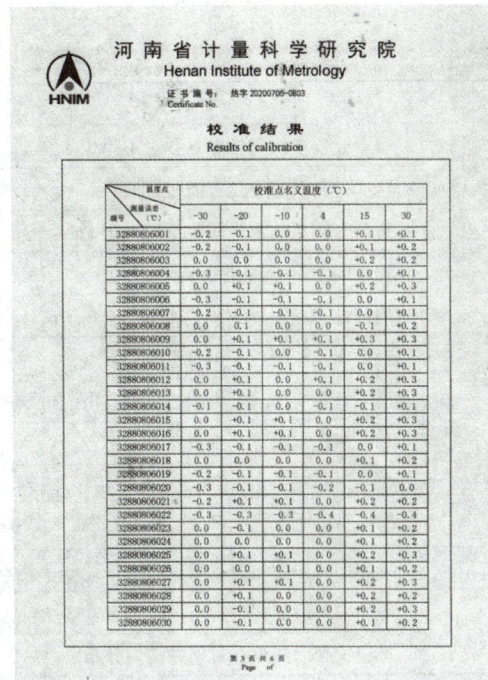

图 9 - 2　校准证书

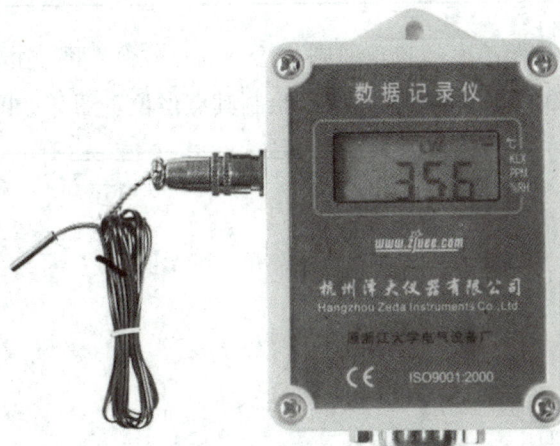

图 9 - 3　温度传感器

七、验证布点方案

(一) 冷库

1. 冷库布点原则

（1）在被验证设施设备内一次性同步布点，确保各测点采集数据的同步、有效。

（2）在被验证设施设备内，进行均匀性布点、特殊项目及特殊位置专门布点。

冷库布点位置及数量详见表 9-2。

表9-2　冷库布点位置及数量

测点类型	布点原则
均匀性测点	每个仓库中均匀性布点数量不得少于9个
	仓库各角及中心位置需布置测点
	每两个测点的水平间距不得大于5m
	垂直间距不得超过2m
	均匀性布点距离四壁、顶不小于0.3m，距离地面不小于0.1m
出入口测点	每个出入口附近至少布置5个测点
	出入口宽度的一半为圆心，距离出入口0.5m范围内布置5个测点
风机口测试	每个风机口附近至少布置5个测点
	面对风机距离出风口1m，以风机长度分为二等份，左侧布置2个测点，中心布置1个测点，右侧布置2个测点，高度不得高于风机底部向下0.1m位置或截止线高度
死角测点	冷库中风向死角位置至少应当布置3个测点
货架测点	冷库中每组货架位置至少应当布置3个测点
	每组货架的测点在货架中均匀分布
监测系统探头测点	冷库中每个监测系统探头位置布置1个测点
环境测点	环境测点建议放于冷库出入口外部附近，如冷库四周所处环境温度有明显差异，则需添加相应的环境测点
	库房外部环境中至少放置1个测点

2. 冷库验证点位布置图　按照冷库的布点原则，绘制出点位位置图，指导验证布点实施工作。以尺寸为长3m×宽3m×高2.5m的冷库为例，绘制其点位位置图，如图9-4所示。

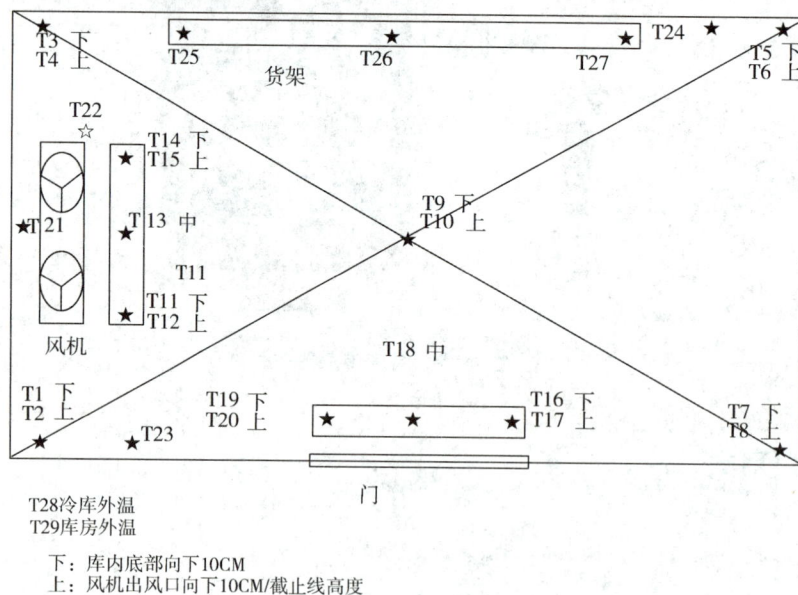

图9-4　冷库验证点位布置图

3. 冷库验证布点顺序　冷库验证布点操作时，通常按照顺时针方向，具体如下：面对冷库门，左手边下侧角开始顺时针布点→均匀性布点→风机口布点→门口布点→风机传感器→回风位置布点→灯位置布点→测点终端位置布点→货架位置布点→柜子→除湿机→冷库外温→库房外温（先左后右、先下后上）。

4. 冷库验证数据采集要求

（1）在库房各项参数及使用条件符合规定的要求并达到运行稳定后，数据有效持续采集时间不得少于 48 小时。

（2）验证数据采集的间隔时间不得大于 5 分钟。

（二）冷藏车

1. 冷藏车布点原则 📱微课

（1）在被验证设施设备内一次性同步布点，确保各测点采集数据的同步、有效。

（2）在被验证设施设备内，进行均匀性布点、特殊项目及特殊位置专门布点。

冷藏车布点位置及数量详见表 9 – 3。

表 9 – 3 冷藏车布点位置及数量

测点类型	布点原则
均匀性测点	每个冷藏车厢内测点数量不得少于 9 个，每增加 20m³ 增加 9 个测点，不足 20m³ 的按 20m³ 计算
	均匀性布点距离车厢前板、后板不小于 0.1m，与侧板、底板距离不小于 0.05m
风机口测点	每个风机口附近至少布置 5 个测点
	测点距离风机口的距离不小于 0.3m，以风机长度分为二等份，左侧布置 2 个测点，中心布置 1 个测点，右侧布置 2 个测点。高度不得高于风机底部向下 0.1m 位置或截止线高度
出入口测点	每个出入口附近至少布置 5 个测点
	测点距离出入口的距离不小于 0.1m
回风位置测点	制冷机组回风位置布置 1 个测点
风机传感器测点	风机传感器探头的同等位置布置 1 个测点
监测系统探头测点	冷藏车中每个监测系统探头位置布置 1 个测点
环境测点	冷藏车外部环境至少放置 1 个测点
	环境测点建议放置于冷藏车右侧倒车镜附近
	如冷藏车四周所处环境温度有明显差异，则需添加相应的环境测点
共用点	冷藏车空间较小，均匀性测点、出入口、风机口测点存在共用的情况，即有的测点既是均匀性测点，又是特殊位置测点

2. 验证点位布置图 按照冷藏车的布点原则，绘制出点位位置图，指导验证布点实施工作。

以一辆 20m³ 容积的冷藏车为例，绘制其点位位置图，如图 9 – 5 所示。

3. 冷藏车验证布点顺序 冷藏车验证布点操作时，通常按照顺时针方向，具体如下：面对车后门，左手边下侧角开始顺时针布点→均匀性布点→风机口布点→门口布点→风机传感器→回风位置布点→测点终端位置布点→外温（先左后右、先下后上）。

4. 冷藏车验证数据采集要求

（1）在冷藏车达到规定的温度并运行稳定后，数据有效持续采集时间不得少于 5 小时，承运商冷藏车不少于 24 小时。

（2）验证数据采集的间隔时间不得大于 5 分钟。

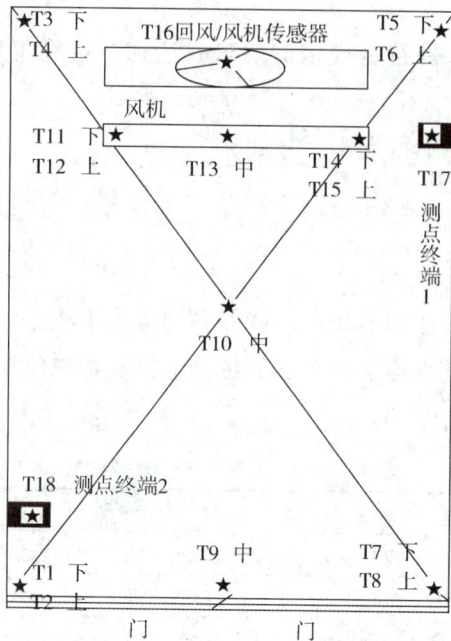

下：车厢内底部向上 5cm

上：风机出风口向下 10cm

左右距侧壁 5cm，距前板、后板 10cm

图 9-5 冷藏车验证点位布置图

即学即练 9-1

验证布点时，水平间距和垂直间距分别不超过多少？

答案解析

A. 2m，2m　　　B. 5m，5m　　　C. 5m，2m　　　D. 2m，5m　　　E. 1m，1m

（三）冷藏箱或保温箱

1. 冷藏箱或保温箱布点原则　每个保温箱内放置 5 个温度传感器，外部环境放置 1 个温度传感器。

验证点位于箱子的体对角线上，距隔离板（或箱壁）不小于 3cm。保温箱一般为长方体，以长方体的对角线及其交点作为布点的基线，以箱内高度的 1/4、1/2、3/4 为布点高度，按 3 层错落布置，以尽可能覆盖更大的立体空间，相邻两点的水平和垂直方向的投影不得重合。详见图 9-6。

T7（1/4）代表的是 7 号传感器，高度为箱内高度自下而上的 1/4。

2. 冷藏箱或保温箱验证数据采集要求

（1）冷藏箱或保温箱经过预热或预冷至规定温度并满载装箱后，按照最长的配送时间连续采集数据。

（2）验证数据采集的间隔时间不得大于 5 分钟。

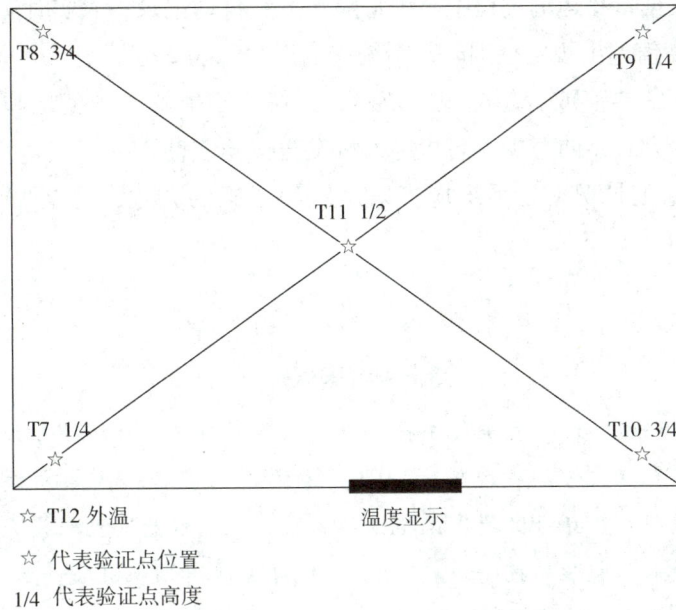

☆ T12 外温   温度显示

☆ 代表验证点位置

1/4 代表验证点高度

图 9 - 6 冷藏箱或保温箱验证点位布置图

(四) 温湿度监测系统

1. 温湿度监测系统布点原则 在被验证设施设备内一次性同步布点,确保各测点采集数据的同步、有效,详见表 9 - 4。

表 9 - 4 温湿度监测系统布点原则

库房类型	货架高度	仓库面积及点数计算				安装位置
平面仓库	≤4.5m	布点原则	独立仓库无论多小,每库 2 个测点; 大于 300 m² 时,第一个 300m² 布 2 个测点,在此基础上,每增加 300 m² 增加 1 个测点,不足 300m² 时,按照 300m² 计算			不低于堆垛高度的 2/3
		库房面积	(0 ~ 300) m²	(300 ~ 600) m²	(600 ~ 900) m²	
		监测点数	2	3	4	
冷库		布点原则	第一个 100m² 布 2 个测点,在此基础上每增加 100m² 增加 1 个测点,不足 100m² 时,按照 100m² 计算			反映货物存放区域的温度高点和温度均值点,与通风口及门有一定距离
		库房面积	(0 ~ 100) m²	(100 ~ 200) m²	(200 ~ 300) m²	
		容积	≤20m³	(20 ~ 40) m³	(40 ~ 60) m³	
		监测点数	2	3	4	

2. 温湿度监测系统验证数据采集要求

(1) 系统应至少每隔 1 分钟更新一次测点温湿度数据;数据传送及时、完整;记录内容包括温度值、湿度值、日期、时间、测点位置、库区或运输工具类别等;在药品储存过程中至少每隔 30 分钟自动记录一次实时温湿度数据，在运输过程中至少每隔 5 分钟自动记录一次实时温度数据。

（2）当监测的温湿度值超出规定范围时，系统应当至少每隔 2 分钟记录一次实时温湿度数据；当监测的温湿度值达到设定的临界值或者超出规定范围，系统应当能够实现就地和在指定地点进行声光报警，同时采用短信通讯的方式，向至少 3 名指定人员发送报警信息。

（3）当发生供电中断的情况时，系统应当采用短信通讯的方式，向至少 3 名指定人员发送报警信息。

📖 知识链接

冷链验证国家标准

长期以来，我国医药冷链物流一直呈现高投入与高风险的特征，物流基础设施建设程度和信息化水平较低，运输和配送环节存在监管缺失现象。2010 年左右，国家和一些地方的各级药品监督管理部门开始加大对冷链药品的管理。药品冷链物流设施设备的验证开始成为药品批发企业所必须采用的确保药品冷链完整、质量达标的一个有效的控制手段。2012 年原卫生部对 GSP 进行修订，对冷链设施设备的配置和冷链设施设备的总体也提出了要求，设备验证管理开始首次被引入到了 GSP 中。2018 年 5 月 1 日《医药产品冷链物流温控设施设备验证 性能确认技术规范》国家标准（GB/T 34399—2017）正式实施。该标准规定了医药产品冷链物流温控设施设备验证性能确认的内容、要求和操作要点，适用于医药产品储存运输过程中涉及的温控仓库、温控车辆、冷藏箱、保温箱及温度监测系统的性能确认等活动。

此次标准的发布，会推动国标在药品流通行业的覆盖率，在一定程度上提升药品冷链的运作水平，同时在各级监管部门对疫苗生产企业、第三方冷链物流企业、各级疾控中心及接种单位形成相应的反馈和问责机制下，冷链企业也会越来越规范化管理，这些都为冷链药品的质量安全提供了有力保证，提高了药品质量的可控性，降低了产业系统风险，最终保障大众的用药安全。

实训 21 冷藏车验证布点设计与实施

【实训目的】

通过本次实训，让学生掌握不同尺寸冷藏车的验证布点原则。

【材料准备】

1. 全班分成 8 个组，6～7 人/组，人数少的班级 5～6 人/组。
2. 计算机。
3. 验证布点虚拟仿真软件。
4. 模拟车厢，1 个/组。
5. 小木块、胶带、尺子、记号笔。

【实施步骤】

步骤一 计算给定尺寸的模拟车厢的布点数量

1. 按照冷藏车布点原则计算均匀性测点数量。
2. 按照冷藏车布点原则计算特殊位置测点数量。
3. 按照冷藏车布点原则计算特殊项目测点数量。

4. 按照一次性布点原则，去掉重合位置的布点，小组确定该冷藏车的最终布点数量。

步骤二 填写布点位置

在给定的表格中填写各个监测点的具体位置。

步骤三 在模拟车厢内完成布点实施

小组合作，在给定的模拟车厢内，使用小木块（代表温度记录仪）、胶带、尺子、记号笔，按照步骤二中的具体位置，完成各个温度计的布点实施。

【操作要点和注意事项】

1. 注意看清给定车辆的尺寸。
2. 计算布点数量时，注意不要漏掉布点项目。
3. 注意布点实施操作时的规范性。

任务二 验证报告撰写

PPT

验证报告是按照验证方案实施验证后，将详细的验证过程及数据记录于验证方案的预留记录中，完成阶段性以及最终评价和结论的文件，包括验证过程中采集的数据汇总、各测试项目数据分析图表、各测试项目结果分析、验证实施人员、验证结果总体评价等，验证报告应当经过审核和批准。

岗位情景模拟 9-2

情景描述 某药品经营企业已经按照验证方案对新购置的冷藏车进行了验证实施，收集了验证过程数据，按照要求开始撰写验证报告。

讨 论 验证报告包括哪些内容？

答案解析

一、验证过程操作记录表

首先，将验证过程的操作进行记录，主要记录操作人员、操作日期和各项工作的具体操作时间，《验证过程操作记录表》如表9-5所示。

表9-5 验证过程操作记录表

操作员：　　　　　　　　　　　　　　　　　　　　　　　　　　　　日期：　　　年　　月　　日

序号	操作内容	时间	备注
1	确认冷藏车各项参数		
2	按布点图安装测点并拍照片		
3	关闭冷藏车门，打开制冷机组，验证开始		
4	开门时间		
5	开门结束时间		
6	断电时间		
7	断电结束时间		
8	验证结束时间		

二、验证过程记录

（一）验证现场实景照片

验证实施过程中，需要对现场进行拍照，并记录在验证报告里，这样可以保证整个过程是按照设计好的验证方案实施的。

一般情况下，验证冷库需要提供至少 3 张挂满验证测点的实景照片，验证冷藏车需要提供至少 3 张被验证冷藏车带有车牌号的车厢验证照片，验证冷藏箱、保温箱需要提供至少 1 张现场实施验证的照片。

> **即学即练 9 - 2**
>
> 撰写冷藏车验证报告时，报告中需要提供至少多少张被验证冷藏车带有车牌号的车厢验证照片？
>
> 答案解析　　A. 1　　　　B. 2　　　　C. 3　　　　D. 4　　　　E. 5

（二）验证过程曲线图

验证时，企业运用专业的软件进行数据采集，数据可以采用电子形式保存，现场检查时，可以直接在计算机上查询、核实。验证报告中应当将"各测试项目数据分析图表"全部列出，但不强制要求企业必须将"验证过程中采集的数据"书面打印出来。某冷藏车验证过程曲线总图见图 9 - 7。

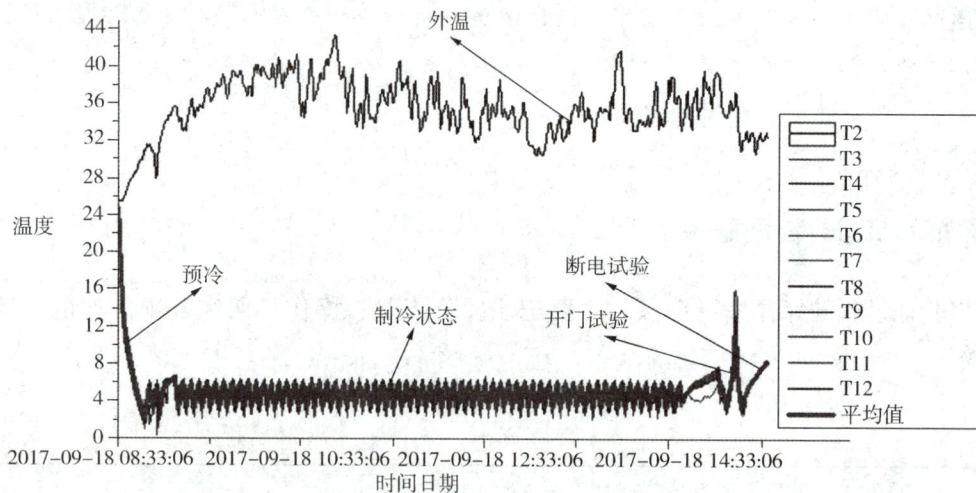

图 9 - 7　某冷藏车验证过程曲线总图

三、验证项目及内容的逐项分析

按照冷库、冷藏车、冷藏箱或保温箱、温湿度监测系统的验证项目要求，逐项对验证过程采集数据进行分析，如表 9 - 6 所示。

表9-6　验证项目及内容逐项分析表——某冷藏车实例
温度分布特性的测试与分析验证报告

验证项目	温度分布特性的测试与分析	
报告	（1）温度分布的均匀性分析，用以指导冷藏药品的摆放，使冷量扩散更均匀 （2）温度波动性分析，用以评价温度的稳定性 （3）门的密封性及门附近的温度分布特性分析 （4）制冷风机附近的温度分布特性分析，确定风机附近的冷藏药品摆放边界 （5）均匀性点位的温度分布特性分析，判定冷藏车中间区域是否适合放置冷藏药品 （6）确认超过规定的温度上下限的位置及区域，确定适宜冷藏药品存放的安全位置及区域，并标注在冷藏车图上，以指导冷藏药品摆放	
标准及 判定方法	判断标准：通过50辆合格冷藏车的验证数据分析总结出来满足冷链要求的平均参考值，用于对冷链设施设备的性能进行评价	
	考量指标（依据50辆冷藏车的平均性能制订）	标准值
	温度均匀性（max - min）　　均值极值差	≤1.5
	温度稳定性　　标准偏差（SD）	≤2.5
	保温性能（4~6℃）　　启动周期	≥45min
	停电特性　　停电期间的温升	≤0.1℃/min
	制冷效率（降温速率）　　降温速率	≥0.15℃/min
	适合冷藏药品存储的区域在除开门和断电（包括故障或燃油耗尽造成的制冷停止）外应控制在目标温度范围内	
评价	是否满足日常冷藏药品存储的要求	
偏差处理	对影响温度均匀性的冷藏药品摆放进行调整 对漏冷点进行处理 确定冷藏药品放置的边界	
风险及 预防措施	防止冷藏药品随意摆放破坏温度均匀性 防止过冷造成的温度波动 防止冷藏药品越界放置	

四、偏差处理、调整和纠正措施

在验证过程中应当根据验证数据分析，对设施设备运行或使用中可能存在的不符合要求的状况、系统参数设定的不合理情况等偏差进行调整和纠正处理，使相关设施设备及系统能够符合规定的要求和标准。

五、风险与预防措施

验证分析结束后，应当根据验证结果对可能存在的影响药品质量安全的风险制订有效的预防措施，如表9-7所示。

表9-7　风险与预防措施——某冷藏车实例

序号	风险	预防措施
1	开门时间过长造成温度上限超标	建议：在温度低点开门作业时间控制在4分钟内，货物较多时建议分批装卸
2	车辆故障时间过长造成温度上限超标	首先，加强冷藏车的维护和检查，减少不可控故障的发生，随车配备易损备件，对司机进行维修培训，确保一般故障短时间内排除 其次，针对重点品种配备相应数量的冰排和保温箱，当发生无车可用的极端情况时在车内拆零，并及时向保温箱中转移

六、验证结论

将验证结果与可接受标准进行比较、分析，最后得出该系统（方法）是否满足预先所设定的标准，是否有效、可行的结论。

七、资料保存

验证小组需要收集、整理本次验证过程中的所有相关资料，与验证方案、验证报告统一归档，至少保存 5 年。

目标检测

答案解析

一、单选题

1. 验证小组组长一般由（　　）担任。
   A. 企业负责人　　　　　　　　　　B. 质量负责人
   C. 采购部负责人　　　　　　　　　D. 仓储部负责人
2. 验证时选用的温湿度传感器应符合要求，其温度测量的最大允许误差为（　　）。
   A. ±0.5℃　　　B. ±1.0℃　　　C. ±1.5℃　　　D. ±2.0℃
3. 按照冷库的验证布点原则，仓库中均匀性布点数量不得少于（　　）个。
   A. 6　　　　　B. 8　　　　　C. 9　　　　　D. 12
4. 按照冷库的验证布点原则，仓库出入口布点数量不得少于（　　）个。
   A. 3　　　　　B. 5　　　　　C. 7　　　　　D. 9
5. 按照冷库的验证布点原则，仓库每个风机口布点数量不得少于（　　）个。
   A. 3　　　　　B. 5　　　　　C. 7　　　　　D. 9
6. 按照冷库的验证布点原则，仓库风向死角位置布点数量不得少于（　　）个。
   A. 3　　　　　B. 5　　　　　C. 7　　　　　D. 9
7. 按照冷库的验证布点原则，仓库每组货架布点数量不得少于（　　）个。
   A. 3　　　　　B. 5　　　　　C. 7　　　　　D. 9
8. 按照冷藏车的验证布点原则，车厢内均匀性布点数量不得少于（　　）个。
   A. 6　　　　　B. 8　　　　　C. 9　　　　　D. 12
9. 按照冷藏车的验证布点原则，风机口/门口位置布点数量为（　　）个。
   A. 1　　　　　B. 3　　　　　C. 9　　　　　D. 12
10. 按照冷藏车的验证布点原则，车厢内每个检测系统探头位置布点数量为（　　）个。
    A. 1　　　　B. 3　　　　C. 7　　　　D. 9
11. 验证数据采集的间隔时间不得大于（　　）分钟。
    A. 1　　　　B. 3　　　　C. 5　　　　D. 7
12. 按照保温箱的验证布点原则，箱内需放置（　　）个温度传感器。

A. 1　　　　　　B. 3　　　　　　C. 5　　　　　　D. 7

13. 按照温湿度监测系统布点原则，230m² 的平面阴凉库需要布置（　　）个测点。

A. 1　　　　　　B. 2　　　　　　C. 3　　　　　　D. 4

14. 按照温湿度监测系统布点原则，一个 230m² 的冷库需要布置（　　）个测点。

A. 1　　　　　　B. 2　　　　　　C. 3　　　　　　D. 4

二、多选题

1. 验证小组组长在验证过程中负责（　　）。

A. 各部门的协调

B. 指导整个验证过程的具体实施

C. 验证项目的偏差分析及预防措施的制订

D. 验证方案和验证报告的审核

E. 对参与验证人员进行培训

2. 药品经营企业需要对设施设备进行验证的有（　　）。

A. 新购置冷藏车投入使用前

B. 保温箱每次使用前

C. 冷库维修后投入使用

D. 冷藏车闲置半年后重新投入使用

E. 冷库的极热和极冷验证

3. 以下属于冷库验证项目的是（　　）。

A. 温度分布特性的测试与分析

B. 监测系统配置的测点终端参数及安装位置确认

C. 断电后库房的保温性能及变化趋势分析

D. 蓄冷剂配备使用的条件测试

E. 年度定期验证时，进行满载验证

三、简答题

1. 冷藏车的验证项目包括哪些？

2. 请绘制一张尺寸为 4m×2m×1.8m 的冷藏车验证布点平面图。

书网融合……

微课　　　　习题

2019 年 12 月 1 日起实施的《药品管理法》取消了 GSP 认证制度，作为药品监督管理部门要落实属地日常监管责任，作为企业要持续符合《药品经营质量管理规范》要求。药品监督管理部门如何进行药品经营监督检查？如何规范企业经营行为？

本项目主要以药品批发和药品零售企业的现场检查为主，采用日常检查、飞行检查等形式，组织对药品经营企业实施监督检查，公开检查结果，依法查处违法违规经营行为，督促企业持续符合要求。

学习引导

学习目标

1. **掌握**　现场检查项目；现场检查重点内容及方法；有因检查类型及检查程序。
2. **熟悉**　现场检查首次会议内容；末次会议的内容及有因检查的定义。
3. **了解**　检查组检查前工作的内容；现场检查注意事项。

为规范药品经营企业日常监督检查工作，药品监督管理部门根据《药品管理法》《药品经营质量管理规范》，制定了《药品经营质量管理规范现场检查指导原则》，药品监督管理部门深入企业进行现场实际检查，了解企业的实际药品经营质量管理工作与标准的要求相符情况。

任务一　日常监督检查

PPT

日常监督检查是根据药品监督管理部门制订的年度检查计划，对药品经营企业、药品使用单位遵守有关法律、法规，执行相关质量管理规范以及有关标准情况开展的检查，即质量管理规范符合性检查。

▶ 岗位情景模拟 10-1

情景描述　根据《药品管理法》及相关法律法规规定，省药品监督管理部门决定于 2021 年 1 月 28 日对××××中药材有限公司进行日常监督检查。那么该企业的质量部负责人应如何配合这次现场检查？

讨　论　1. 现场检查首次会议企业参会成员包括哪些人员？

2. 现场检查时企业需准备哪些资料？

答案解析

一、检查员检查前工作

（一）选派检查组

现场检查一般由 3 名成员组成，其中 1 名检查组长，2 名检查员，所参加检查的检查组长和组员分别由省药品监督管理部门在检查组长和检查员库中随机抽取。

（二）召开廉政会议

检查组成员在接到检查具体通知后，一般在检查出发前一天到当地省药品监督管理局进行统一集合，先由承办工作人员介绍所检查企业的基本情况和交代注意事项，再由纪检书记对检查组所有成员进行集中廉政告诫谈话。

二、现场检查的组织

（一）召开首次会议

现场检查实行检查组长负责制，检查组长依据制订的检查方案实施现场检查，召开首次会议。首次会议安排如下。

1. 参会人员　参加首次会议的由检查组成员、当地市（州）市场监督管理局委派的观察员及检查企业参会人员组成，企业参会成员一般包括企业负责人，质量负责人，质量部、销售部、储运部、行政人事部、采购部、财务部、信息管理部负责人以及相关部门工作人员。

2. 会议内容

（1）开场介绍　检查组与企业代表会面，检查组长介绍检查员及观察员，宣读现场检查通知，宣读完后交给企业。检查组须核实该企业申请检查前有无违规经营假劣药品行为，宣读现场检查纪律，并由宣读人和企业负责人在检查纪律上签字。

（2）企业汇报　企业负责人介绍企业参会人员，然后企业简要汇报 GSP 实施情况。

（3）检查要求　①检查组要求：检查组长宣读现场检查方案，说明有关事项，确认检查范围，落实检查日程，明确检查陪同人员，并提出检查注意事项。②企业需准备资料要求：企业制定的全套质量管理体系文件；企业主要岗位人员花名册（包括姓名、性别、出生日期、工作岗位、学历、职称、从事本岗位工作时间）；企业经营场所、仓库地理位置图及内部布局图；企业组织机构框架图和质量管理组织结构图；企业实施 GSP 情况的汇报材料。

（二）现场检查

检查组按照检查依据和方案所列检查项目重点开展检查。

（三）撰写检查报告

检查组核实有关情况，起草检查报告，综合评定检查结果，汇总缺陷项目，形成检查报告。

（四）召开末次会议

现场检查结束前，检查组召开末次会议，向企业宣读现场检查中发现的缺陷项目情况。检查中发现的缺陷项目，由检查组全体成员和企业质量负责人共同签字，双方各执一份。企业对检查中所发现的缺陷项目及评定结果提出不同意见的，检查组可作适当解释、说明。对有明显争议的问题，必要时重新核对。

1. 参会人员　参加末次会议的人员与参加首次会议的人员一致。

2. 会议内容

（1）宣读检查结果　检查组长宣读现场检查报告、企业不合格项目、提出建议，责成市（州）市场监督管理局监督整改，并要求通过现场检查的企业在检查结束后按照检查方案上规定的整改到位时间，将整改报告报省药品监督管理部门，同时抄报所在市（州）市场监督管理局。

限期整改的企业，在接到通知后按照规定的整改到位时间向省药品监督管理局和当地市（州）市场监督管理局报送整改报告，提出复核申请。

没有通过现场检查的企业，在接到通知后按照省药品监督管理局所列的缺陷项目在规定的整改时间内完成整改，并重新进行现场检查。

（2）企业负责人针对检查缺陷项目表态。

（3）企业所在市（州）市场监督管理局观察员必要时针对企业所存在的问题进行如何整改监督表态。

即学即练 10-1

首次会议涉及下列哪些部门人员？
A. 信息管理部　　　B. 行政人事部　　　C. 储运部
D. 质量管理部　　　E. 采购部

答案解析

三、现场检查的内容

（一）药品批发企业检查项目和重点内容

1. 现场检查项目　根据《药品经营质量管理规范》《药品经营质量管理规范现场检查指导原则（修订稿)》规定，检查项目共 256 项，其中严重缺陷项目（**）10 项，主要缺陷项目（*）103 项，一般缺陷项目 143 项。对应缺陷检查项目合理缺项数由检查组根据企业实际进行判定。

2. 现场检查重点内容

（1）检查企业在最近一次上级主管部门检查中检出的缺陷项目的整改落实情况。

（2）排查药品经营中的安全风险隐患。

（3）对照企业经营范围与其质量管理体系、人员、设施设备等情况是否匹配。

（4）重点核实企业负责人、质量负责人、质管部经理、质管员业务能力及相关履职情况，是否有挂靠情况，现场考核验收员、养护员的实际履职能力，相关人员资质、培训、健康体检情况，经营中药材/中药饮片、药品类体外诊断试剂所需人员情况。

（5）重点检查企业制度文件及执行情况（包括但不限于制度、职责、规程、内审记录、组织机构、计算机权限、采购、储运、养护等相关内容），以及企业经营药品追溯体系的建立情况。

（6）重点核实重点检查办公场所及仓库地址，仓库功能、面积及租赁，药品进出通道以及安全管理情况。

（7）企业经营、仓储场所的温湿度控制及监测设备、消防设施、仓储及交通运输设施设备、机械电气设施设备、备用电源等运行及验证情况，重点核实恒温、除湿设备功率能否满足各库区温度控制要求。

（8）企业计算机系统运行管理及数据备份情况，包括各岗位人员计算机权限分配，计算机系统数据更改的控制，计算机系统对购、销、存环节的管控等是否符合要求。

（9）国家有专门管理要求的药品（如终止妊娠药品、含特殊药品的复方制剂等）经营管理情况。

（10）重点检查被委托运输第三方情况（如有）。

（11）企业申报资料与实际运作情况是否一致，是否存在违法违规行为。

（12）其他相关的特殊要求。

（二）药品零售企业检查项目和内容

1. 现场检查项目

根据《药品经营质量管理规范》《药品经营质量管理规范现场检查指导原则（修订稿）》规定，检查项目共176项，其中严重缺陷项目（＊＊）8项，主要缺陷项目（＊）53项，一般缺陷项目115项。对应缺陷检查项目合理缺项数由检查组根据企业实际进行判定。

2. 现场检查重点内容

（1）质量管理文件　对照企业经营范围与其质量管理文件等情况是否匹配。

（2）人员情况　重点核实门店负责人、药师、验收员、养护员、营业员业务能力及相关履职情况，是否有挂靠情况。现场考核药师、验收员、养护员的实际履职能力，相关人员资质、培训、健康体检等情况。

（3）设施设备　重点检查营业场所功能、面积及租赁、安全管理情况，温湿度控制及消防设施备用电源等运行及验证情况，重点核实除湿设备功率能否满足营业场所湿度控制要求。

（4）计算机管理系统　企业计算机系统运行管理及数据备份情况，包括各岗位人员计算机权限分配，计算机系统数据更改的控制，计算机系统对购、销、存环节的管控等是否符合要求。

（5）国家有专门管理要求的药品经营管理情况，如含特殊药品的复方制剂等。

（6）企业申报资料与实际运作情况是否一致，是否存在违法违规行为。

（7）其他相关的特殊要求。

知识链接

日常监督检查管理

近些年，药品安全事件频发，尤其是药品流通领域乱象横生，在国务院对食品药品监管提出"四个最严"要求后，全国组织开展对药品经营企业的监督检查，严厉打击销售假劣药品违法行为并统一进行集中整治，效果显著。2021年第三季度，全国共查处药品违法案件39063件，货值金额58326.60万元，罚款58846.33万元，吊销许可证18件，移送司法机关268件。

为了进一步加强监管力度，全国各地开始探索数字赋能模式。2021年5月，河南省药监局正式启动实施智慧监管"千里眼工程"，是在手机上安装"云上协同"软件，通过浏览药品仓库的待验区、发货区、特药冷库等10个区位的摄像头，实时察看药品进货、发货及贮存的相关情况。"千里眼工程"不仅能使监管人员远程了解企业质量管理情况，结合企业实际制定个性化检查方案；同时，企业也可以远程管控员工的岗位操作行为，针对薄弱环节、风险隐患，加强规范管理，保障企业合规、安全经营。

可以看出，国家对于药品流通的监管越来越严格，决心也越来越坚定。作为医药行业从业者，应当树立正确的法治观念，自觉遵守法律，养成诚信意识。与此同时，要培养较强的风险防范意识，坚持质量第一的经营理念，确保人民群众用药安全。

四、现场检查的方法

（一）查阅资料法

检查员主要检查以下资料。

1. 企业基本情况 包括企业证照、房产资质证明文件等。

2. 管理文件 包括文件系统的管理制度、各项质量管理制度、部门岗位职责、操作规程、企业风险管理等资料等，药品零售需要对特殊管理的药品和国家有专门管理要求的药品管理进行检查。

3. 档案资料 包括首营企业、首营品种、药品质量档案、卫生及人员健康、人员培训与考核、质量信息档案等，药品零售需要对处方药销售、药品拆零的管理、中药饮片处方审核、调配、核对和提供用药咨询、指导合理用药等药学服务的管理进行检查。

4. 原始资料 包括进货发票、采购记录、验收记录、出库复核记录、养护记录、药品不良反应信息收集记录等，药品零售需要对质量事故、质量投诉的管理进行检查。

（二）现场检查法

检查员进入现场后，主要从以下方面进行检查。

1. 硬件设施设备 营业场所及辅助场所、办公用房情况、仓库设置及库内设施设备、温湿度调控监测设备、计算机管理系统、冷库、冷藏车、保温箱、地垫、货架、运输车辆等。

2. 仓库检查实物 药品是否进行合理储存、堆码等。

3. 工作过程操作 收货、验收、销后退回、在库养护、出库、复核、运输与配送等。

4. 实物与资料核对 随机抽查库存品种的进、销、存记录。

5. 药品零售企业除上述检查内容外，增加的检查内容有以下几方面。

（1）处方审核、调配、核对。

（2）中药饮片处方审核、调配、核对。

（3）药品拆零销售。

（4）特殊管理的药品和国家有专门管理要求的药品的销售。

（5）营业场所药品陈列及检查。

（6）营业场所冷藏药品的存放。

（三）走访面谈法

1. 看、问、听 多看现场管理有关情况、提问相关岗位的工作人员、听取汇报，提问问题不超出岗位职责范围。

2. 少谈多听不做咨询 少谈论与检查无关的事情，多听取相关岗位工作人员的回复，现场检查不做咨询。

3. 不裁判不重复阐述 现场检查时不带个人色彩和观点。

4. 不辩论不表态 现场检查时不辩论也不表态某个事件的结果。

5. 向直接责任者提问　现场检查时检查员有权利对直接责任人进行提问。

（四）记录取证法

1. 地点、被提问人及岗位、检查对象名称　现场检查时的地点、被提问人姓名及岗位、检查对象名称的所有相关资料要如实记录或拍照，必要时当事人要签字确认。

2. 不符合规范的事实　如发现实际情况与企业申报资料不符，检查组应向省中心或地（市）市场监督管理部门报告，并提出调整检查方案的意见。

3. 不合格文件、资料、实物或其他证据取证　及时进行封存，企业确认签字盖章。

五、现场检查的注意事项

许多企业在现场检查过程中为了回避问题或处于某种考虑往往会采取一些不适当的做法，这些做法不但不会对企业有利，而且常常会起到事与愿违的作用。因此，企业在现场检查时应避免出现以下做法。

1. 竭力渲染企业的"优秀"做法，搪塞差的和不足之处。
2. 不接收任何批评，固执己见，轻视检查人员的意见。
3. 尽可能少说话，不回答任何问题。
4. 一问三不知，不清楚之处用方言搪塞。
5. 高谈阔论，纠缠问题，拖延时间。
6. 对问题百般辩解，拒不承认。

实训 22　召开首次会议

【实训目的】

通过本次实训，让学生掌握召开首次会议的方法和内容。

【材料准备】

1. 全班分成 3 个组，15～18 人/组，人数少的班级 10～12 人/组。
2. 公司制定的全套质量管理体系文件。
3. 企业主要岗位人员花名册（包括姓名、性别、出生日期、工作岗位、学历、职称、从事本岗位工作时间）。
4. 企业经营场所、仓库地理位置图及内部布局图。
5. 企业组织机构框架图和质量管理组织结构图。
6. 企业 GSP 实施情况的汇报材料。

【实施步骤】

步骤一　布置任务

1. 会议准备工作　团队讨论确定参加会议的检查组人员、企业人员，进行角色分工，做好会议前的会议日程安排，企业和专家组相关材料准备工作。
2. 组织会议　按照现场检查首次会议内容组织召开会议。
3. 会议点评　点评各组会议组织召开情况。

步骤二 学生做

1. 角色分好工。
2. 布置好会议场地，准备好检查组的资料和企业准备的资料。
3. 组长组织召开会议，对会议召开全程录像。

【操作要点和注意事项】

1. 企业全员上班，主要岗位负责人员参加首次会议，核对人员。
2. 首次会议上核实该企业现场检查前有无违规经营假劣药品行为。
3. 核对基本情况、经营方式、经营范围、仓库平面图、组织机构图。

实训 23 现场检查

【实训目的】

通过本次实训，让学生掌握现场检查的方法和内容。

【材料准备】

1. 全班分成 1 个组，8~10 个部门，3~5 人/部门。
2. 教室一间。
3. 所有企业资料分类摆放。
4. 计算机。
5. 设施设备。

【实施步骤】

步骤一 布置任务

1. 现场布置 各组布置好办公区、库房，准备文件材料备查。
2. 检查 教师以检查员角色，采用看、查、听、问的方式进行现场检查。

步骤二 学生做

1. 角色按部门分工到位并佩戴胸牌。
2. 讨论布置办公区、库房，准备文件材料。
3. 按照检查员要求提供资料、操作，并回答问题。

【操作要点和注意事项】

1. 被检查企业对所通报情况如有异议，可提出意见或针对问题进行说明和解释。对有明显争议的问题，必要时重新核对。

2. 对不能达成共识的问题，检查组应做好记录，经检查组全体成员各被检查单位负责人签字，双方各执一份。

3. 现场检查工作结束后，检查组会在规定时间内将检查报告、相关资料及有关异议的记录资料等装袋贴封，并报送省药品监督管理部门。

4. 如有对检查结果产生异议的，企业应从三方面分析处理，即对照 GSP 相关条款认真分析研究有关不合格项目反映出的问题；如果确认检查结果有误，可向检查组提出说明或做出解释，求得认识上的一致；如果双方最终不能达成一致，企业可要求将有关意见向上提交。

实训24　召开末次会议

【实训目的】

通过本次实训，让学生掌握召开末次会议的方法和内容。

【材料准备】

1. 全班分成3个组，15～18人/组，人数少的班级10～12人/组。
2. 检查组现场检查报告、缺陷项目情况的汇总资料3套。
3. 计算机。
4. 打印机。

【实施步骤】

步骤一　布置任务

1. 组织会议　按照现场检查末次会议内容组织召开会议。
2. 会议点评　点评各组会议组织情况。

步骤二　学生做

1. 组长组织召开会议，做会议录像。
2. 根据教师分析点评，讨论交流整改。

【操作要点和注意事项】

1. 企业全员上班，主要岗位负责人员参加末次会议并做好记录。
2. 末次会议后检查组应在规定的整改时间内将现场检查报告、缺陷项目情况、检查员记录及相关资料报送省药品监督管理部门。

任务二　有因检查

PPT

一、有因检查的含义

有因检查是药品监督管理部门针对某个问题而开展的检查，包括投诉举报、企业存在严重不守信记录发现的问题等。

二、有因检查的类型

根据检查性质和目的，药品检查种类可以分为飞行检查、专项检查、联合检查、跟踪检查和延伸检查等。

（一）飞行检查

飞行检查是药品监督管理部门针对药品经营企业、药品使用单位的问题开展的不预先告知的检查。

（二）专项检查

专项检查是药品监督管理部门针对特定问题或风险集中开展的重点检查。

（三）联合检查

联合检查是按照省药品监督管理部门有关规定，结合现场检查、专项检查和常规检查，采取事先不告知、突击检查等方式对药品经营企业进行的检查。

（四）跟踪检查

跟踪检查是按照省药品监督管理部门有关规定，针对企业整改落实情况开展的检查。

（五）延伸检查

延伸检查是按照省药品监督管理部门有关规定，针对被检查单位以外的与药品质量相关单位的检查。

即学即练 10 - 2

答案解析

下列检查哪些属于有因检查的范围？

A. 延伸检查　　　　B. 常规检查　　　　C. 飞行检查

D. 专项检查　　　　E. 跟踪检查

三、有因检查的程序

（一）选派检查组

由省药品监督管理局负责选派检查组实施检查。检查组一般由 2 名及以上检查员组成，实行组长负责制，检查员应当具备与被检查品种相应的专业知识、培训经历或从业经验，必要时可选派相关领域专家参加检查或派出执法人员参与检查工作。

（二）检查前准备

1. 药品监督管理部门向药品检查机构提供被检查单位的相关药品品种档案和药品经营企业、使用单位的监管信息。

2. 药品检查机构在实施检查前，应当根据检查任务制订检查方案，明确检查事项、时间、人员分工和检查方式等。检查组应当按照检查方案实施现场检查。检查员应提前熟悉检查资料等内容。

（三）亮证检查

检查组到达被检查单位后，应当向被检查单位出示执法证明文件或药品监督管理部门授权开展检查的证明文件，告知被检查单位享有的权利和应履行的义务。

（四）首次会议

现场检查开始时，检查组应召开首次会议，向被检查单位出示检查相关证明文件，确认检查范围，告知检查纪律、注意事项以及企业权利。有保密要求的监督检查除外。

（五）检查过程记录

检查组应严格按照现场检查方案实施检查，被检查单位在检查过程中应及时提供检查所需的相关资料，检查员应如实做好检查记录。检查方案如需变更的，应报经派出检查单位批准。检查期间发现被检查单位涉嫌违法的，检查组应第一时间固定相关证据，并立即向派出检查单位报告。

（六）抽样检验

检查过程中，检查组认为有必要时，可以对企业所经营的产品等按照《药品抽样原则及程序》的规定要求抽样、送检。

（七）末次会议

1. 现场检查结束后，检查组应对现场检查情况进行分析汇总，并客观、公平、公正地对检查中发现的缺陷按照相应评定标准进行评定，并召开末次会议，向被检查单位通报现场检查情况，对检查中发现的缺陷内容，经检查组成员和被检查单位负责人签字，双方各执一份。

2. 被检查单位对检查中发现的缺陷无异议的，应对缺陷进行整改，整改完成后向药品检查机构提交整改报告。对短期内无法完成整改的，应制订整改计划，经药品检查机构审核后，按计划进行。

3. 被检查单位有异议的，可以陈述申辩，检查组应当如实记录。

（八）检查反馈

1. 现场检查工作完成后，检查组应根据现场检查情况，结合风险评估原则提出评定建议。现场检查报告应附检查员记录及相关资料，并由检查组成员签字。

2. 检查组应在检查工作结束后及时将现场检查报告、检查员记录及相关资料报送药品检查机构。必要时，可以抄送被检查单位所在地省药品监督管理部门。

目标检测

答案解析

一、单选题

1. （　）是深入企业实际调查，了解企业的实际药品经营质量管理工作与 GSP 标准的要求情况是否相符的过程。

　　A. 有因检查　　　　B. 日常监督检查　　　C. 专项检查　　　　D. 委托检查

2. 最新修订的《药品管理法》于（　）起实行。

　　A. 2019 年 12 月 1 日　　　　　　　　B. 2019 年 12 月 30 日

　　C. 2020 年 1 月 1 日　　　　　　　　　D. 2019 年 12 月 18 日

3. （　）是按照省药品监督管理部门有关规定，针对被检查单位以外的与药品质量相关单位的检查。

　　A. 抽样检查　　　　B. 有因检查　　　　C. 许可检查　　　　D. 延伸检查

4. 药品零售企业根据《药品经营质量管理规范》《药品经营质量管理规范现场检查指导原则（修订稿)》规定，现场检查项目共有（　）项。

　　A. 178　　　　　　B. 176　　　　　　C. 258　　　　　　D. 166

二、多选题

1. 参加末次会议的包括人员有（　）。

　　A. 检查组成员　　　B. 药品企业人员　　　C. 企业负责人

　　D. 检查组长　　　　E. 质量负责人

2. 现场检查的方法有（　）。

　　A. 查阅资料法　　　B. 现场检查法　　　C. 走访面谈法

D. 记录取证法　　E. 电话回访法

3. 现场检查时，企业不正确的做法有（　　）。

　　A. 不清楚之处用方言搪塞

　　B. 对存在的问题拒不承认

　　C. 高谈阔论，纠缠问题，拖延时间

　　D. 尽可能的少说话，不回答问题

　　E. 竭力宣传企业的"优秀"做法，搪塞差的和不足之处

三、简答题

1. 药品批发企业现场检查重点内容有哪些？

2. 有因检查程序包括哪些内容？

书网融合……

习题

参考文献

[1] 何红，厉欢. 药品储存与养护技术 [M]. 3 版. 北京：中国医药科技出版社，2021.

[2] 叶真，丛淑芹. 药品购销技术 [M]. 北京：化学工业出版社，2020.

[3] 袁锡彬. 药品流通两票制研究 [M]. 上海：复旦大学出版社，2020.

[4] 梁毅. 药品经营质量管理 [M]. 3 版. 北京：中国医药科技出版社，2020.

[5] 张瑜. GSP 实务 [M]. 2 版. 北京：中国医药科技出版社，2019.

[6] 李健民，刘岩. 中药储存与养护 [M]. 2 版. 北京：中国中医药出版社，2019.

[7] 邓金栋. 中国药品流通行业发展报告（2019）[M]. 北京：社会科学文献出版社，2019.

[8] 陈永法. 美国药品流通监管 [M]. 北京：中国医药科技出版社，2019.

[9] 万春艳. 药品经营质量管理规范（GSP）实用教程 [M]. 3 版. 北京：化学工业出版社，2018.

[10] 徐世义，宫淑秋. 药品储存与养护 [M]. 3 版. 北京：人民卫生出版社，2018.

[11] 何东. 药品储存与养护 [M]. 郑州：河南科学技术出版社，2017.